# 创造新需求

## 软价值引领企业创新与中国经济转型

滕泰 张海冰◎著

中信出版集团｜北京

**图书在版编目（CIP）数据**

创造新需求 / 滕泰，张海冰著 . -- 北京 : 中信出
版社 , 2021.2

ISBN 978-7-5217-2674-9

Ⅰ . ①创… Ⅱ . ①滕… ②张… Ⅲ . ①需求管理
Ⅳ . ① F014.32

中国版本图书馆 CIP 数据核字 (2021) 第 010189 号

**创造新需求**

著　者：滕　泰　张海冰
出版发行：中信出版集团股份有限公司
　　　　　（北京市朝阳区惠新东街甲 4 号富盛大厦 2 座　邮编　100029）
承 印 者：北京楠萍印刷有限公司

开　本：787mm×1092mm　1/16　　　印　张：22.25　　　字　数：245 千字
版　次：2021 年 2 月第 1 版　　　　　印　次：2021 年 2 月第 1 次印刷
书　号：ISBN 978-7-5217-2674-9
定　价：69.00 元

创造新需求是人类经济活动亘古不变的主题，也是当前深化供给侧改革和加强需求侧管理的重要内容。《创造新需求》一书以价值创新为出发点，系统地阐述了创造新需求的路径及其意义，尤为值得企业家们关注！

**林左鸣**

**中国航空学会理事长、中航工业集团原董事长、十八届中央委员**

2020 年疫情暴发时，有经济学家认为，未来对世界历史的划定，将以2020 年疫情前和疫情后来区分。《创造新需求》一书正是切入这个巨变的时间点，用发生在当下、变化在当下的案例，来佐证经济社会正在发生的新需求，分析新需求的产生机制，并预测未来经济社会的发展趋势。这本书整体框架有序严谨，案例面面俱到、丰富翔实。相信这本书能够帮助你梳理 2020 年发生的众多变化，为未知的未来提供一些可靠的判断。

**俞敏洪**

**新东方教育集团董事长**

中国的疫后经济恢复主要是供给侧推动的，需求侧需要新的动力。《创造新需求》一书的出版恰逢其时，为激发消费潜力、创造新需求提供了新的方向和方法探索。

**姚　洋**

**北京大学国家发展研究院院长、教授**

在眼下的大变局中，企业战略扑朔迷离。《创造新需求》一书有助于厘清方向，原因有三个：一是符合从供给侧向消费侧改革大势；二是有量子力学等理论支撑，而非案例堆砌；三是以"软价值"为导向，深挖价值创造的新途径。需求在手，转型无忧。

**滕斌圣**

**长江商学院副院长、战略学教授**

# 目 录

# 02
## 擦亮制造业的招牌

# 03
## 信息产业的新需求创造魔方

# 04
# 引爆文化娱乐业指数化增长潜力

# 05
## 知识产业价值创造的新思维

# 06
## 高端服务业升级引领消费升级

# 07
## 软价值提升新金融大发展

## 新需求是创造出来的

在一个行业领袖闭门会议上，很多企业家都在讨论为什么生意越来越难做，有强调资金链和供应链问题的，有说管理、产品创新和商业模式的。我一边听分享，一边想象了一个场景：假设明朝的某一年，来自洛阳、长安等地的商业领袖也聚在一起开会，讨论为什么生意越来越难做，他们是否也会找到与上述相同的原因？他们能想到真正让生意越来越难做的其实是万里之外海洋上大船的运输效率远远超过马匹和骆驼吗？如今这个时代的企业家也觉得生意难做，他们能看到这个时代正在发生的深刻变革吗？

根据这些年做研究和做股权投资的经验，加之与各行各业企业家的切磋交流，我深深感觉到大部分企业遇到的创新与转型难题，归根结底是因为没有深刻认识到这个特定阶段的经济背景的重大变化，所以跳不出固有的思维模式和商业模式。

这个历史阶段有很多经济背景的重大变化，而所有变化对企业最直观的影响都体现在市场上——传统制造业和服务业的供给过剩且不可逆转，只有创造新需求才能带来新的成长机遇。基于对新供给、老供给不同的需求创造能力的认识，我在 2012 年发表了《新供给主义宣言》，提出：在乔布斯创造苹果手机之前，世界对它的需求是零——新供给创造新需求，并带来新的经济增长。在此基础上，我提出了"新供给经济学"的宏观分析框架，并最早呼吁市场化的供给侧改革，如今"新供给创造新需求"的理念已经广为传播。

与前几年的"新供给经济学"着眼于经济增长、经济周期等宏观视角，并力求从宏观政策上推动市场化的供给侧改革不同，《创造新需求》这本书的落脚点在于，从微观上帮助企业找到新需求的方向，以及助力企业将新供给创造新需求的方略付诸实施。

通过近三年对几百家创新和转型企业的案例分析，我们发现，无论是创新的方向突破还是成功的转型方法，都不是从管理上"练内功"，而是必须以发现或创造新需求为前提。

在走过快速工业化阶段之后，新需求方向不再是重复满足基本物质需要，而是追求高品质生活的精神需要：农产品不仅要满足温饱的生理需要，还要满足绿色、环保等精神需要；在传统消费品领域，消费品要具有高质量的物质价值，其背后的历史、文化、品牌故事还要为消费者带来社交满足感，以及美感和时尚感；对于智能手机、电脑等电子消费品来说，通常消费者购买的 80% 以上都是软件的价值，硬件价值则不足 20%……这些制造业中的研发、设计、品牌等"软价值"的创造，与知识、信息、文化娱乐、高端服务业的软价值创造遵循着同样的规律，而与其物质部分的价值创造规律则完全不同。

事实上，很多传统农业、传统制造业和传统服务业的转型难题，本质原因都在于盯着饱和的老需求，在不断萎缩的老市场里进行竞争，结果越是挣扎就陷得越深。那么，"软价值创造新需求"是不是新时代每个行业都适用的方向和方法呢？

从财富创造的本质来看，所谓"农业"，就是利用动物和植物的繁殖和生长规律来创造财富；所谓"工业"，主要是在对物质运动规律的认知基础上，用各种物理、化学方法加工自然资源。如今，无论是农产品还是工业产品，其中越来越多的价值都是"研发、设计、创意、品牌、流量、体验"等软价值，在知识产业、信息产业、文化娱乐产业、高端服务业等软产业中，其价值主体更是软价值——用创造性思维的非物质价值满足人们的精神需要。

在一次国务院总理主持召开的国务院专家咨询会上，我曾用两个案例说明软价值创新方向和转型方法的重要性：奔驰汽车的前总设计师曾说，他们销售的不是汽车而是艺术品，只是碰巧它会跑，按照这样的软价值理念造汽车，奔驰公司才能长久不衰；特斯拉销售的也不是"跑得快"，而是环保、时尚和智能化等软价值。会后总理说："以前我们创造财富主要靠自然资源，今后主要靠人的资源；以前创造财富主要靠劳动，今后主要靠智慧。"

总理用通俗的语言精准地阐明了软价值创造的内涵。这些年在很多场合谈到"软价值"时，人们容易把它混同于"软实力"，其实这是两个完全不同的概念。"软实力"是美国政治学教授约瑟夫·奈提出的政治学概念，具体是指一个国家的外交、文化上的吸引力；而"软价值"则是个经济学概念，指一个产品或服务中所包含的研发、设计、创意、品牌、流量、体验等非物质价值，这是我在 2006 年的《新财富论》、2009 年的《财富的觉醒》、2014 年的《软财富》、2017 年的《软价值：量子时代的财富创造新范式》等拙作中提出并逐步完善的一个经济学概念。

为了研究软价值的运动和创造规律，过去几年我花了很多时间学习量子理论，因为人的创造性思维本身就是量子运动。不过与前面著作重点阐述量子思维、软价值定价原理、软价值方程等哲学原理不同，本书的重点在于这些原理的实践应用，即如何用软价值战略找到创新方向和转型方法，用软价值创造新需求。新时期创造新需求的本质是"用人类的创造性思维满足人们的精神需要"，这就是本书提出的软价值创新方向与转型方法。

那么，新时期"软价值创造新需求"的理论如何在新经济企业和转型企业中付诸实施，进而收获丰硕成果呢？本书从几十个行业、国内外几百家企业的案例中，找出软价值制造业、信息产业、文化娱乐产业、知识产业、高端服务业、新金融业的创新与转型方向，并从这六大方向中分别提炼归纳出五个方面的创新与转型方法。

第一，所有的研发投入都是风险投资，如何提高研发创意的有效性来创造新需求？与传统农业和传统制造业的物质财富创造不同，软价值创造过程中研发创意的大部分投入注定都是无效投入，这也是让很多企业家无法接受，从而不能下决心从"硬价值制造"转向"软价值创造"的主要原因。如果所有的研发投入都是风险投资，那么创新和转型的问题首先就是怎么愉快地接受研发创意的无效投入，并找到提高有效投入的方法。其实，在软价值制造、信息、知识、文化娱乐、高端服务等不同产业，提高"有效研创"的原理既有差异，也有很多共同规律，只要研发创意的有效性提高了，新需求就会被源源不断地创造出来。

第二，所有的销售问题都是流量转换，如何通过经营流量创造新需求？对老产品而言，所有的营销都是流量转换。人们选择在大街上开店，就是要转换大街上的人流；选择在机场或购物中心开店，就是要转换机场或购物中心的流量；选择到商超陈列商品，就是要转换商超的流量；选择到中央电视台做广告，就是要转换央视的观众流量；选择到互联网做广告、做电商或做直播，就是要转换互联网的流量。对新产品而言，它们既要找到流量入口，还要提高流量转换效率。如果不能创造相应的认知群体，新需求就是零。与传统产业用来满足衣、食、住、行的物质产品的市场相对稳定不同，软价值产品其实都是可选消费，对应着可有可无的精神需要。换句话说，如果有了需要这个产品的消费者群体，那也是企业创造了这个产品的"认知群体"。因此不能把软价值的"认知群体创造"等同于传统物质产品的营销。那么，就"认知群体创造"和"流量转换"而言，软价值制造业产品、知识产品、信息产品、文化娱乐产品、高端服务产品各自有哪些相同与不同之处呢？

第三，每一次购买其实都是生活方式的选择，如何创新生活方式，提升体验，创造新需求？有人认为喝可口可乐、喝咖啡是一种生活方式，其实喝豆浆、吃油条也一样。如果所有的购买行为背后都对应着生活方式的选择，那么对这种生活方式的体验就无比重要。如何改善客户体验，适应或创新引领生活方式，让新的体验价值创造新需求呢？比如，传统零售业的体验价值主要在于商品的可获得性、价格和质量，而新零售业的"体验价值"除了这些，还包括快捷送货、便利选择、可点评、可互动、有社交功能等；又如，在知识产业，一个权威人物对一本书或一幅画的点评、推荐和解读，并不是仅仅让消费者了解这本书或这幅画，点评、推荐和解读本身就是读者的消费对象，有时候这种点评、推荐和解读的消费体验价值甚至远远超过了原来作品的价值。正因为如此，按照软价值创造方程 $V = C \times N^m$（其中，$V$ 为软价值，$C$ 为产品有效投入因子，$N$ 为传播群体广度，$m$ 为软价值乘数），$m$ 在软价值创造中处于指数位置，其影响自然是指数级别的。那么如何创造不同的体验价值，进而创造新需求呢？

第四，兑现价值的道路不止一条，如何创新商业模式，进而创造新需求？传统农业、传统制造业、传统服务业都是靠直接出售产品或服务来获取收益的，而软价值的实现路径通常是弯曲的。除了服务费、会员费、专利费这些多元价值实现方法，无论是"硬件引流，靠软件和内容赚钱"，"先有公众价值，后有赢利模式"，还是"羊毛出在猪身上，向狗收费"，这类出其不意的方式在软价值制造业、知识产业、文化娱乐产业、信息产业都是可能不断推陈出新的。所谓商业模式创新，都离不开价值实现路径的创新。那么，如何通过弯曲的软价值实现路径来创新商业模式，进而创造新需求呢？

第五，以"软价值创造新需求"为核心的组织变革。"条条大路通罗马"。一方面，实践探索总是走在理论前面；另一方面，好的实践探索也需要上升到理论高度才能在社会上大范围推广。在软价值原理提出前，很多先进企业早就从实践中发现了软价值创造与管理的新方法。比如，华为公司 20 年前就从 IBM（美国国际商用机器公司）引进了可以极大提高"有效研创"的 IPD（集成产品研发）战略；海尔集团的张瑞敏先生多年前提出了与软价值原理高度吻合的"人单合一""创客模式"等量子管理组织模式；产生于英特尔、1999 年在谷歌全面落地的 OKR（目标与关键成果法）很快在硅谷流行开来，2015年以来风靡全球和中国的高科技公司……所有这些先进的管理方法，其背后都具备同样的原理和逻辑：软价值的源泉不是自然资源，而是人们的创造性思维！因此，围绕管理创造性思维的软价值创造方法所需要的不再是普通的管理提升，而是彻底的人才、组织和激励机制的变革。一旦企业家跳出固有的思维框架，就一定能引起更系统、更深刻、更广泛的创新和转型思考，并引出更有价值的实践探索！

为了更清晰地展现"软价值创造新需求"的五大法则，我们把它代入"六大创新与转型方向"中分别阐述。但是，来自先进制造业的软价值创造方法和商业模式创新对其他五大产业也同样适用；来自信息产业的研发创意方法、流量创造方法、生活方式创新方法对知识产业、文化娱乐产业也一样会有启发；来自知识产业和高端服务业的体验价值创造、商业模式创新和组织模式创新，自然也可以为其他产业所参考……不同的应用场景虽然表现形式有差异，但是其"软价值创造新需求"的方法和原理是相同的。

2020 年是遭受新冠肺炎疫情冲击的特殊年份。展望未来 10 年、20 年，提振消费、扩大内需仍将是畅通国内大循环的关键问题。在这样的背景下，我们提出"软价值创造新需求"理念，它既是新时期企业创新与转型的利器，也是引领中国经济走出产能过剩与需求不足困境的"新需求经济学"。

从结构上看，中国经济过去 40 年的高速增长总体上是比较普惠的增长，各个行业、各个地区、不同层次的企业都搭上了中国经济这辆高速列车，而下一个 40 年的增长，恐怕是更不平衡的增长。只有那些掌握"软价值创造新需求"原理和方法的企业，才能搭上未来新时期经济增长的快车。

希望软价值理论和创新转型战略能够为新时期扩大内需、推动中国经济的转型升级提供新的视角，也能为中国企业的创新和转型做出贡献！

滕　泰

2021 年 1 月

# 01
## 转型的大海与创新的天空

当你还在原来那片海上用罗盘探索方向的时候，

有人已经借助卫星导航奔向了更广阔的天空！

# 第一节
# 透过时代巨变，寻找价值创造的新方向

## 消费升级还是降级？制造业的方向选择

中国用短短 40 年的时间，走完了西方国家近 300 年的四次工业革命历程。40 年诞生了一大批成功的企业，尽管有风风雨雨，但是总有一部电梯在托着大家上行，这就是中国的快速工业化进程。

当前，对处于快速工业化后期阶段的中国企业来说，产能过剩已经是普遍现象，而传统制造业领域几乎已经不存在"蓝海"。当遭遇国内消费需求不足或海外出口严重受阻时，产能过剩带给企业的压力则会更加紧迫。

多年前，同样经历过产能过剩阶段的西方发达国家制造业，通过升级研发、设计、品牌等软价值创造能力，化解了这一难题。例如，在服装、运动鞋等行业，耐克、阿迪达斯等大牌运动服装企业很早就开始将重点放在研发、设计、品牌、营销等利润更高的部门，而生产加工则委托给位于东亚的制造企业；在电子消费品行业，著名的苹果公司主要负责苹果手机、iPad（平板电脑）等产品的研发、设计和销售，生产环节则委托给全球上百个零部件企业和富士康这样的整机组装企业；在生物制药行业，默克、辉瑞等国际制药巨头也越来越多地将资源投入到研发环节，而将生产委托给位于印度、中国等发展中国家和地区的制药企业。

如今，中国制造业也发生了类似的分化。一方面是拥有独立研发、设计、品牌、流量、体验等软价值的先进制造业企业，如华为、海尔、美的、李宁等，不断地用新供给创造新需求，价格随着产品升级越来越高，市场持续扩大；另一方面是无数制造、装配、加工环节的企业为了争夺订单而不断压低成本，有的长期为海外提供代工而逐步降低利润，有的转而尝试用低廉的价格满足消费者的基本物质需要，近年来，在中国消费者"拼多多"购物狂欢的背后，就是这些廉价商品的生产企业找到的薄利多销的生存道路。

有人把这种消费升级和消费降级并存的现象叫作"消费分级"，其本质含义是：单纯制造业环节生产的商品价格越来越低，而拥有研发、设计、品牌、流量、体验等软价值的制造业商品价格却越来越高。面对消费分级，中国的制造业如何转型？是致力于以高效率、低成本的生产来满足越来越廉价的基本物质需要，还是用研发、设计、品牌、流量、体验来满足人们追求高品质生活的精神需要？

选择前者，道路会越走越窄；而选择后者，道路会越走越宽。不管是华为手机还是苹果手机，它们的软价值都远远超过50%，在价值构成上已经不同于传统制造业。当一个产业的产品或服务价值中有 50% 以上是软价值的时候，我们把这个产业叫作"软产业"。那么"奔向了更广阔的天空"的软产业价值创造能力还在制造环节吗？制造业企业的创新与转型，是继续研究制造、装配、加工的规律，还是转而学习研发、设计、品牌、流量、体验等软价值的创造规律呢？

## 增长天平失衡，新的增长点在哪里

短短的 40 年时间，中国有几亿人口从农村迁徙到城镇就业、居住和生活。快速城镇化也带动了房地产、建筑材料、装饰装潢、家电、餐饮服务等几十个产业的迅猛发展。20 世纪 90 年代以来，中国富豪榜上位居前列的很多都出自这些行业。然而，在欧美等发达国家，城镇化阶段过后的财富排行榜上，哪里还有与房地产相关的企业？

如今，中国的城镇化率已经达到 60%，北京、上海、广州、深圳、天津、江苏、浙江等省市的城镇化率已经超过 70%，中国的城镇化进程已经进入后半程。如果快速城镇化的高峰已经过去，曾经的主要支柱产业房地产业必然会进入减速阶段，与此相关的钢铁、水泥、建筑、建材、家电、装饰装潢等几十个高光时代已过的行业必须面对艰难的创新与转型挑战。

在快速工业化和快速城镇化互相促进、双轮驱动的 40 多年里，中国的经济增长总体是具有很大普惠性的，各个地区、各个行业都是经济增长的受益者。与此同时，美国过去 20 多年的经济增长则主要发生在东海岸的纽约、新泽西、波士顿，西海岸临近硅谷的加州、西雅图等少数城市地区，以电子信息、传媒、娱乐、生物医药等新产业引领的企业快速增长，而很多中西部地区的传统产业陷入长期低增长困境。由于上述增长的不平衡，美国中产阶级人口占比已经从高峰时的 70% 下降到 50%。

如果未来 20 年中国的经济增长也是主要围绕几大都市圈展开的、新经济引领的经济增长，那么那些远离大都市圈的地区、那些与新经济关联不密切的传统服务业，恐怕也将迎来长期低增长的阶段。可以想象，有多少曾经繁荣的中小城市的传统服务业即将面对艰难的创新与转型！

## 传统产业的破茧新生

除了发展这些软产业，也应该更重视发展传统产业，尤其是制造业。无论是知识产业、信息产业、文化娱乐产业、新零售、新金融等行业的快速成长，还是互联网、人工智能、大数据、云计算等服务业的技术进步，虽然都压低了制造业在经济中的占比，但并不妨碍制造业的增长，而且这些软产业的发展还推动了制造业产值的提高。不仅如此，传统制造业，甚至传统农业和传统服务业都可以通过研发、设计、品牌、流量、体验等软价值创造获得新的成长空间。只要认清未来新需求的方向，掌握用软价值创造新需求的创新和转型原理，未来经济发展的空间就将无限广阔。

以传统制造业为例，美国电气和电子工程师协会与 IHS 咨询公司的报告显示，20 世纪 80 年代初，一辆轿车的电子系统只有 5 万行程序代码，而现在高端豪华汽车的电子系统有 6 500 万行程序代码，提升了近 1 300 倍。目前，汽车软件的价值仅占汽车总价的 10%，而摩根士丹利估算，未来自动驾驶汽车 60% 的价值将源于软件。这样看来，未来的制造业还会有更多的价值体现在研发、设计、品牌等方面，就像奔驰汽车的前总设计师所说的："我们销售的不是汽车而是艺术品，只是碰巧它会跑。"同样，特斯拉销售的也不是"跑得快"，而是环保、时尚和智能化；可口可乐销售的也不是糖水，而是冰爽、时尚的感觉，以及与汉堡、薯条一起构成的某种文化和生活方式……

零售业从最初的"行商坐贾"，到以百货公司为主要形式的近代服务业，再到以仓储式超市、大卖场为代表的现代服务业，直到以亚马逊、淘宝和京东为代表的传统电商出现，极大地提升了人们获得商品的效率，网络零售整体的比例也在不断提升。国家统计局发布的数据显示，2019 年网络零售额占全国社会消费品零售总额的 25%，2020 年上半年这一占比已经逼近 30%。就在人们一度认为零售业的创新已经接近极限时，拼多多、电商直播、流量带货等新形式喷涌而出，物品的"获得"不再是人们享受零售服务的唯一或者主要目的，顾客的情感体验被放在最高位置——人们为了社交而购物，为了情感打动而购物，为了证明自己而购物……真正的新零售时代正在到来，零售业全面打开了新的服务和增长空间。商务部的数据显示，2020 年上半年，中国电商直播超过 1 000 万场，活跃主播人数超过 40 万，观看人次超过 500 亿，上架商品数超过 2 000 万。

科学技术的进步和人们不断升级的需求把历史的车轮推到了今

天，不管是传统农业、传统制造业，还是传统服务业，在基本物质需要已基本满足的年代，如果不能再靠"练内功"、降成本来谋生存，那么其转型的方向和创新的方法本质上都是同一个问题，即如何创造更多软价值来满足人们的美好生活需要。

## 奔向新需求的广阔空间

在以软价值为主体的制造业方面，新的应用场景、新的需求空间正在被逐渐打开。面对 5G 时代的到来，很多受计划经济思想影响、做产业规划的人对 5G 的前景表示怀疑和困惑，因为他们规划和设计不出应用场景——这实在是杞人忧天，市场的力量自然会创造出应用场景，并创造出对自身的新需求，计划经济和产业规划从来就解决不了这些问题。回想一下，在 2007 年苹果公司推出智能手机的时候，谁能够想到智能手机和 3G、4G 技术会在若干年后催生微信、互联网约车、共享单车、短视频、线上会议、线上办公等应用场景？如今，5G、物联网、人工智能、创新药等一大批软价值驱动的新供给正在形成，以 5G 智能终端、智能交通工具等为载体的各种新应用场景、新需求即将大规模涌现，以软价值创造为主体的制造业将继续创造新的财富神话。

在信息软产业方面，大数据、云计算、社交网络、流媒体等行业未来的成长空间也不可限量。100 年来，全球财富排行榜上位居前列的曾经是钢铁企业、汽车巨头、化工巨头、房地产企业，而现在大部分都是信息产业。以谷歌、脸书、阿里巴巴、腾讯为代表的信息产业巨头的软价值创造能力不减，拼多多、TikTok 等依靠算法取胜的新型信息企业迅速崛起，这些企业创造价值的方式基本不消耗自然资源——其价值源于数据和算法，源自人们的创新思维，供给和需求的空间都是无限的。中国信息通信研究院发布的调查结果显示，2019年，我国数字经济规模达 35.8 万亿元，占 GDP（国内生产总值）的比重达到 36.2%。根据中国科技网和微热点大数据研究院发布的报告，到 2025 年，中国 5G 市场规模可能达到 1.1 万亿元，占 GDP 的 3.2%；到 2030 年，将产生 800 万个就业机会，实现 2.9 万亿元的经济价值。

在知识产业方面，教育培训、咨询智库、科技研发、会议论坛、出版传媒、知识付费等业态还会继续扩张。围绕着知识的不断创造、传播、应用，知识产业在几乎不消耗自然资源的前提下，同样用创造性思维满足人们丰富的精神需要。艾瑞咨询测算，中国视频会议市场规模将由 2020 年的 161.5 亿元上升至 2023 年的 218.9 亿元，云视频会议系统与硬件视频会议系统分别将实现 24.8% 与 9.3% 的复合增长率。摩根士丹利发表的职业教育专项研究报告指出，中国服务业的增长和制造业技能升级需求将推动职业教育市场的成长，预计 2030 年前，中国非正规的职业教育和培训市场每年将增长 8%，规模预计从4 000 亿元扩大到 8 700 亿元。奥纬咨询公布的数据显示，2019 年中国 K12 教育培训行业市场规模已经突破 8 000 亿元，2017—2019 年年均复合增长率达 30%。[1] 中国的知识付费市场仍有相当大的增长潜力，2023 年有望接近 170 亿元的规模。[2]

新需求的另外一个重要拓展领域是文化娱乐产业。除了传统的体育竞技、主题公园、电子娱乐，各种新娱乐产业层出不穷。美国作为世界公认的文化传媒产业大国，其电影、电视、音乐、文学和游戏等文化娱乐产品在 2017 年的产值就高达 6 万亿美元，占其 GDP 的 31%，占世界文化娱乐产业产值的 43%。与之相对应，2018 年中国文化及相关产业增加值为 4.12 万亿元，仅占 GDP 的 4.48%。考虑到前几年中国电影票房曾经以年均 35% 的速度增长，互联网用户规模达到 8.5 亿人，在线音乐、文学用户规模达 4.32 亿人，文化娱乐产业新需求创造空间似乎是无限敞开的，问题是我们用什么样的价值创造方法来开发和创造新的需求。

此外，在追求美好生活需要的年代，旅游、健康、养老、新零售、金融科技等各种高端服务业也有良好的发展前景。以新零售为例，在 2020 年新冠肺炎疫情冲击下，当传统零售业严重衰退的时候，各种以互联网平台、直播平台为代表的新零售却高速发展。它们不仅具有传统商业的"商品可得性"的价值，而且比传统零售增加了更多便利性、快捷性，以及更好的体验、评价和互动功能，从而增加了零售业的软价值。

## 第二节
## 量子科技与软价值时代

2020 年 10 月，中国最高决策层集体学习量子科技和量子理论。根据笔者 2003 年初步接触量子理论以及多年学习量子理论相关知识的体会，人们一旦接受了量子理论，对世界的认知就会跳出诞生于牛顿物理时期的哲学影响，思维模式会产生飞跃性变化。领导人和企业家如果理解了量子理论的基本原理，就会跳出传统思维框架。

### 物理学高飞，哲学与认识论停留在100年前

哲学和认识论往往建立在物理学等自然科学所揭示的物质运动规律的基础之上。"物理学—哲学—经济哲学—经济学"是推动经济学和价值理论发展的基本路线。

在牛顿物理学出现之前的几千年时间里，人们观察到潮汐定时涨

落与月亮有着密切的关系，而且精确性堪比钟表：如果精确测量的话，月亮绕地球一周是 24 小时 48 分钟，潮汐的周期也是 24 小时 48 分钟。当时的人们不明白其中的缘故，只好用"月亮女神同时也掌管着潮汐"来解释。1687 年，牛顿的《自然哲学的数学原理》出版，这部著作提出的万有引力学说精确地解释了潮汐现象——当月亮与这一片海水的距离最近时，月球对海水的引力达到最大，潮水也就达到最高点。

牛顿物理学强大的解释力对那个时期的生物学、生理学、心理学等都产生了巨大的影响。在那时的人们看来，经过牛顿物理学解释的世界，就像一只被设计好的钟表在精确地运行。牛顿物理学不仅定义了绝对空间、绝对时间和绝对运动，同时也奠定了那个时代自然科学和社会科学研究的整个认识论基础——机械论、决定论和还原论。随着牛顿物理学大行其道，绝对时空、绝对运动与机械论、决定论、还原论的大厦也建筑得无比巍峨，不仅在物理学、化学、生理学和心理学中占据了支配地位，在历史学和经济学等领域中也有一席之地。

在牛顿以后的几百年时间里，物理学经历了狭义相对论、广义相对论、量子理论等阶段。相对论和量子理论将人类对世界的认知空间从牛顿理论的低速、宏观世界进一步拓展到高速和微观领域。1900 年，普朗克提出了量子化概念，掀开了物理学发展新的一页，随后爱因斯坦于 1905 年提出狭义相对论，1915 年提出广义相对论，1923 年德布罗意提出物质波的思想，1926 年玻恩提出波函数的概率解释，1926 年薛定谔创立波动力学，1927 年海森堡提出不确定性原理，

1956 年杨振宁和李政道合作提出弱相互作用中宇称不守恒，20 世纪 50 年代平行世界理论被提出，直到 20 世纪 70 年代以后发展起来的"弦理论"和"超弦理论"，以及近几年的量子传输、量子通信、量子计算等，物理学发生了突飞猛进的变化，彻底改变了人们对世界的认识。

与物理学对人们认识论的拓展同步的是科学技术和生产力突飞猛进的发展，电能、热能、动能、光能、微观粒子裂变等运动形式的能量转换成为人类财富的来源，光波、声波、电磁波等成就了现代通信和空间探测技术；互联网世界超越了传统的语言、文字等主观价值载体，成为价值的典型代表形式。量子计算、量子传输、量子通信等技术已经开始进入实际应用阶段。

科学的进步和突破本应该同步带来哲学和认识论的变化。然而，由于近现代的学科分类越来越细，社会科学和自然科学隔行如隔山，很少有人能够像科学启蒙时代那样对各学科知识融会贯通。因此，20 世纪以来的物理学突破并没有迅速传播到哲学、社会科学和经济学领域，更没有带来哲学、经济学理论上应有的突破。在经济学领域，几百年过去了，人们还在沿用亚当·斯密、李嘉图、萨伊、马歇尔等的哲学认识论和经济学价值理论。

如图 1.1 所示，横轴上方那些为近代经济学奠定基础的价值理论经典著作，主要出现并完成于 1890 年之前的经典物理学时期。100 多年过去了，财富的价值源泉都变了，人们对价值的认知能不变吗？

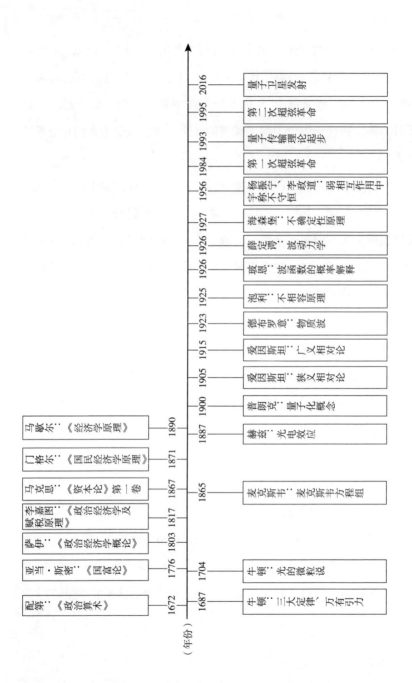

**图 1.1　物理学的进展和经济学价值理论的停滞**

## 价值的源泉变了，价值理论能不变吗

在经典物理学时期，人们主要通过对地球资源的加工来创造价值，传统价值论是符合当时的价值创造现象和规律的。在量子时代，价值创造的主要来源已经发生了天翻地覆的变化，地球资源在其中所占据的比重越来越小，人的创造性思维已经成为价值创造的主要来源，我们如果还抱着只能解释地球资源创造价值的传统理论不放，就如同刻舟求剑，最终只能在滔滔逝水前徒增迷惑。

在以软价值为主体的制造业中，在知识产业、信息产业、文化娱乐产业、高端服务业里，那些创造价值的人类的创造性思维属于微观高速运动的量子世界，因此更具有电子波动的抽象性、跳跃性、模糊性等特点，传统价值论中的生产函数、效用函数、供求关系函数在这些领域大部分是失效的。古老的经济学价值理论，包括劳动价值论、成本费用价值论、效用价值论、供求关系价值论等，虽然在物质产品制造领域依然有效，但是在大部分软价值创造领域已经成为新时代的理论枷锁，量子时代的经济哲学亟待进行一场新的革命，整个经济学都需要新的价值理论的支撑——这种新的价值理论，必须是在把握量子世界运动规律的前提下，尤其在量子时代新思维的基础上，才能建立起来。

以量子理论为认知基础的软价值理论认为：研发、创意、品牌、知识、信息、文艺作品等的价格都是相对的，而不是绝对的；软价值产品在不同的参照系中有不同的定价；软价值不是客观存在的，而是受到人们主观认知的影响；软价值是不守恒的；软价值的变化是非连续的、因果可逆的；软价值不是一个点，而是一个域。

### 相对性与参照系定律

与牛顿物质世界的绝对时间、绝对空间不同，软价值是相对的。在以牛顿物理学为认知基础的传统价值论中，一辆汽车的价值是绝对的，如果中国市场和美国市场之间存在差价，那么这主要是由税负和经销商的竞争程度不同造成的；而在以量子理论为认知基础的软价值世界中，一件商品的价值是相对的，在不同的"参照系"中有完全不同的价值，比如京剧在中国是国粹，但在欧洲可能难以得到欣赏。同样一个上市公司，在中国香港股市是一个股价，在中国 A 股市场则是另外一个价格，因为这两个参照系的汇率、利率、风险溢价等参数都不一样。

### 主观性与群体认知定律

在牛顿物质世界中，价值是产品的客观内在价值；而在软价值世界中则不同，软价值不是纯客观的，主体和客体之间有很强的主观性，软价值的变化在很大程度上是由群体性认知决定的。如同测量一个微观粒子的质量，不同的人测量得到的结果很可能不一样，同一个人今天测量和明天测量得到的结果也有可能不一样，因为测量结果受到测量者的影响，而测量者自身的能量不一样。研发、创意、品牌、知识、信息、文学作品的价值，既取决于产品的客观方面，也取决于人们的群体性认知。

### 软价值不守恒定律

物质产品的价值是守恒的，如果一件物质产品的价值被创造出来，则一定有等量的原材料、资金或劳动等要素投入；如果一件物质产品被消费掉，那么它的价值也会随之消失；如果一件物品的所有权从 A 转移到 B，那么它的价值也随着 A 转移到 B。

然而，在软价值的世界中，一个研发创意所创造的价值是不能用消耗多少脑细胞或脑电波来衡量的，也没有对应的成本投入；同一件产品的价值经常会因为消费者的主观认知（体验）的波动而增加或减少；软价值是不守恒的，就像越多的人欣赏、评价和传播凡·高的画作，凡·高的作品价值就越高；一部音乐作品、一个网络游戏、一个品牌，不会因为有新消费、新人欣赏而减少或引发所有权的转移，因此很多软价值并不是专享的，而是可以共享的。

### 软价值变化的非连续性定律

在牛顿物质世界，变化是连续的，商品的价值创造自然也是连续的、确定的，就像工厂里的流水线，只要配备适当的设备、人力，提供充足的电力和原材料，流水线就能源源不断地生产出产品。因此，在物质世界中，产品的价值是相对稳定的，即便是受到供求关系的影响，其价格变化大多也是连续的。

在量子世界，假设量子的等级就像一个个台阶，那么一个人的身体要么站在这个台阶上，要么站在那个台阶上，不可能双脚同时站在两个台阶中间。量子的运动也是跳跃性的，从这个量级到那个量级的变化也是不连续的、跳跃性的。以人类创造性思维为物质基础的软价值，其变化也是非连续的、跳跃性的。比如创作，有灵感时，人们很快就能画一幅画，写一篇小说，创作一个剧本；没有灵感时，连续几个月也创作不出来。一项科学发现的到来，可能是妙手偶得，毫不费力，也可能是踏破铁鞋，难觅踪迹。同样是殚精竭虑拍出来的电影，可能会成为全球影迷追捧的爆品，也可能出乎意料地变成"票房毒药"。就像量子"跃迁"现象，微观粒子只有吸收了特定的能量才能跃迁到更高的能级，然而这个特定能量是多少，在软价值的世界中却很难测定。

### 软价值"域"定律：不是一个点，而是一个域

在"硬产品"的世界中，价值虽然可以沿着某条趋势曲线变化，但是在特定的时点，价值是一个确定的价格。而在软价值世界中，价值不再是确定的趋势线或点，而是一个个只能按照概率来把握的价值"域"，即软价值可能在一个"域"内波动，停留在某个点的情况只是一个概率。

比如，这个创意、这幅画、这首诗歌、这只股票值多少钱？它只是在一个价值"域"中运动，价格可能是发散的，也可能是收敛的。若能判断软价值波动的区间、运动方向，就可以判断它停留在某个价格的概率。

## 软价值时代：爬行动物进化出翅膀，飞向天空

不同时代的财富创造有着不同的稀缺要素。在农业时代，土地是价值创造中最主要的稀缺资源，因此，土地拥有者成为财富分配的主导者。在商业时代，航海能力和商业通道成为价值创造中的稀缺资源，因此，那些垄断了贸易航线的国家，例如葡萄牙、西班牙，一时富甲天下。在工业时代早期，资本是价值创造中的稀缺资源，因此，

那些最早完成资本原始积累的群体成为社会财富的主要拥有者。当资本过剩而先进技术、管理能力成为稀缺资源时，掌握技术、管理能力的知识精英开始掌握价值创造和财富分配话语权……在如今的软价值时代，什么才是决定财富流向的核心要素和稀缺资源呢？

农业的特定生产组织模式是农田和村庄，"日出而作，日落而息"，因而中国的农业文明时代有以村庄为中心的传统社会管理模式。工业的特定组织模式是厂房、生产线，需要固定工作时间和场所，以及与大规模生产、销售、服务相配套的社会组织模式，因此近代工业文明也促成了以城市为中心的社会管理模式。

与传统农业、传统工业和服务业不同，从事软价值创造的人不仅不需要固定的工作场所或固定的工作时间，甚至也不需要单一的就业岗位，对于这些研发、创意、设计人员而言，能否产生有效创意和精品设计，取决于是否适合自身特点，组织模式是否有利于激发创造性思维的个性化"生产"，是否拥有更多的自由安排和更少的外在工作束缚。

当然，不同的行业也存在不同的特点。大学教授可以选择在上课的时候才去学校。作家可以选择晚上写稿，白天休息。演员可以拍完一部戏之后休整很长一段时间。设计师可以通过看似毫无目的的漫游、与无关的人聊天等方式，寻找灵感，启发思维。从事艺术创作的人只需按进度提交作品，并不是必须固定在某一场所、某一城市。软件开发人员虽然也有固定办公场所和办公时间，但其意义只限于团队成员间必要的交流与协作，随着互联网和包括视频在内的通信技术的发展，很多团队交流与协作也由"线下"移到了"线上"。

软价值时代，各行各业的自由职业者越来越多。比如，中国的几百万个活跃网店的店主不仅从事着富有弹性和个性化的工作，而且带动直接相关的就业机会上千万个。统计表明，美国有近 6 000 万名自由职业者，占劳动力总数的 36%。

除了工作和"生产"模式的变化，软价值时代人们的工作身份也不再单一：各个行业的知识专家经常在正常工作之外从事演讲、咨询、顾问等工作；越来越多的技术专家在从事研究工作的同时，也运用其技术成果开展实业经营。在软价值创造的相关领域，越来越多的就业者拥有多重身份特征。比如，杰克·多西，天使投资人 / 软件专家 / 人像摄影师；理查德·塞勒，行为经济学家 / 基金经理 / 奥巴马竞选智囊团成员 / 电影演员 / 专栏作家。

这种多重职业身份的就业模式，无疑可以最大限度地发挥每个人的软价值创造能力。对此，国务院 2020 年专门出台相关文件，鼓励灵活就业，支持多重就业身份。深圳等地区也推出了"双聘制"等模式，吸引在其他单位任职的专家每年分出一定时间来深圳工作，并给予其丰厚的待遇。

如果一个生物体的细胞发生了变化，这个生物体会怎样呢？如果社会的微观组织变化了，那么未来的社会组织模式会发生什么样的变化呢？软价值创造除了带来企业组织变革，也通过就业和生活方式的变化来影响社会组织模式。

工业革命一旦把人们从农村带到城市生活，人们恐怕就再也难以回到并适应过去的生活了。就像鱼类从海洋爬上陆地，演化成爬行动物，它们就不再是鱼类了。软价值创造带给人类生活方式和社会组织模式的变化，就像爬行动物进化出翅膀、飞向天空。

## 第三节
## 软价值创造新需求的五大法则

物质产品的制造是用物理、化学的方法来加工自然资源和原材料，而软价值的创造是用人们的创造性思维创造财富，用软价值创造新需求，关键在于五种方法：提高研发创意的有效性、创造和经营流量、改善客户体验、创新商业模式，以及围绕以上经营活动的组织变革（见图 1.2）。

### 让有效研发创意创造新需求

与物质产品的劳动时间和物质材料大部分的有效投入不一样，由于人类创造性思维运动的不确定性，创造软价值投入的大量劳动和资源投入可能都是无效投入，只有少数的投入才能算作有效投入。比如大部分歌曲或文学作品的创作都不能产生价值，只有少量歌曲和文学作品才具有商业价值；在投入大量资金开发出数不清的不成功游戏之后，才会出现少量类似于"王者荣耀"这样的爆款游戏。

图 1.2　软价值创造新需求的五种方法

因此，凡是从硬价值制造向软价值创造转型的企业，都必须做好一个最重要的观念转变——接受无效投入。只有在接受无效投入的前提下，才谈得上如何提高研发和创意的有效性，以及如何产生"有效研创"。

第一，要把研发当成风险投资项目，用项目管理的思路管理研发。把研发当项目，研发就不再是成本部门和服务部门，而是创造价值的主体部门；一个研发项目的立项，就是一项风险投资的开始；作为项目的研发，不再是为生产服务，而是生产人员要进入研发项目组，为研发服务；不仅是生产人员进入研发项目组，研发项目小组中还必须有销售、运营、财务、客服等人员，相关的激励机制也要配合上。只要是决策部门经过论证许可的研发项目，各条线都必须全力支持，成功就给予巨大的激励，失败也要坦然接受。从 IBM 到谷歌、华为，凡是按照这样的理念进行产品开发的公司，不仅永远都走在产品创新的前列，而且研发的成功率远远高于其他公司，研发成为价值创造的主要力量。

第二，有效研发创意通常离不开灵魂人物的"理想黑体"作用。物理学中的"理想黑体"是先吸收所有照射它表面的电磁辐射，并将这些辐射转化为热辐射；软价值的创造也是在灵魂人物与参照系人群的互动、循环过程中发生的。科技型企业中的理想黑体可能是乔布斯、马斯克这样的人，电影产业中的可能是斯皮尔伯格或者汤姆·克鲁斯这样的导演或演员，体育运动中的可能是 C 罗或者贝克汉姆这样的大牌球星，而金融投资中的可能是某位明星基金经理。

第三，有效研发创意离不开各种软资源。如同农业需要土地，制造业需要原材料一样，软价值的创造也需要不同的软资源。所谓"软资源"，是指在软价值创造过程中使用和积累起来的非实物资源，除了传统的人才、科学成果、技术专利、资金之外，还包括：知识产业的经典著作、文献档案、传播模式、影响力；文化娱乐产业的 IP（知识产权）积累、明星、院线、体育俱乐部、赛事、口碑评论；信息产业的大数据、算法、互联网平台、社交网络；服务业的品牌、商业模式；金融业的信用、国际货币发行权、金融定价权等。比如，年轻人都爱看漫威的超级英雄电影，斯坦·李在创造"蜘蛛侠""钢铁侠""绿巨人""X 战警"这些前所未有的超级英雄形象时，依靠的是天马行空的想象力、北欧神话等艺术资源，以及一些科学知识，如今这些软资源的价值甚至超过了矿山、高炉和生产线。同样，J. K. 罗琳创作哈利·波特的故事，很多灵感和素材都源自《圣经》、希腊神话等西方文艺素材；麦肯锡公司在提供咨询服务时，依赖的是波士顿矩阵、价值链等分析工具；华尔街的金融从业者从事金融产品交易，凭借的是信息、资本和风险承担能力；谷歌、字节跳动等公司，靠的是程序、算法和数据……所有这些不同于土地、矿藏的宝贵资源，都是产生有效研创所必需的软资源。

第四，有效研发创意必须有激发创造性思维的特定环境。凡·高在创作时充满了激情，其创作的精神状态非常人所能理解；中国古代诗人李白要在醉酒的情况下才能创作更好的诗歌作品；谷歌为了激发有效研创，把办公室设计成让程序员感觉最舒适的样子；北京的798艺术空间必须营造出有充分的艺术感的氛围，才能激发艺术家的灵感。

第五，有效研发创意先要找准软价值创造所处的参照系和共振群体。普通制造业产品具有普遍适用性，比如一辆汽车在中国能开，放到美国也一定能开。但是软产品不一样，比如文化产品、信息产品、知识产品、金融产品等，放在这个参照系里有很大价值，在另一个参照系里面可能就没有那么大的价值。要确保研发和创意的有效性，关键在于找准参照系，换句话说，就是能够引发共振群体的"神经元同步放电"。

最后，不同的行业还有不同的提高有效研发创意的办法，比如，选择好创意方向，分段创新、合理投入资源，多线布局、放大有效创意，打造精品软产品，等等。

## 引入流量思维，创造新需求

对传统产品而言，流量并不是销量，但是流量可以转换成销量。人们选择在大街上开店，就是要转换大街上的人流；选择在机场或购物中心开店，就是要转换机场或购物中心的流量；选择到中央电视台做广告，就是要转换央视的观众流量；选择到互联网做广告、做电商或做直播，就是要转换互联网的流量。

对于大部分普通农产品和制造业产品而言，人们的需求变化不大，市场相对稳定，因此销售的关键首先是获得流量，其次才是提高流量转换效率。但是软价值产品不一样，人们可以看某部电影或某本书，也可以不看，所以当一部电影拍摄完成以后，它的价值创造过程才刚刚开始。如果仅仅是获得流量，不能创造出认知群体，那么对这部电影的需求就不存在，所以创造认知群体、提高流量转换效率变得更加重要。

对于农产品和制造业产品而言，资源和人工等供给成本对其价值的影响较大。但是软价值产品不同，由于以不确定的人类创造性思维作为价值源泉，软价值产品被创造出来以后甚至可以接近零成本、无限供给，比如一部小说在创作完成后，完全可以几乎无成本地在互联网上流传，然而观众、用户、玩家的时间和注意力却是有限的，因而软价值创造更多受到需求方的影响。经营流量可以直接创造价值，创造新需求。

总之，对于传统制造业产品而言，流量可以转换成销量。而对于软价值产品而言，流量就是价值——点击量、播放量、浏览量、观看量、注册数量等流量越大，这些网站、软件、游戏和影视作品的价值就越大。那么软价值产品如何获得流量、创造认知群体、提高流量转换效率、改善客户体验呢？

## 引领生活方式，创造新需求

软价值的变化不仅仅来自产品本身，还在于人们对这种产品的认知变化，这就是体验的软价值。同样一件消费品、知识产品、信息产品或文化娱乐产品，有时候即使产品本身没有任何变化，由于社会风尚和社会潮流的变化，这件产品带给人们的体验也会有巨大的变化。

比如，有些消费品、文化艺术品会因为社会潮流的变化而过时，带给人们的体验越来越差；也有些产品在没有任何改进的前提下，带给人们的体验价值却大幅提升。比如，画家凡·高一生创作了千余幅作品，但生前只以 400 法郎的价格卖出过一幅画。他死后，作品被重新认识，至少 9 幅凡·高的画以超过 3 500 万美元的价格成交。同样的画作，价值差异如此之大，变化的绝不是那些画本身，也不是流量，而是由社会风尚造成的群体性认知或体验的变化。能欣赏凡·高的画，成为一种时尚生活方式的体现；懂不懂凡·高的画，理解不理解凡·高的画的价值，成为一种衡量艺术修养高低、体现艺术人生的标准。

因此，为了改善体验，创造更大的体验价值，企业不仅要通过传统的方式来提高客户服务水平，改善客户体验，更要通过重视名家鉴赏、大众点评来提升人们对产品和服务的体验。比如，书评、影评或名家背书，本身不仅会影响消费者，而且这些评论、延伸解读甚至电影幕后主角的故事跟产品本身一样，都是能引起观众的情感共鸣、提高消费者体验的消费对象。

当然最高级别的体验价值创造还可以创造或引领某种生活方式。苹果手机能够创造一种全新的生活方式体验，因此可以带来巨大的新需求。如果有源源不断的新产品能够引领某种生活方式，就能够持续创造新需求。

比如，可口可乐不仅能带给人们独特的体验，更重要的是它引领和代表了一种生活方式。如果一个人在美国快餐店买了一个汉堡或比萨，却没有可口可乐，那简直是无法想象的。而通过创造圣诞老人的形象来创新消费场景，也是可口可乐的一次成功尝试。今天，一身红衣、头戴红帽、留着大胡子的圣诞老人形象已经深入人心，但很少有人知道这个形象是在 20 世纪 30 年代由可口可乐公司创造的，以引领生活方式，创新消费场景，从而打开了冬季市场。

原来，在西方流传的圣诞老人（圣尼古拉）并没有固定的形象，也有画家将他画成一个穿着绿袍子的老者，因为人们认为他有着使人永葆青春的魔力。后来，尽管圣诞老人穿红衣已经逐渐约定俗成，但是一直没有一个最为大众认可的圣诞老人形象。1929—1930 年，大萧条中的可口可乐提出"口渴没有季节"的营销创意，专门邀请画家海顿·珊布创作了现在为人们所熟悉的圣诞老人形象，并配合一系列圣诞老人在圣诞节背景下畅饮可口可乐的画面，甚至还有从冰箱里偷拿可乐被孩子们发现的欢乐场面，很好地激发起了人们在圣诞节饮用可口可乐的需求。从此以后，可口可乐在冬天的销售额暴增，冬天再也不是消费淡季。因此，可口可乐的圣诞老人案例，成为引领生活方式、创新消费场景、提升体验价值的经典案例。

其实，不仅是可口可乐，任何产品的购买行为背后都是一种生活方式的选择。成功的产品不仅能够带给消费者良好的体验，有唤起感情共鸣的能力，而且一定能够成为某种生活方式的代表。

## 创新商业模式，创造新需求

普通农产品、制造业和服务业产品大部分是专享的，比如一个面包只能一个人吃，一件衣服在某个时间只能穿在一个人身上，一次服务在特定的时间、空间也只能针对一位消费者。因此，普通农产品、制造业和服务业产品的价值实现过程通常都只有卖产品这一条路。而软价值则不同，研发、设计、品牌、知识、信息、艺术品等软价值大部分都是可以同时共享的，一个人的使用并不会减少其他人同时使用的可能性。正因为如此，软价值的实现主要并不依赖产品交易，而往往是通过弯曲的路径来实现更大的价值。

### "阳光免费，星光收费"的流量变现模式

微信已经成了数亿人每天都离不开的社交工具软件，当我们享受微信带来的人际沟通、信息传播等诸多便利时，微信并没有向我们收费。很多传统的互联网门户网站以及谷歌、百度、微博、抖音等软价值企业也一样，它们为上亿的消费者提供服务，却不收取服务费，而是通过其他弯曲的路径实现价值，这种价值实现方式被称为"阳光

免费，星光收费"。有人把上述这种价值实现路径概括为"先用免费服务获得流量，再把流量进行变现"。这是最常见的软价值实现方式之一。

### 多元产品的立体化价值实现

比如，J. K. 罗琳在她畅销全球的系列小说中创造了哈利·波特这个人物形象和一个神奇的魔法世界，即使她只收取创造的软价值中的版税，其数额也是很惊人的，据说有数亿英镑；当《哈利·波特》被制作成电影时，又创造了几十亿美元的票房收入，在《哈利·波特》作为环球影城的一部分被开发成电子游戏以及被制成与哈利·波特魔法世界相关的各种玩具和产品之后，各种弯曲路径实现的软价值总规模就超过千亿美元。

### 先有公共价值，后有赢利模式

软价值的价值创造和价值实现在时间上通常是不对称的，一般是先有公众价值，后有赢利模式。软价值的创造者在开始的时候往往并没有想好具体的商业模式，而经常是发现了解决某个亟待解决的社会问题的新方法，或沿着研发和创意的兴趣与爱好而研究出某种新发明或新发现，至于这些新发明、新发现形成的产品或服务是否有人愿意付费，或少量的付费能否覆盖成本，一开始并不重要。只要能打造出社会公众价值，早晚就会出现各种不同路径的赢利模式。如果一个产品或服务能推广到几万人使用，创造几万人的公共价值，则这个企业的价值可能就值几百万、上千万美元；如果能解决几百万人的问题，创造几百万人的公共价值，则这个企业或许就价值数十亿美元；如果能够创造几亿人的公共价值，则这个企业的资本市场市值就像阿里巴巴、腾讯、谷歌一样，价值千亿、万亿美元。

### 以资本市场市值为主的价值实现

如果只有社会公众价值而没有赢利模式，只能暂时提供免费服务，或虽有少量付费收入但仍然长期亏损，那么怎么解决持续投入的问题呢？答案是依靠风险资本或私募股权投资，依托资本市场。因此，软价值的价值创造和价值实现通常都离不开资本市场。对于一个传统的制造业企业而言，它的价值主体可能是实体的部分。而对于大部分软价值企业而言，资本市场价值才是它的价值主体，而其实体部分如办公场所、办公设备都不是价值主体。不仅如此，软价值企业的估值往往摆脱了传统的收入、成本、利润等财务指标。比如，特斯拉在2015年年销售汽车才10万辆、公司财务仍处于亏损状态的时候，其市值就达到500亿美元；2020年，特斯拉的汽车销量也不过几十万辆，但其市值已经超过了3 000亿美元，成为全球市值最高的汽车公司之一。

## 深化组织变革，创造新需求

农业的价值创造源自人们对动物和植物的繁殖和生长规律的认知，工业的价值创造源自人们对物质运动规律的认知，并用各种物理或化学的方法加工自然资源。而软价值创造则完全不同，其价值源自人类的创造性思维。正是人类思维创造的瞬时性、偶然性和不确定性，决定了软价值创造所需的人才团队、"生产"组织模式、激励机制与传统农业和工业有根本的不同。

软价值创造必须有相应的人才和团队，这是制约很多传统产业转型的关键问题。对于那些高科技产业、高知识含量的企业，向这样的方向改造团队不是问题。对于很多传统企业而言，其 90% 的员工都是没有受过高等教育的制造环节和简单服务环节人员，这样的人力资源结构如何能使企业转向软价值创造呢？如果不能彻底改造团队的整体人才结构，那至少要改变管理团队、研发设计团队、品牌和营销团队的人才结构，并在这些团队中"种植"软价值创造的"基因"。

首先，企业的管理团队能够掌握软价值创新方向和转型方法，切换思维模式。林肯说：如果我们手中只有一个工具——锤子，那么我们看什么都像钉子。新时期创新成功的关键并不是要管理团队放下手中的"锤子"，而是用另一只手拿起"软价值创造新需求"的新工具，换一个维度思考问题：传统的流程管理、财务管理、销售渠道管理依然重要，新的管理维度是如何提高研发创意的有效性，如何进行流量转换、扩大产品的认知群体，如何创新生活方式、提升消费者的体验，如何尝试价值实现的新路径、创新商业模式。

其次，要推动软价值创造新需求所需要的组织模式变革。比如，如果不再按照固定工作时间、固定场所、固定流程那样的组织模式来管理企业的研发设计团队，那应该用什么样的更有弹性的创造和创作模式？按照"一切销售问题都是流量转换、扩大认知群体创造软价值"的理念，应该怎样改革营销部门？告别传统的"宣传"思维，如何把传统的客户服务部门转换成体验价值部门的创造者？除了在知识产业、文化娱乐、信息产业出现的"小前台＋大中台""大后台支持小团队作战"等各种新管理模式，甚至连制造业也出现了"人单合一""创客模式＋中后台"等新的组织管理模式。2020年新冠肺炎疫情期间，在传统现场办公的组织管理模式受到严重冲击甚至停产停工的情况下，很多科技企业、知识企业、信息企业、文化娱乐企业、金融企业连续几个月实行在家办公或线上办公的模式，运行效率似乎不仅没有降低，甚至还有所提高。本书将在后面不同章节探讨这些新组织模式。

最后，要围绕软价值创造新需求构建新的激励和考核机制。过多的流程管理会降低人的创造性，过于严格的激励和惩罚有时候也会增加员工压力而降低创造性，只有激发人的内在动机，才能提高研发、创意、品牌、流量、体验等软价值创造能力，并成功创造新需求。正因为如此，以激发内在动机为出发点的OKR正在风靡全球，从美国的谷歌、微软到中国的华为、字节跳动、美的集团，都抛弃了传统KPI（关键业绩指标），采用OKR。OKR的考核激励原理对各行各业都有启示和借鉴意义。

## 注 释

1. 前瞻产业研究院：《中国K12教育行业市场前瞻与投资战略规划分析报告》。
2. 头豹研究院：《2019年中国互联网知识付费行业概览》。

# 02
## 擦亮制造业的招牌

为什么在深入了解研发创意的价值后，很多传统制造业企业仍不愿意在研发设计方面投入更多？

所有的销售都是流量转换，对软价值制造业产品而言，怎样才能创造和扩大认知群体，提高流量转换效率？

每一次购买行为都是一种生活方式的选择，该如何改善客户体验、引领和创新生活方式，创造新需求？

物联网时代，当越来越多的硬件成为流量的入口时，制造业会衍生出哪些新的商业模式？

也许30年前的华为、海尔集团、美的集团跟普通制造业的人才结构、管理模式、激励机制差别不大，但是现在已经是天壤之别。华为的人才基因已经彻底改变，产品开发导入了IPD战略；海尔的组织已经从"人单合一"衍化为"创客模式"；美的集团的考核激励也从传统KPI考核转型为OKR。

# 第一节
## 让有效研发创意创造新需求

今天，没有人把苹果公司当作从属于富士康的生产服务业，相反，富士康是苹果公司的代工企业。在越来越多的领域，我们不能把研发、设计和品牌部门当成制造业的附属部门，恰恰相反，制造环节才是那些从事研发、设计、品牌的附属部门。

研发用各种科学原理和无数次试验，决定了制造业产品用什么材料、什么样的生产工艺，创造何种物理功能；设计用最适合人体工程学和使用心理学的产品形态，为消费者带来舒适、轻松、愉快的使用体验；品牌降低了消费者的选择成本和社会监督成本，同时让产品具备了时尚、尊贵、与众不同等人性化特质，为消费者彰显个性、满足社交需求提供支持。

研发、设计、品牌已经创造出了软价值，而制造环节只是把这些软价值按照要求呈现出来。如果我们的制造业只包含生产环节，最多加上销售和售后服务环节，那么制造业本身所创造的价值是很低的。只有那些拥有高水平的研发部门、前沿的设计部门、强大的品牌部门的制造商，才能持续创造软价值。如果研发、设计、品牌等软价值占比超过 50%，那么这家制造企业就是软价值制造企业。

然而，即便深刻了解并高度重视研发、设计和品牌的价值，很多传统制造业企业仍然不愿意在研发、设计、品牌方面投入更多，因为研发就像风险投资，不可能像生产环节一样，一分投入对应一分产出，大量研发、设计和品牌打造失败的案例让制造业企业家望而却步。

然而，为什么苹果、华为等在研发方面，特斯拉、耐克在设计方面，可口可乐、雀巢在品牌打造方面，似乎具备特殊的能力呢？新时期，传统制造业要实现真正的战略转型，就必须掌握减少无效投入、提高有效投入的各种规律。

## 借鉴IPD思维，走市场化、项目化、集成化的研发道路

华为在研究开发最初的 C&C08 交换机时，也和现在的很多企业一样，领导拍板，全部研发人员投入"会战"。由于任正非先生的敏锐市场判断力和卓越领导力，大部分拍板"会战"都取得了成功，但也有些产品研发出现了决策风险。例如在小灵通产品的开发上，华为就错过了一个上百亿元的市场，甚至阶段性危及公司的生存发展。为了摆脱这种传统研发模式的不确定性，任正非先生力排众议，花费巨资引入 IBM 的咨询团队对华为进行了 IPD 变革。从此，华为的研发走

上了市场化、项目化、集成化的道路，它再也不用为研发方向、研发进度、产研衔接这些问题烦恼。如今华为不但在 5G 技术研发方面领先全球，华为云、华为手机、华为电视、华为平板电脑、华为手表等新产品也都取得了成功。

如今，类似 20 年前华为公司研发的领导决策模式或"会战"模式仍然在中国制造业广为流行，这样的传统决策模式显然并不能帮助企业形成持续的产品创新能力。不仅如此，将研发部门当作服务部门、成本中心，不但不能激发研究人员的积极性和创造性，而且会导致产品开发闭门造车、失败率高；与生产、财务、供应链、客服等部门的配合脱节，将导致产品交付问题、脱离市场需求问题、客户体验变差问题等。

那么 IPD 模式与传统研发管理模式的主要区别有哪些？简单说就是市场化、项目化、集成化。

市场化的产品开发，要给那些有创意的人员充分表现的舞台和资源，谁想干什么都可以提出来，只要能用市场前景说服老板或者立项审查委员会，就能获得"风险投资"，并由企业提供各种创业的资源和中后台支持。例如，华为的手机项目就是余承东在多次被否定之后，依然坚持用市场前景说服任正非，最终获得了全公司的支持。只有市场化的产品研发，才能不断突破领导决策的"能力圈"和研发部门的"天花板"，不断提高研发投入的有效性。

项目化的产品研发，就是将产品研发从一开始就作为潜在的利润增长点来进行管理，它将不再作为成本中心，而是要为将来的盈利做好规划，包括财务、生产、供应链等方面，都要进行模拟的考核和预算，在项目成熟的时候可以直接转化注册成独立的法人单位。海尔的创客模式也是这样的管理思路。海尔孵化的雷神科技、咕咚手持洗衣机、小智音箱等产品，都是由海尔内部的"创客"首先提出创意，通过评审后进行项目式管理和推进，由海尔提供供应链、生产管理、质量控制、售后服务，开放软硬件和平台接口、技术开发包，一直到风投机构的介绍和引入等一系列的支持和服务，最终这些产品都取得了研发的成功。

所谓"集成化的产品开发"，就是用市场化和项目研发来整合各部门资源。在 IPD 战略下，研发不再是一个单打独斗的部门，而是将研发、生产、财务、供应链、客服等部门整合进入研发团队和研发过程，把将来生产、销售、客户体验等所有阶段可能出现的问题，都尽量在研发阶段提出来并解决，以此来提升研发投入的有效性。

## 制造业研发设计需要灵魂人物

每一款经典制造业产品的研发、设计，背后都有一个或几个灵魂人物。灵魂人物作为产品的创始人和设计者，把各种创意、设计技术和个人的追求、情感都赋予产品之中，并通过产品与客户体验形成互动。

最著名的例子当然是乔布斯：从最初的 Apple II 计算机、麦金塔个人电脑，到后来的 iPod（音乐播放器）、苹果手机、平板电脑，每一个产品都与乔布斯跌宕起伏的创业经历相联系，苹果手机臻于极致的开发过程，倾注着乔布斯的所有情感甚至生命。与之类似的还有与马斯克的名字紧紧相连的特斯拉电动汽车，英特尔与安迪·格鲁夫，优衣库与柳井正，等等。

当然，成功产品的灵魂人物并不限于企业的创始人，也可以是科学家、工程师、设计师甚至是形象代言人等。例如，通用汽车设计师哈利·厄尔就是通用汽车的灵魂人物。苹果公司除了乔布斯之外，乔纳森·伊夫也担纲了一部分灵魂人物的角色。在苹果首席设计师兼资深副总裁的岗位上，伊夫深度参与了从 iMac（苹果一体机）到 iPod、iPhone 和 iPad 等诸多成功产品的设计工作，他曾经被乔布斯视为"在苹果公司的精神伙伴"。而特斯拉也有一个这样的"站在马斯克背后的男人"，他就是首席设计师弗朗兹·冯·霍尔兹豪森，他的理念是"应该是设计师的热情和追求，那种希望为人类创造更加美好未来的热情和追求，来决定未来汽车的样子……"在这一理念的引导下，他成功设计出了特斯拉的 Model S 车型，为特斯拉的成功奠定了基础。而说到耐克运动鞋的成功，其形象代言人迈克尔·乔丹的贡献恐怕不小于任何一个设计师和工程师。

近年来，一些中国的企业家也正在自觉或者不自觉地成为企业软价值创造中的灵魂人物，如海尔集团的张瑞敏、华为集团的创始人任正非、小米公司的创始人雷军、格力电器的掌舵者董明珠等，他们的形象、性格、经历已经与其企业和产品融为一体。

为什么软价值时代的制造业需要这样的灵魂人物呢？因为软价值时代制造业的核心竞争力在于满足消费者精神需要的能力。这种能力的本质是人与人的交流，而产品只是一个软价值的载体和交流媒介。唯有那些迫切需要通过产品满足用户诉求，倾听用户体验，并从这样的交流中感受成功和人生价值的人，才能带领团队完成这样的软价值创造。

这些企业创始人、设计师、形象代言人都怀有梦想和为了梦想而奋斗的神奇力量，并且通过发明产品、完成优异的设计以及形象代言，把他们的梦想变成产品，让产品承载着他们的梦想和人格化特征去满足消费者，并在感受消费者的愉悦体验中得到人生价值的升华。

例如，哈利·厄尔让汽车摆脱了黑色方盒子的传统面孔，赋予它们更多色彩、内外装饰和独特的车型，使汽车成为表达消费者个性的载体；乔布斯和伊夫给苹果的产品赋予了唯美、简洁的人格特征，培养甚至纵容了苹果产品的消费者的审美优越感；霍尔兹豪森成功地将为人类创造更加美好未来的热情和追求表达了出来，让那些有同样梦想的人见到特斯拉汽车时便产生共鸣；乔丹则将他成为篮球巨星的过程与耐克篮球鞋紧紧联系在一起，将观众对一位既有天赋又勤奋的篮球运动员的敬佩和热爱投射到耐克球鞋上，这才将耐克从名不见经传的小厂商催生成可以与阿迪达斯比肩的顶级运动品牌。

## 设计师和工程师同样重要

很多制造业企业都存在研发和设计部门围绕重要性和资源分配的竞争。在工业社会早期，在研发和设计之间，人们通常更重视研发，因为研发创造了这些产品的物理功能。到工业社会后期，随着人们越来越重视使用产品的感受，产品的设计也变得越来越重要。具体到某一个企业而言，可能因不同的发展阶段而有所侧重，但是在整个制造业软价值的生成过程中，至少要贯彻一个理念——设计师和工程师同样重要。

一方面，在消费品领域，设计师至少与工程师同样重要，因为人们消费的不仅仅是商品的物理功能，还有其便捷性、易用性，以及满足人的感情需要的功能，而这些只有通过设计才能满足。我们经常可以看到一种现象，就是市场上最受欢迎的产品往往并不是技术最先进的，而是在设计上运用了一些巧思，更能激发消费者情感共鸣的产品。另一方面，那些具备很强的"工程师"基因或者被"技术宅"主导的企业开发的产品，往往会因为单纯追求技术指标而被消费者抛弃。

作为手机产品的最早发明者，摩托罗拉曾经风光一时，这家公司非常重视技术，是一家典型的具备工程师基因的跨国公司。摩托罗拉常常看不上诺基亚和三星的做法——"它们换一个机壳或者颜色就算一款新手机？"被谷歌收购以后，一位摩托罗拉工程师说出了自身的局限："摩托罗拉的理念完全是以产品为导向的，看重技术的精益求精、工艺的耐用性。而诺基亚成功的关键是以市场需求为重，认为手机是快速消费品，因此不断推出外形设计小巧便携、操作简便易用的产品。"

1997 年，乔布斯回归苹果公司后，大胆起用新锐设计师乔纳森·伊夫，从此个人电脑将 CRT（阴极射线管）显示器和机箱融为一体，配以半透明外壳，带来了惊人的视觉效果，将个人电脑从四四方方的办公电器拓展成一个具备现代、感性和高度审美特征的消费品，对后来所谓"消费电子"的设计思路产生了极为深刻的影响。

从软价值创造的角度来看，设计所创造的界面、外观、品牌等元素更容易引发人们的体验变化，从而对软价值的影响更大，因此对于制造业企业而言，至少在提升用户体验方面，设计师比工程师的作用还要明显。

此外，工业品领域也要研发和设计并重。很多人认为，设计主要是外观设计，对消费品更重要，而工业品只要实现功能就可以了，外观"傻大黑粗"不要紧。实际上，良好的工业设计也是工业品创造软价值的重要组成部分。比如，在高端机床装备市场中，除了提升产品功能参数，还须从人机的匹配效率和人体工程学原理出发，注重使用者的身体健康、心理状态和感情因素。

## 研发还需要艺术家和心理学家

以往我们认为研发和设计分别是工程师、设计师的任务，但在新时代，产品不仅要满足功能等"硬"需求，更要满足客户感受、感情反馈、社交等"软"需求，单纯的工程师、设计师等"理工科团队"难以胜任，因此需要为研发和设计配备诸如艺术、美学、心理学等方面的人才，必要时还应当增加消费者代表等，提高研发和设计团队把握"软"需求的能力。

例如，耐克的产品研发团队是由运动员、科学家、工程师和设计师共同组成的，每年有数千名运动员参与新产品开发的体验环节，基于他们的职业理解为耐克提供改进建议，这使消费者在产品研发的早期就开始从用户的角度提供感受和反馈，大大提高了产品研发的成功概率。

又如，华为在巴黎设立了全球首个美学研究中心，首席设计师马蒂厄·勒阿诺尔来自法国，其作品广布科学、艺术及技术领域，有多项作品被纽约现代艺术博物馆等国际知名艺术机构收藏。美学研究中心专门从事时尚与艺术研究，把美学理论和尖端科技结合起来，提升华为产品的外观设计，在色彩与风格中融入更多创意，来满足消费者的软需求。

就像耐克邀请运动员参与球鞋的设计，海尔集团也强调可以与客户一起创造价值。海尔的一款小冰箱在美国市场上很畅销，经过研究后发现，原因是美国学生住的房间非常狭窄，海尔小冰箱的台面正好可以当作小桌子。海尔没有放过这个需求，干脆给小冰箱加上一个可以折叠的台面，进而又增加了一个可以放一台笔记本电脑的活动抽拉板——小冰箱与小书桌二合一，更加受到居住空间有限的学生用户的欢迎，这就是与顾客一起创造价值的海尔实践。

## 软资源的创造性使用

对软资源的积累和创造性使用是提升有效研创的关键，很多制造业产品的成功实际上得益于其拥有的丰厚的软资源。比如，当今最流行的电子书阅读器 Kindle 开发成功的关键因素之一是，Kindle 开发者亚马逊公司本身就是电子书店出身，与美国的出版界有着良好的合作关系，在 Kindle 推出时，就有 8.8 万种图书随时可供下载。海量的图书版权资源成为 Kindle 成功的重要支撑，第一批 Kindle 面世后，在五个半小时之内就被消费者抢购一空，并很快风靡全球。而日本电子巨头索尼公司比 Kindle 提前三年推出的电子书阅读器 Librié，纵然从技术角度来看比 Kindle 略胜一筹，但却因为索尼没有海量的电子书软资源而惨遭失败。

不少欧洲的化妆品、服饰公司的品牌价值源于巧妙地运用了大量的文化软资源。例如范思哲、爱马仕等品牌中蕴含了希腊神话的深厚底蕴，无形中增加了品牌的历史厚度和身份高度。运动服装公司李宁近年来对中国传统文化软资源的应用可圈可点，例如在运动鞋的设计中，李宁的设计师创造性地使用了"飞檐斗拱""皖派建筑""苏州园林""皮影戏"，以及瓷器中的"曜变天目"等中国传统文化元素，与阿迪达斯、耐克等国际品牌在中国传统文化软资源的应用相比，后者往往只是生硬地点缀几个中国符号，李宁在这一点上与它们拉开了明显的差距，赢得了年轻人的喜爱。

相比之下，每一届的奥运会吉祥物通常难以让人们有持久印象，这一方面是因为奥运会四年一届刷新更换太快，同时也因为设计师未能从主办国的文化和历史中充分汲取养分，并提供现代意义展示方式。我们不妨思考，功夫熊猫与 2008 年北京奥运会吉祥物福娃相比，哪一个能令人印象更深刻、更持久？或者说有没有更好的选择？

当然，对制造业的有效研创而言，更重要的是利用好现代科技软资源。据说，华为在 5G 信道编码领域的极化码技术上的突破，首先是创造性地使用了土耳其数学家尔达尔·阿里坎在 2008 年发表的一篇论文。目前，很多汽车制造商或软件开发商都非常重视对智能驾驶产品的开发研究，而它们的成功前提是必须拥有卫星导航资源、精准地图资源、不同地区的交通部门的支持等软资源。拥有并能够利用已有的软资源，是提高研发创意有效性的起点。

## 精准定位，调整赛道

找准参照系，定义好赛道，对于提高研发创意的有效性具有十分重要的意义。例如在日本市场，可口可乐公司通过深入的调研发现，日本软饮料消费结构与全球平均水平存在显著差异，其中即饮茶、即饮咖啡、运动饮料三个子品类消费占比显著高于全球平均水平。因此，可口可乐公司针对日本消费者开发了本土化的罐装即饮咖啡 Georgia，区别于市场主流的混合茶爽健美茶、绿茶 Ayataka。这几款产品都取得了不俗的成绩，Georgia 成为日本即饮咖啡市场最畅销的品牌之一。

很多制造业的创新和转型升级都从调整"赛道"开始，跳出原来已经供给过剩、过度竞争的领域，对标更高端的参照系和更高级别的竞争对手，用有效研发创意开发更广阔的市场。比如，当手表制造商不再把手表仅仅当作计时工具，而是悄悄调整参照系，进入珠宝装饰品的赛道时，其软价值创造空间就被打开了；同样，当摩托罗拉、诺基亚等手机制造商还把手机当成打电话的通信工具时，苹果公司悄然做了赛道调整，把手机从打电话、发短信的通信工具变成了移动终端，从而创造出巨大的软价值。

总之，对于制造业的创新和转型升级而言，在原有的赛道已经严重饱和、彻底转向其他行业又不现实的情况下，在原有软资源的基础上，按照消费升级的方向适当调整参照系和赛道，并提高对标标准，可以提高研发创意的有效性，用软价值打开新的需求增长空间。

## 不过度依赖市场调查

软价值理论认为，人们的精神需求本质上属于量子世界的电磁波运动，具有高度的不确定性。因此，任何时候，市场调查都只具有参考意义，有效的研发创意都不能过多依赖消费者调查。

一方面，对于新产品的创新不能太依赖市场调查，而是要致力于解决连消费者自己都没想到的问题。就像福特汽车的创始人亨利·福特所说的："如果我去做市场调查，消费者　定会说他们想要一匹更快的马，而不是一辆汽车。"同样，在乔布斯创造苹果手机之前，世界对它的需求是零。那么，乔布斯是如何依靠自己的能力引领和创造消费者需求的呢？是依靠乔布斯对消费者心理的精准把握、苛刻的审美标准、超常的想象力"无中生有"地创造出来的——新供给创造新需求，供给升级引领消费升级。

另一方面，不仅新产品创新不能过度依赖市场调查，有时候对老产品的调整所进行的市场调查也不靠谱。这方面可口可乐公司付出过很高的代价。1982—1985 年，在耗资数百万美元，经过多次市场调查之后，可口可乐公司确定消费者已经厌倦传统口味的可乐，更欣赏新口味的可乐，于是决定用新口味代替其行销 99 年的饮料配方。没想到，新可乐上市后，每天接到上千个批评电话，一个月后每天接到批评电话数量超过 8 000 个，还有上万封抗议信，美国消费者感到，可口可乐背叛了他们。大惑不解的可口可乐重新启动了市场调查，结果却让人瞠目：之前调查时明确表示喜欢新口味的顾客，纷纷表示说他们不喜欢了。最终，可口可乐公司只好恢复传统配方的生产，并定名为古典可口可乐，与新口味可乐做了区分。

可见，无论是对老产品的偏好，还是新产品的开发，有效的研发创意都不能过度依赖市场调查。在类似于汉堡、可乐这样的形成既定消费习惯的传统消费品领域，供给主要是被动地满足老需求；而在新产品的研发和设计中，与满足消费者的现有需求相比，满足消费者尚未意识到的需求更为重要。

## 多团队、多路径平行开发

软价值创造的不确定性决定了投入和产出往往不成比例，失败的风险很高，如果在一个人或者一个团队身上孤注一掷，而研发设计的结果不能打动消费者，项目就面临整体失败的风险。因此，不同路径的尝试成为一些企业的策略。

在腾讯公司的同一类型的软件或者游戏的开发中，经常是几个团队同时启动开发，甚至同时将产品投放市场，谁跑得快，谁的业绩好，就给谁分配更多的资源。王者荣耀就是在这样的"赛马"过程中跑出来的一匹"快马"。

## 跨界应用与降维开发

"跨界应用"是利用其他行业或者领域的技术、思想、方法等，解决本行业的难题，提出新的解决方案或者开发出新的产品。而"降维开发"则是将原本运用在高要求、复杂恶劣环境的技术或者产品，移植到要求较低、环境简单的应用场景，这种从"更高维度"而来的技术或者产品对于现存的竞争者将构成碾压式的"降维"打击。

在技术落后、资源匮乏的年代，各个行业之间壁垒分明，从一个行业进入另一个行业并取得成功的案例很少出现。在软价值时代，各行各业的底层设施，如制造能力、通信设施、物流网络等都高度发达并互相联通，在不同行业和领域之间进行技术和研发的跨界应用和降维开发，是提高研发和创意有效性的好方法。

一个"跨界应用"的成功案例是特斯拉的电池系统开发。在马斯克进入汽车行业之前，电动汽车的驱动、操纵系统已经有了比较成熟的技术，难点在于能源，即电池系统。特斯拉借鉴了网络控制领域用程序控制成百上千台服务器的模式，引入了分层管理的方法控制电池，成功解决了电池系统的容量、分级和全面监控问题。

互联网产业形成的产品开发技术和模式，如小步快跑、加快迭代周期等，现在已经被广泛地运用在制造业，尤其是轻量级制造业的产品开发中，例如知名服装品牌 Zara 就采取多款、少量、快速更新的方式，占领了全球快时尚市场的龙头地位。同时，人们也运用文化、娱乐产业的内容生产规律服务于制造业的产品开发，例如白酒品牌江小白开发的实际上是一个人设——"我是江小白，生活很简单"，即用这个年轻人的形象、语言、情感来唤起年轻消费者的共鸣，而传统白酒所重视的香型、配方等，反而居于相对次要的地位。

降维开发则是指将原本用于军事、医学、工业的高标准、高性能技术、材料、工艺等，用于开发一般来说要求较低的民用产品，由此形成一种"降维优势"。这方面的案例更比比皆是。例如，深受全世界消费者欢迎的戴森吸尘器就是降维开发战略的产品：英国工程师戴森把工业除尘机的原理应用到家用吸尘器的研发中，开发出了效率更高的无尘袋家用吸尘器。

又如，全球顶尖的工业纤维研发生产企业日本东丽集团，受优衣库的邀请联合开发的 HEATTECH 纤维技术面料可以让传统臃肿厚重的内衣更轻更薄，使用这种面料的优衣库产品已经超过 10 亿件。双方的合作起源于优衣库董事长柳井正看到一篇关于东丽集团与波音公司合作研发纤维技术的报道，于是向东丽集团社长提议开发一种"价格公正，又能追求最高技术层次，让人们在冬天减轻负担的超薄面料"——这就是一次完美的降维开发过程。

## 交互，情感共鸣

2018 年，宜家推出了一款迪拉提系列，这是宜家历史上第一款开源模块化家居系统，通俗来说，该系统允许消费者像玩积木一样自由拼装属于自己的家具。而且这个系列鼓励用户 DIY（自己动手做）配件。设计师汤姆说："这个系列就像个苹果系统，大家可以自己设计 App（应用程序），并把它放到这个系统中来。"宜家的这个开源模块化家居系统已经为我们展示出未来消费品设计领域的革命性变化：厂商只是提供一个配件设计平台，用户可以在上面自由创作，设计配件、图案、配色，由制造商负责制造，再由更多的用户组合出不同的搭配，最后由海量的用户来欣赏、评价、传播，最受欢迎的作品将获得最大量的生产。

软价值时代制造业产品开发最重要的是对消费者心理的把握。可口可乐公司在长期的产品运营中，学会了为饮料赋予欢聚、活力和积极乐观的情感特点，而且取得了很大的成功。在1955年推出芬达汽水时，可口可乐就给芬达赋予了欢乐、幽默、爱玩的个性；到了1961年，可口可乐公司将广告中小男孩的名字Sprite挪用到新推出的柠檬味型软饮料上，给人一种轻快、清爽的感情体验，雪碧从此面世。目前，可口可乐公司已经有从果汁、咖啡、运动饮料、瓶装水、即饮茶到能量饮料的数百种饮料产品，成为一家全品类饮料公司。可口可乐公司产品开发成功的关键在于，抓住了饮料不仅能用来解渴，更重要的是能满足感情需求的软价值诉求，给每一款产品都赋予相应的情感和场景因素，因此更容易激发起消费者的情感共鸣和购买欲望。

海尔集团CEO（首席执行官）张瑞敏认为，比大规模应用机器人来提高效率，更重要的是构建社群与用户交互圈。对于企业来说，与用户交互就能提前获得用户需求，基于需求去生产，就能最大限度地提升用户的体验度。以海尔智慧烤箱为例，用户提出了烘烤马卡龙的需求，设计师就针对这个需求做出了产品，这个过程虽然简单，却彻底颠覆了传统的生产流程。

李宁将传统的销售店面变成了与用户展开交互、沟通的体验馆，店里为消费者提供了专业的体脂测试服务，有专业的教练测试消费者跑步姿势是否正确，并根据消费者的数据为其提出专业的运动建议。在这样的环境下，购买李宁的产品只是参与运动的一个环节，而且是心甘情愿的付费环节。

## 持续投入与不断创新

一项有效的新技术从研发创意变成了生产工艺，成功地创造了软价值产品，就可以拥有超额利润。软价值被创造出来并定型为一种产品以后，有时候可以持续生产很久，市场空间很大。例如，福特公司于1908年推出T型车后，以相对稳定不变的模式设计生产了19年，直到1927年，在生产了1 500多万辆以后，T型车才退出市场。

然而，大部分有效研发创意被固化之后，其他竞争对手必然也会相继跟进，这项研发创意的软价值就逐渐下降，企业也会逐步失去超额利润。就像福特公司生产的T型车，在19年的时间里只有很少的技术改进，但随着市场的逐渐饱和，T型车的软价值含量越来越低。当人们厌倦了它近20年一副老面孔的黑色造型，这款车的软价值趋近于零时，其产品生命周期也就结束了。因此，制造业要维持超额利润，除了依靠专利保护之外，还必须保持有效研创投入的持续性。

在类似于消费电子这样的领域，一家公司如果在市场预期的周期内不能推出新产品，其研发能力就将被消费者和投资者质疑。以全球著名的芯片制造商台积电为例：1999年，台积电领先业界推出可商业量产的0.18微米铜制程制造服务；2005年，台积电领先业界成功试产65纳米芯片；2011年第四季度，台积电首先实现了28纳米全世代制程工艺的量产；今天，当很多的芯片代加工都还在研制10纳米制程的时候，台积电所研制的7纳米制程已经投入量产。如果不是这样持续的研发投入，它很可能早就被竞争对手淘汰出局了。

即便是一些靠时间沉淀下来的品牌消费品，虽然要保持产品稳定性，但也要通过不断的研发创意来提升质量，巩固其品牌。例如，雀巢、可口可乐在保持老品牌的前提下都不断开发新的产品，成为拥有上百种产品的食品或饮料集团。在中国，尽管类似于茅台酒、老干妈辣椒酱、王老吉凉茶、东阿阿胶这样的产品一次开发成功之后可连续销售若干年，但如果不能持续升级产品系列，并通过研发创意提升品牌的软价值，不断巩固和加宽"护城河"，则新的挑战者很快就会出现。

## 第二节
## 引入流量思维，创造新需求

对于传统制造业产品来说，所有的销售都是流量转换——通过广告、渠道、店面、直销等流量入口，吸引目标客户，刺激购买消费行为。随着制造业产品所承载的技术、设计、品牌、体验等软价值占比的提高，创造和扩大认知群体，提高转换效率变得越来越重要。

### 不能创造认知群体，新需求就不存在

对于普通农产品和制造业产品而言，人们的需求基本上是刚性的，但随着制造业中软价值的占比越来越高，这些制造业产品需求就越来越像文化娱乐产品或奢侈品。比如人们需要普通汽车代步，有多少人会买奔驰、迈巴赫等高端名牌车，则更多地取决于能够创造多少这样的认知群体；人们已经有普通的手机可以通信，是否需要更新购买苹

果每年推出的新款高端手机，也取决于苹果公司是否有创造认知群体的能力；类似于女性喜欢的时尚名牌手提包、高端首饰，男性佩戴的名牌手表、穿着的名牌高档服装等，其新需求的创造其实与知识、信息、文化娱乐产品一样，当这些产品制造出来以后，它们的价值创造过程才刚刚开始。如果不能创造相应的认知群体，对这些产品的新需求就不存在。

## 品牌赋能和持续情感发酵

创造认知群体，必须为产品找到情感定位，才能引发认知群体共鸣。而推动"群体认知"不断扩大，也需要持续的品牌赋能和情感发酵。

耐克公司除了产品研发和人性化设计，在培育粉丝热情和忠诚、持续的品牌赋能方面也有独到之处。与聘请当红明星做品牌代言人略有不同的是，耐克公司喜欢从头培养与自己合作的体育明星。除了众所周知的迈克尔·乔丹，耐克公司发掘、合作过的明星还有泰格·伍兹、拉菲尔·纳达尔、李娜、刘翔等。这样的策略看起来耗时很长，花费不小，但这些人对耐克产品的持续的品牌赋能、推动群体认知发酵的效果非常明显。

以 Air Jordan 球鞋为例，当乔丹还是一名大学生球员、以第三名的成绩亮相 NBA（美国职业篮球联赛）时，耐克公司就看出了乔丹的发展潜力，向他提供了长期的品牌代言邀请，并推出专属的 Air Jordan产品。随着乔丹的成绩越来越好，Air Jordan 产品的群体认知不断发酵，无数乔丹的球迷都转化为 Air Jordan 的用户。一位 Air Jordan 迷曾说："我对 Air Jordan 系列着迷，是因为它背后的故事。只有故事才可以令 Air Jordan 的球鞋历久弥新。篮球之神乔丹早已是男生们的模仿对象，他在场上的神情和动作，连科比也受到深刻的影响。Air Jordan 系列早已超越了作为球鞋的使命，那是一种超越时间性的精神，而个人锻炼、对胜利的执着和全力以赴都是乔丹留给我们的东西。"[1]

## 内核与产品一起"亮相"

金庸的武侠小说中有一门神奇的轻功叫"梯云纵"，经过多次改编，它后来被误传成"用左脚踩右脚互相借力"就可以越纵越高。在牛顿物理世界，左脚踩右脚越纵越高的方法当然是不可能实现的。但是在量子世界，有时候"用左脚踩右脚互相借力"真的就可以越纵越高。

例如，在戴尔、联想等计算机终端厂商面向最终消费者做广告时，计算机芯片制造商英特尔通过承担部分广告费的办法，要求加上"Intel Inside"的品牌提示语。高品质电脑和英特尔芯片紧密相连，相互借力，使各自的认知群体都扩大了。

杜比公司是美国著名的音响系统制造商，其音响效果不容置疑。在那些使用了杜比环绕音响技术的影剧院，杜比的标志醒目可见。通过这种方法，杜比公司和影院互相借力，共同扩大了认知群体。

在这些案例中，原本深藏不露的核心部件与最终产品一起"亮相"，与最终产品互相背书，互相扩大认知群体。在软价值制造业的流量创造中，商家要善于挖掘产品自身具备的"核心部件"。其实并不仅仅是英特尔芯片能被标识出来，"金华火腿 Inside""800 + 白鹅绒 Inside"都是可以创造流量的亮眼标识。

## 创造流量，创造新价值

很多产品是靠革命性的功能和设计为自己创造了流量。就像最初乔布斯发明 iPhone 时，完全用触摸屏的设计让已经习惯了按键的手机用户都心生好奇和疑惑：没有按键的手机能拨号，还能写短信，这是怎样实现的？这些"悬疑"本身就为新产品创造了很大的流量。有人这样描述乔布斯在发布会上的魅力："没等他开口，光是穿着高领毛衣往台上一站，衬着深蓝色的 PPT（演示文档）背景，已然让人敬之三分，观者皆忖'这老头今天不知要介绍些什么先进玩意儿'。随后他语调自带克制的激动，将新鲜设备与功能渐次铺开，每介绍一个'重新定义'后，只需停歇两秒，观众席上便会爆发出热烈的掌声。有时候还不等他暗示，台下观众已然按捺不住，他便微笑着等待掌声停下继续介绍手中的机器。最后的'包袱'——One more thing 更是成了广为效仿的手法……" [2] 乔布斯斯人已逝，但召开这种发布会已经成为互联网公司的必备技能。

靠创造流量来提升制造业软价值的典型案例之一是小米手机。与普通制造业企业先有产品、后有销售不同，小米先创造了流量，然后才推出制造业产品。在小米手机问世之前，小米公司首先开发了基于安卓系统的米柚（MIUI）系统，并依靠米柚系统在一年时间内积聚了 50 万个论坛粉丝，有 24 个国家和地区的粉丝自发地把米柚升级为当地语言版本，自主刷机量达到 100 万。依托于米柚系统积累的流量，2011 年小米手机第一轮开放购买，3 小时内 10 万部库存销售一空。2019 年，小米手机年出货量已经达到 1.25 亿部。与最近流行的流量带货相比，小米雷军是最早采用流量带货模式取得成功的人。

另一个靠流量创造来扩大认知群体的案例是一款叫作江小白的白酒。白酒的销售渠道通常是依托于商超、专卖店等批发、零售渠道，而这款叫作江小白的白酒却没有照搬传统模式，而是用创造流量的方法扩大认知群体。在将产品推向市场之前，该公司雇用了上百人的团队在互联网上写各种打动人心的文案，并用这种方法形成自己的流量。

"我是江小白，生活很简单。"

"亲爱的 @ 小娜：成都的冬天到了，你在北京会冷吗？今天喝酒了，我很想你。一起喝酒的兄弟告诉我，喝酒后第一个想到的人是自己的最爱，这叫酒后吐真言吗？已经吐了，收不回来了。"

依靠类似的文案，江小白深深打动了"80 后""90 后"的情绪痛点——涉世未深、打拼不易，重视友情、爱情，却又往往面临着不可知的变动……当积累了巨大的流量之后，该公司成功推出江小白这款"情绪化酒精饮料"。如今在中国城市普通的零售超市，"江小白"已经同众多中国知名品牌白酒并排陈列。

## 用不同的方法导入流量

淘宝平台上有无数销售咖啡杯的商家，可是只有猫爪杯会被抢到断货，因为它有星巴克带来的流量。那么软价值制造企业应通过哪些创新方式导入流量，获取人们的注意力和关注度，进而培育和扩大产品的认知群体呢？

2007 年首映的电影《变形金刚》在全球收获了 7.09 亿美元的票房，无数青少年为炫酷的变形机器人和绚丽的特技打斗场面而惊呼；与此同时，它也为通用汽车旗下的科迈罗等四款车型带来了新的粉丝群体和全球流量。其中，由科迈罗所变形的大黄蜂由于其忠诚、智慧的人设，更是吸引了大量"忠粉"，带动了新款科迈罗的销量。

就像通过大黄蜂为科迈罗导入流量，在可选消费品的营销中，将手机、汽车、化妆品等消费品与影视体育明星等关注度很高的公众人物联系起来，关注这些公众人物的注意力流量就被导入到了这些可选消费品上。例如影星成龙曾为学习机、空调、洗发水代言，歌星王力宏曾为娃哈哈饮用水代言，周杰伦曾为奶茶、薯片等商品代言。

随着时间的流逝和代言操作的不断重复，导流的边际效果也在不断下降，代言的形式也需要升级。一位美国体育行业分析师指出："品牌花钱请名人代言的模式已经破裂了，消费者开始意识到这种代言模式是多么的虚假。代言的名人对品牌或粉丝都无忠诚度。名人会穿上任何花钱请他们代言的产品……名人的代言必须出于对品牌的激情和感情，而不是受金钱驱动。"[3] 显然，理性消费往往需要明星与品牌和产品之间更为深度的捆绑，有时候明星要成为品牌的共有人之一。例如，在美国演艺明星碧昂丝与阿迪达斯的合作中，就不仅仅是碧昂丝为阿迪达斯拍一些广告这么简单，碧昂丝的服装品牌 Ivy Park 与阿迪达斯联合推出新款的球鞋，其中涉及的利益共享和形象打造深度将远远超过传统的代言模式。

很多企业家的知名度和流量并不比电影明星、体育明星少,比如乔布斯、马斯克、任正非、雷军、张瑞敏等都是拥有大流量的企业明星。因此,把他们自身的流量导入本企业的产品上,自然是最直接有效的方式。

比如,乔布斯本人丰富而传奇的创业和人生历程,天才的创新能力,极端而又有效的公司管理风格,让他在全球拥有大量的粉丝群体。苹果公司通过乔布斯的产品发布会、采访、传记、电影等,极大地扩大了苹果产品的认知群体。

又如,李宁作为中国家喻户晓的运动员,自身带有很大的流量。在 2008 年北京奥运会上,李宁的飞天点火表演更是将本人的流量拉到高潮,同时也为李宁公司带来了新的流量。

小米的创始人雷军也是打造自身流量和把自身流量导入产品的成功人物。雷军本身是程序员出身,经历了艰苦的创业历程取得巨大成功后,并没有一点"大佬"的架子,而是天天在微博替小米的产品带货,谁都可以在微博底下骂他几句。在 B 站(哔哩哔哩)上,网友将雷军的"塑料英语"演讲做成"鬼畜视频"调侃他,他不但不生气,还去 B 站发了个视频凑热闹……抖音火了以后,雷军也开始在抖音玩直播,操着一口湖北普通话和网友互动。雷军打造自身流量并导入产品,也是软价值制造业扩大认知群体的经典案例。

另一个流量导入的策略是借助意见领袖(KOL)从网络平台导入。近年来,我们经常看到有不少大 V(网红、意见领袖)活跃在微博、微信、抖音、小红书等网络平台上,他们有各自的专长,如美食、旅游、读书、历史等，在各自的领域都聚集了相当多的粉丝，粉丝对这些意见领袖产生了信任并跟从。不少产品与这些大 V 的合作一般都是邀请大 V 试用，分享感受，并给粉丝提供一定的福利，由此来导入流量。

还有一个流量导入的策略是，与那些万众瞩目的大活动（例如世界杯、奥运会、世博会等）进行捆绑，成为这些活动的赞助商或合作伙伴。另外，还可借助这些活动进行一些特别策划，例如当年某个厨具品牌做了一个"如果法国队在世界杯上夺冠，则在世界杯期间购买该品牌产品将获得免单"的策划，也取得了很好的导流效果。

## 追随公众流量变化，打造私域流量

多年前，集市、商场、十字路口、火车站、机场等人流聚集处是收集人们关注度的最佳场所。后来，随着阅读和看电视人数的增加，新闻和娱乐媒体成为收集人们注意力的重要场景。中央电视台每年的广告标王竞争，仿佛是在抢一株摇钱树，企业只要能够拿到下一年黄金时段的 30 秒广告，第二年的销售收入和利润就有了保障……如今，随着互联网的兴起，人们的大部分注意力和关注度都转移到了门户网站、视频网站、社交软件平台、娱乐平台、明星和公众人物等。

除了跟随上述公众流量变化之外，打造私域流量也越来越重要。私域流量指的是，由于已经购买且使用了产品的老用户大多会关注企业的公众号、微博号、抖音号等自媒体平台，企业通过在自媒体平台上不断打造内容，实现老用户的再次购买或传播。私域流量不用付费，可以任意时间、任意频次直接触达用户，通过内容的打造培养老用户的忠诚度和黏性，使用户具有长期价值。

以名创优品为例，其通过门下 2 000 多家零售店吸引了 2 500 多万名粉丝关注公众号，然后通过优质的内容与粉丝频繁互动，打造了一个时尚穿搭、美妆互动领域，流量转换效率极高。

## 第三节
## 引领生活方式，创造新需求

人们为一个软价值制造业产品支付的价钱远远超过这些产品的物理功能价值。除了包含在产品内的研发、设计、专利、售后服务等软价值，客户其实还购买了品牌文化、个性化、专享性、尊贵感、参与互动等体验价值。把这些体验综合起来，就是一种生活方式的选择。那么如何通过引领和创新生活方式来创造新需求呢?

### 每件产品背后都是一种文化和生活方式

唐朝的丝绸曾经是罗马帝国顶级的奢侈品之一，其价格比在长安贵 100 倍。除了唐朝丝绸本身的华丽、顺滑等服饰物理价值，罗马的贵族和公主其实还购买了来自东方神秘国度的文化价值。能够穿上来自东方的丝绸，其实是一种先进的文化和生活方式，人们更心甘情愿地为享受这种文化和生活方式付出黄金。

改革开放初期，很多来自西方的高端消费品在中国被当作奢侈品牌长期受到追捧，很多来自欧美的普通制造业产品则被当作高端品牌来消费，中国人购买的何尝不是一种文化和生活方式呢？20世纪90年代，有些国内企业利用国人这种心态，去海外注册品牌，将洋品牌贴在国内生产的商品上，往往能够卖出高价。很多人对这种做法不以为然，其实这些企业家利用这种"文化势能差"满足国人对洋品牌的追求，又有何不可呢？实际上，当前很多真正的国际一线大牌产品，如运动鞋、箱包、化妆品也都是中国制造。

也有很多质量不错的消费品，首先占领了农村市场或三、四线城市的市场，之后随着产品质量的提高想进军北京、上海等一线城市，结果花费巨额广告和渠道成本之后仍然以失败告终，为什么呢？因为这些企业还没有深刻认识到"每件软价值产品背后都是一种文化和生活方式"，三、四线城市可能对一线城市的流行消费品牌盲目崇拜，因为其有很好的体验价值，但一线城市的居民怎么会接受来自三、四线城市的生活方式呢？

无论是利用不同国家和地区之间的文化势能差，还是主动挖掘利用文化软资源，都是提升制造业体验价值的好办法。

不可否认，中国在打开国门之后相当长的时期内，国外商品、品牌和文化在国内市场上有着明显的甚至是压倒性的势能差。在改革开放初期，人们会把可口可乐的易拉罐摆在家里的橱柜上作为装饰。因此，有些产品即使创始人是中国人，主要生产过程也是由国内企业完成的，但如果能够注册一个"洋品牌"，就往往能够借助外国商品和文化的势能差，更快地建立起消费者的优势体验感。一些冠以"达芬奇""蒙娜丽莎"等名称的品牌往往都是这样，实际上这些企业也逐渐通过自己的经营建立起了真正的品牌效应。当然，现在一些中国企业仍然选择取一个"洋名字"，例如SAND RIVER（思安德瑞）羊绒等，但是其目的主要是方便打入国际市场，让外国消费者更好地接受，而不是利用国外对国内的文化势能差。

在制造业中利用文化软资源，可以为产品带来真正的异域感或者另类生活的体验。例如，来自瑞典的宜家家居带给消费者的是北欧简约、清新、自然、时尚、实用而不繁杂的生活风格和方式，以及乐于动手的 DIY 精神，符合年轻人喜欢性价比高与色调明快等的需求。

而来自日本的无印良品则体现了自然、简约、质朴的风格，在物质丰富的今天，其营造出一种返璞归真、"这样就好"的理念。无印良品的商品虽然简单，但是并不简陋，每一件产品都花了很多的心思来设计和制造，这实际上是对日本"物哀文化"和"禅宗文化"软资源的深度挖掘与创造性利用。

著名的奢侈品牌范思哲通过对希腊文化的深度开掘，用希腊神话里的蛇发女妖美杜莎作为设计标志，并给她赋予了"致命的吸引力"的时尚内涵。中国有着极为丰富的文化历史软资源，若巧妙利用、深入挖掘，并赋予其全新的时代特征，则将为中国的制造业赋予丰厚的软价值。李宁在巴黎时装周推出的李宁 × 成龙联名款"功夫系列"，与敦煌博物馆联名推出的"敦煌·拓"系列，与《国家宝藏》节目联名推出的"鱼跃""君子""汉甲"系列，都是创造性开发中国传统文化软资源的成功案例。

## 注重个性化与专享性

无论是苹果公司，还是华为、三星，在设计手机外观时费尽心力，想尽一切办法把手机做得时尚、炫酷、未来感十足，可为什么那么多用户拿到手以后，还是要套上各种各样的手机壳？仅仅是为了保护手机防尘防摔？不，这后面是个性化的需要，让这部手机呈现出自我的特点。手机如果成了"街机"，就降低了消费者的心理满足感，手机壳刚好可以填补这个缺憾。它有千百种不同的设计，可以是卡通、图案、景物，甚至可以是自己定制的图片、字符，可以高度差异化而又所费不多。这个常见的现象说明消费者越来越个性化的需求倾向。

在大规模生产能够为人们提供标准化产品、满足基本需求之后，人们都有个性化表达自我的需要。通过定制、限量版等方式满足人们的个性化需求，是提升体验的一个有效办法。

像丰田、通用这样的汽车巨头，每年可以卖出数以百万计的汽车。保时捷每年出厂的汽车约为 35 000 台。而法拉利每年出售的汽车只有这一数字的 1/5。劳斯莱斯作为世界顶级的名车，最与众不同之处就在于它大量使用了手工劳动。时至今日，它的发动机还完全是用手工制造的。更令人称奇的是，劳斯莱斯车头散热器的格栅完全是由熟练工人用手和眼来完成的，不用任何丈量的工具。而一台散热器需要一名工人一整天时间才能制造出来，此外还需要 5 个小时对它进行加工打磨。

保时捷、法拉利和劳斯莱斯并没有努力去提高产量，保持"稀缺性和独特性"才是使其生产的每辆汽车更有价值的最好方式。2013 年，法拉利公司把年生产规模调低了 5%，从 7 400 台降到了 7 000 台。这一策略使其公司的利润提高了 5%。

目前 3D 打印等技术越来越成熟，未来分布式、个性化生产将有可能成为现实，制造商将转型为服务商，为个性化产品的设计者提供设计模板、版权素材库以及方便的小批量生产服务。具备设计能力的艺术家、设计师以及普通消费者，只需在专门网站或者 App 上完成自己的产品设计，生产过程则可以交给软价值制造服务商去完成。交付的产品可以作为艺术品用于欣赏和馈赠，也可以在网站和 App 上展示用于销售。如果成为"爆款"产品，其收益将在设计者、软价值制造服务商和版权素材提供者之间进行分配，这是软价值制造价值实现的又一条可行之路。

优衣库作为主打生活装的服装品牌，也非常注重在产品中为用户提供个性化与专享性的体验。它与美国纽约街头漫画家 Kaws、即时通信软件 LINE（布朗熊和可妮兔）、玩具积木乐高（LEGO）、迪士尼以及爱马仕前女装部艺术总监克里斯托弗·勒梅尔团队推出的联名款都成为消费者抢购的爆款。

## 打造高级感

众所周知，奔驰是全球知名的豪华汽车品牌，夏利则是已经消亡的中国入门代步车品牌。在出行工具这一点上，它们的物理功能是相同的，那么它们的差别到底在哪里？为什么有些产品的定价虽高却让人甘愿为之付出，而有些产品的高定价则会被诟病为"智商税"？关键是前者具有高级感的体验价值，而后者没有。

高定价背后要么有昂贵的原材料、零部件，要么有高科技、高端设计，要么有繁复细致的手工劳动，此外，还必须营造出这件产品与其他商品的"高度差"。营造"高度差"不是讲故事，而是要将这件产品"嵌入"高端人群的生活和工作，而这群人恰恰又是最挑剔和难以说服的。想一想爱马仕是怎么做的：每款包都是手工制造，有工匠编号；不同于其他奢侈品牌，它采用的是"奢侈品配货制度"，顾客必须购买周边产品达到一定金额才能进入等待名单。这样，爱马仕便营造出了与其他奢侈品牌的"高度差"。

不管是来自异域的神秘猜想，还是与胜利者相伴的形象，抑或是历经危机和时间考验仍然屹立于市场……总之，仅仅有昂贵的原材料、新技术或是繁复细致的手工劳动是不够的，只有成功营造出高级感，才能让你的产品嵌入高端人群的生活。一旦与普通产品拉开差距，不仅像法拉利这样的高级跑车、爱马仕这样的服装饰品都可以因为较高的体验价值而采取高定价策略，甚至连苹果手机这样的高档电子产品也可以实现比竞争对手高出一倍的利润。

当然，让消费者有高级感的产品一旦成为一种生活方式，有时候消费者会成系列地购买。例如，苹果公司除了苹果手机，还有 iPad、iMac、MacBook（苹果笔记本电脑），以及耳机、手写笔等配件，所有的苹果设备之间可以非常顺畅地传递文件、协同工作，这与使用其他电子产品有显著的区别。

## 带来惊喜感

那些成功的工业品往往在刚出现的时候给我们带来巨大的惊喜感：这么漂亮，这么强大，这么酷！iPhone 是这样，特斯拉是这样，戴森吸尘器和甲壳虫汽车也是这样。

惊喜感不仅来自超出客户认知、想象和预期的创新性设计，还要能够抓住用户的感情诉求。例如，雀巢 Nespresso 咖啡机研发团队认识到，一款成功的咖啡机不仅要能制作出美味的咖啡，最关键的一步是将产品情感化，"抓住浓缩咖啡爱好者无法言说的期待和渴望，并将其表达出来"。他们花了近两年的时间进行重新设计，将咖啡机从一款传统的四方形黑盒子转变成一台有型有款、外观性感的设备，用团队领导瓦克曼的话来说，它就是"咖啡机中的阿玛尼"。媒体对它的评价是"拥有像赛车一样流畅外观的机器，其设计初衷就是为了诱惑钟爱电子设备的人群，并为老旧传统的厨房带来现代气息"。经过此番改造，Nespresso 咖啡机从此便找到了曾经缺失的情感能量，成为一款能够带给人惊喜感的成功产品。[4]

## 彰显身份感

在古代的中国和中世纪的西方，人们往往用一些物质产品的享用来区分不同的阶层和人群。例如在中国，官员有专门的官服，读书人有读书人的服装，一般平民只能穿布衣，所以"布衣"又成为老百姓的代称。而在罗马帝国，丝绸只能供贵族享用，平民是没有资格穿的，而佩剑则成为骑士阶层的标志。

进入工业社会以后，成文的身份差别逐渐消失，但是人类目前还没有消灭社会的分层状态，而且在相当长的时间内也不会消灭。在社会分为不同层级的状态下，总需要一些事物成为层级之间相区别的标志。

因此，工业品中就出现了一部分能够给人们提供身份感的商品，这些商品可能没有非常炫酷的外形，甚至刻意保持着保守和稳重的风格。例如，劳斯莱斯轿车的外形设计并不追求流线型的空气动力学最佳效果，车头硕大的中网设计，据说灵感来源于古希腊帕特农神庙的黄金比例，能够给人以"稳定、高贵、古老、霸权、强烈的感觉"。[5]同时，这些彰显身份感的商品往往也不吝使用最好的材料，例如有一种被称为 Box Calf 的小牛皮是爱马仕最经典的材料，光滑且带有油光感，变旧后也会有一种特别的经典质感。

但是能够带给人身份感的，最重要的是历史、传承和文化赋予它的稳定内涵。例如，劳斯莱斯的经典车型"银魂"在 1913 年就完成了穿越阿尔卑斯山区的艰险道路的试验性旅程，以出色的舒适性和可靠性被评论家称为"世界上最好的汽车"。1950 年，伊丽莎白公主订购了第一辆幻影 IV，标志着劳斯莱斯取代戴姆勒成为英国皇室的首选汽车供应商。[6]这种有据可查的优异表现，权威用户的认证和加持，悠久历史和持续传承的不断积累，给人们带来了彰显身份感的卓越体验。

## 强化参与互动感

"货物售出，概不退换"对消费者来说无疑是最差的体验。如果商品出现问题，可以免费修理甚至退换，则消费者的体验无疑会有所改善。当无理由退换成了基本选项时，客户购买时才真正拥有放心的体验。

如果已经做到了以上这些，还可以让消费者评价、打分，甚至深度互动、参与到这个产品的设计过程中，那这样的体验就可以极大地提升该产品的软价值了。例如，小米在产品设计、研发、发布、销售等各个环节，都设置了用户参与的入口。在每周二新产品开放下单后，能够顺利买到小米产品的用户，都可以通过微博、微信、论坛等渠道发布自己的感受，分享对产品设计等细节的评价，这不仅是传统意义上的扩大影响，实际上也是通过用户参与来提升小米产品的软价值。

每年的苹果公司新品发布会，为果粉和准果粉传播苹果产品的相关信息、感受提供了话题，尤其是乔布斯主持的苹果产品发布会，往往会成为相当长时间内的热点新闻。同时，由民间而非苹果公司官方组织的 IPPA 摄影大赛（iPhone Photography Awards），自 2007 年第一代苹果手机诞生起开始举办。根据比赛规则，参赛作品只能用苹果手机、iPad 或者 iPod 拍摄，其已成为国际最有影响力的摄影赛事之一。参与 IPPA 的摄影作品在网络上不断被传播、评论、使用，大大提升了苹果手机的摄影功能、审美趣味、艺术品位在消费者心目中的地位。

# 第四节
## 创新商业模式，创造新需求

在一次高层座谈会上，我听到一家传统制造业巨头抱怨：小米公司的电视机有的只卖800多元/台，这让普通的彩电制造企业完全没有生存空间。可是为什么小米公司能够用这么低的价钱给消费者提供高质量的制造业产品呢？原来类似小米公司这样的软价值制造企业已经形成了一个立体产业生态链，除了直接卖产品，它还有多元、弯曲的价值实现路径。

### 靠硬件引流，靠软件或内容赚钱

小米的电视机其实是一个硬件的引流入口。与传统电视机不同的是，小米电视机是一个双向互动的内容终端，消费者既可以主动选择自己喜欢看的免费节目，也可以用各种方式购买收费节目。很多用户在购买了小米电视后，很快就成为不同级别的小米会员，每月缴纳几十元会员费，就可以收看海量的电影、电视剧等。因此，小米公司在销售电视机这样的硬件产品时的确不需要有太多利润，甚至部分产品可以略有亏损。只要能通过低价格高质量的产品吸引到千万客户，后期的会员费及游戏、音乐等各种付费内容带来的收益将远远超过硬件收入。

类似的例子还有任天堂游戏机，它本身利润并不高，但是动物之森、健身环大冒险、超级马里奥兄弟、塞尔达传说爆款游戏卡却收入不菲。亚马逊的 Kindle 电子书阅读器也是一个成功的实践者。Kindle 电子书阅读器之所以能够战胜其他竞争对手，是因为有亚马逊的海量内容做支撑，而海量电子书的内容收入自然也随着电子书阅读器的销量而增长。

把硬件作为流量入口，靠软件或内容赚钱；或让硬件与丰富海量的内容资源互相促进，在软硬两方面都能赚钱。这种模式最早的成功实践是乔布斯发明的音乐播放器 iPod。在 iPod 发明之前，人们通过随身听和便携式 CD 播放器欣赏音乐，而它们只是单纯的播放设备，磁带和 CD 唱片是由音乐公司负责发行的。iPod 播放器的革命性创新在于，通过与苹果公司的 iTunes 软件结合，iPod 的用户可以用每首歌曲 99 美分的价格购买正版音乐，其中苹果收益 22 美分。苹果公司在出售 iPod 播放器时就获取了较高的毛利率，通过音乐版权分成，又得到了源源不断的现金流。到 2009 年 1 月，iTunes 已经成长为全球最大的在线音乐销售商。

近几年来，在苹果公司的收入中，来自软件或者内容的收入占比不断上升，从 2014 年的 11% 增长到 2019 年的 20%。iPhone、iPad 等硬件终端产品虽然也有比较丰厚的利润，但是其越来越多地发挥了流量入口的作用，从这些硬件流量入口导入的各种软件、音乐、视频、影视等内容创造的价值越来越多。

## 买椟还珠的"小费模式"

《韩非子》中有一个"买椟还珠"的故事，说的是春秋战国时期，一个楚国人到郑国去卖珍珠，他给珍珠做了漂亮的盒子（椟），并且把这个盒子"薰以桂椒，缀以珠玉，饰以玫瑰，辑以翡翠"，结果郑国人买走了他的盒子，却把珍珠还给了他。

在软价值制造业的商业模式创新中，也有类似于"买椟还珠"的创造性运用。例如，知名巧克力厂商费列罗为孩子们生产的健达奇趣蛋，就是在一个蛋形容器里既有巧克力，又有一个新奇的小玩具，健达奇趣蛋的销量始终保持很好的业绩。这个例子给我们的启发是，现在人们为了满足基本物质需求而去购买产品的欲望没有那么强烈了，而对精神需要则越来越重视，如果企业能够在提供产品（珠）的同时，提供一个聚焦于满足精神需要的附属品（椟），就可能带来更好的效果。

在小米公司的产品中，小米移动电源最初是赔钱销售的，后来产量达到 1 000 万个之后，成本下降，有了微薄的利润，但几乎是不赚钱的。那么，一款产品不赚钱怎么能够长远发展？小米公司采用了"小费模式"，就是在小米移动电源的基础之上，设计了与之配套的保护套、能够插在移动电源上的 LED（发光二极管）灯和小电扇，这些小产品非常精致、有趣，很多买了移动电源的用户都乐于顺手再买几个这样的小产品，这就是用户给小米的"小费"。移动电源本身利润极低，而这些附加的小产品有一个比较合理的利润空间，长期累积也有可观的利润。

小米公司的移动电源可以吸引消费者在得到"楔"的同时，也不介意为价格不高但是毛利不低的小产品付费。这种"小费模式"实际上是通过一些（性价比很高的）"宝藏"产品吸引消费者，创造流量——消费者在购买这些"宝藏"产品的同时，也会购买一些毛利率较高的其他商品。

## "以客户为中心卖服务"

从"以企业为中心卖产品"到"以客户为中心卖服务"是海尔集团张瑞敏先生提出的一种管理模式的转变，从战略上建立以用户为中心的共创共赢生态圈，强调在为用户创造价值的同时实现自身的价值。未来，对于很多软价值制造业而言，这不仅是管理理念上的变化，而且是收入模式上的实质变化——产品销售收入占比降低，运营管理和服务收入越来越多。这种以服务替代产品销售的模式，是新时期制造业发生的一个重大变化，其背后的实质就是作为物质加工结果的产品本身的价值在下降，而监测、运行、维护、更新等活动创造的价值却在上升。

例如，在汽车销售利润越来越薄的情况下，汽车的售后服务市场——维修、保养、装饰、改造等正在成为一个越来越大的市场，很多汽车制造商都在向"出行服务提供商"的定位转变。宝马公司就在汽车充电服务、共享汽车服务和泊车服务方面设立了即时充电、即时驾驶、即时泊车三个品牌，并已在全球提供服务。

某些大型设备、专用设备的供应商，正在从单纯的"生产—销售"模式向"生产—服务"模式转变。例如，罗尔斯－罗伊斯公司是欧洲最大的航空发动机制造商。作为波音、空客等飞机制造企业的供货商，罗尔斯－罗伊斯公司并不直接向它们出售发动机，而以"租用服务时间"的形式出售，并承诺在对方的租用时间段内，承担一切保养、维修和服务。[7] 此外，一些新型的制冷设备制造商，用自己能效更高的产品替换客户的旧设备，并不直接向客户收取设备款项，而是通过新设备节省的电费来收回"货款"并获得收益。这种方式被称为"合同能源管理"，实际上就是一种"生产—服务"模式，并且实现价值的主要环节在服务。

## 硬件生态链：物联网时代的多元赢利模式

随着移动互联技术的发展，硬件之间的连接、数据交换和相互控制已经越来越普遍，这就使得为硬件产品使用企业以及硬件产品生产企业搭建出"生态系统"成为可能。

例如，华为已经可以以手机为中心，将本品牌的电脑、手表、手环、电视（智慧屏）以及周边的智慧家电全部连接起来，它们可以互相传递数据、文件，用手表接电话，用手环监测身体状况，将手机上的视频节目和视频通话转到智慧屏上，并且可以用手机控制生态圈内的家居饰品（如智能窗帘）、家电（如空调、空气净化器）。未来，在万物互联的物联网技术的推进下，这些产品还可逐渐加强与车辆的连接。

生态链不仅是一种技术创新，同时也成为一种制造业的价值实现新路径。一方面，完善的生态链促进了链内产品的销售，即生态链内某个设备的用户在体会到物联网将其他设备连接起来后的高效的新体验后，会倾向于逐渐购买生态链内的其他设备，从而提升整体生态链的销售水平。另一方面，生态链不仅会增加硬件设备的销售，还会增加软件服务的使用。物联网的很多功能都基于云技术，例如智能手机、消费电子、可穿戴设备、智能家居、智能出行等各种设备之间的数据交换共享，促进了云服务的使用；用户在手机、电视和平板电脑乃至汽车上随时享受音频、视频节目，又促进了娱乐平台的消费增长。

核心企业对生态链企业通过参股、控股等方式，还可以获得资本化收益。比如，小米的生态链系统在过去几年里，已经投资孵化了近百家企业，除了大家熟知的小米手机、小米电视、小米笔记本电脑、小米空气净化器、小米手环、九号平衡车等之外，据说小米投资孵化的企业目前已经发展起了一个接入超过 800 种智能硬件、日活跃设备超过 1 000 万台的小米生态圈。除了硬件收入、软件和内容收入之外，小米作为这些企业的投资方，其投资收益也很可观。

随着物联网技术的发展，不仅手机、电脑、电视机、手表可以称为智能终端，未来的汽车、冰箱、洗衣机，甚至空调、马桶都可以接收和发射信号并执行指令，这些都是重要的流量入口——不仅时间和注意力由此流入，而且用户的行为习惯、偏好、身体状况等数据都将由此流入。万物互联时代，制造业将衍生出更多的价值实现新路径。

## 第五节
## 深化组织变革，创造新需求

　　无论是有效研创，还是经营流量、改善体验，以及价值实现的新路径，最终还是要通过人才、组织和持续的激励机制来实现。不过，相对于理念的转变和方法路径的创新而言，企业的人才结构、组织架构和激励机制的变革应该是一个长期、渐进的过程。

### 培育软价值创造基因是个长期任务

　　面对迫切的创新与转型需要，很多传统制造业企业常常认为自己的企业长期以生产为中心，原有的团队也只适合管生产、做销售、管传统供应链等，缺少专业从事研发、创意、品牌、流量和体验管理的基因。其实，用发展的眼光来看，不仅高端制造业企业如海尔集团、美的集团、上汽集团等多年前的人才结构都是以传统制造业为主，即便是目前在大家心中科技含量比较高的华为、中兴通讯、海康威视等软价值制造企业，其早期的人员结构也是以传统生产、销售和服务人员为主体。创新能力的提高和企业的转型是一个长期的过程，只要确定了创新和转型的理念，人才结构的提升和软价值创造基因的培育也一定能够在潜移默化中得以实现。

当然，要想培育软价值创造的基因，在人才团队的构建上也应该有与新的价值创造方式相匹配的人才观念。

比如，要有适合软价值创造的人才选拔机制，给更多的人才尝试的机会。海尔集团等制造业软价值创造的成功者，也更加看重"赛马"式的人才选拔机制，用张瑞敏的话来说，"每个人都可以参加预赛、半决赛、决赛，但进入新的领域时必须重新参加该领域的预赛……给你比赛的场地，帮你明确比赛的目标，比赛的规则公开化，谁能跑在前面，就看你自己了"。

在人才培训理念方面，企业也要有与软价值创造相适应的人才培训理念，不仅注重业务流程的培训，更注重创造力的培训。例如，在耐克公司，业务和培训被融合在一起，称为"探险旅程"。在"探险"过程中，主管随时对下属进行陪练和辅导，使他们熟悉业务，明确目标，提高创造力。

## "创客团队＋中后台"模式

传统制造业企业主要以生产为核心，研发、营销等部门都为生产服务。而在软价值制造企业，随着生产的逐渐成熟、自动化甚至外包，研发、设计、品牌、流量、客户体验等部门的重要性越来越高，逐步成为以软价值创造推动企业创新和转型的主要推动力量。"生产为软价值创造服务"的新理念，必然催生新的部门组织架构，其中海尔集团的"创客团队＋中后台"模式十分典型。

海尔集团的"创客团队＋中后台"模式，即将通用的设计、中试、制造、供应链等部门设置为中台，将人力、财务、法务等部门设置为后台，它们统一为前台的"创客团队"提供服务。创客团队负责提出创意，满足顾客的需求。这种模式使海尔集团的软价值创造能力显著提高，孵化出了各种深受客户欢迎的创新产品。当然，海尔的"创客团队＋中后台"模式已经超越了最初的"人单合一"生产组织模式，进化到支持"创客"们组建独立的利润单元甚至单独的公司。其中，具有较大规模和赢利能力的企业就有专攻高端游戏笔记本电脑的"雷神科技"、专注于疫苗等生物制品冷藏运输的"海尔生物"等。

另外一种与之类似的组织模式是"小团队与中台紧密结合＋大后台"的模式。这种模式是将生产、营销、服务、供应链等部门与研发创意部门紧密结合起来，在产品研发过程中充分考虑后期的各种实现环节，可以尽量缩短产品研发的周期，提高研发成功率。这种模式既有传统事业部制的影子，也与先进的 IPD 模式有相似之处。

例如，知名厨电制造企业方太集团在按照 IPD 进行研发组织变革时，为了打破部门的界限，实现产品开发团队跨部门的运作，建议将原来按专业划分的各开发部门办公室之间的墙拆掉，并按 PDT（产品开发团队）运作的特点对办公环境重新布局。实践证明，"拆墙行动"对开发人员乃至其他部门的人员来说都是一次"震动"。可以说，"拆墙行动"不仅拆掉了有形的墙，更是拆掉了人们心里的"墙"。[8]

## 营销部门：线上找流量，线下送体验

传统的制造业营销是指发现或发掘"准消费者"需求，使之了解产品进而购买该产品的过程。然而，对于软价值制造企业来说，任务发生了根本的转变，变成了找到流量，提升体验，将"路人"变成"认知群体"，创造出软价值后，再通过多元化的商业模式来变现这些价值。

传统制造业的营销部门主要通过电视、报纸、杂志等媒介手段宣传本企业的商品，并通过一些话题、活动的策划来吸引消费者的注意力。目前，人们的注意力已经大规模从线下转移到线上，并且已经高度碎片化，因此，制造业的营销部门设置也要顺应这种变化做出调整，逐步向线上营销、数字营销的方向转型。从最初的建立企业网站，到大规模的邮件营销，再到通过微博、微信、各种网上社区（微信群、贴吧、细分的兴趣爱好群体等）找到碎片化的细分人群，直到在人工智能、大数据技术的帮助下，将产品和企业的信息精准无痕地推送给自己的"共振群体"……可以说，营销部门面对的变化速度，比研发部门的技术进步还要快，营销部门必须盯紧流量的风口，既要有人负责打理天猫、京东等传统网店，也要随时注意网民的注意力是否转移到了快手、抖音和拼多多等新兴电商；既要抓住传统的代理商渠道，也要随时注意代理商是否已经被下沉的电商侵蚀甚至取代。这样，营销部门才能在变化中把握新流量方向。

在随时跟踪流量方向变化的同时，创造认知群体还需要体验的配合。传统营销模式中只传达商品信息的硬广告手法已经不再适用，唤起"准消费者"情感共鸣的内容营销越来越普遍。例如苹果举办 iPhone 摄影大赛，生产厨具的厂家开始制作精彩的美食节目，服装企业开始通过直播带货，等等。就像在传统媒体时代有专门的广告企业帮助制造业营销一样，移动互联网时代也出现了 MCN（多渠道网络服务）等负责通过创作相关内容来实现流量创造、导入和变现的专业机构，还有负责社区运营的公司和个人工作室。制造业企业如果专注于产品的研发和设计，也可以将流量和体验业务委托给相应的专门机构来处理。

营销部门组织变革的另一个模式是线下网点向"体验中心"转变。以往实体门店主要承担销售功能，在电商的冲击下，简单作为销售终端的门店大面积衰败。在经历了一轮萧条之后，线下网点作为体验中心正在重新回归。最典型的例子就是苹果公司的直营店，在投入大量创造性思维和资源精心设计的环境中，消费者可以把玩苹果公司的各种产品，得到线上查看无法替代的体验感。同样，李宁投入大量资源打造的品牌体验店，具备运动俱乐部的功能，店内装备了专业的跑姿测试设备，并提供专业体能训练课程，为消费者提供更加专业的运动体验和服务。

## 售后服务向客户体验部门转型

传统的客户服务部门主要负责售后服务，为客户解决安装、维修等问题。实际上，客户对于产品的需求已经超过了原来的功能层面，需要的服务也比简单的售后服务丰富得多，因此，企业应当及时将售后服务部门向客户体验部门转型。

服务不仅包括售后服务，还可以延伸到售前、售中。这实际上是服务部门与营销部门的重新组合、裂变。售前服务，意味着产品理念的导入、生活方式的宣贯等，让消费者在购买之前就"爱上"产品。售中服务，实际上是让客户与产品深度融合，让用户成为玩家。而售后服务也不仅是维修、退货等传统服务，重点是将客户从玩家培养成"粉丝"，给客户提供平台、机会，增加粉丝与企业、粉丝与粉丝的互动、社交，深度满足用户的精神需求。

例如，小米的营销部门早已以扩大和运营粉丝群体为主要任务。小米的做法是：先让员工成为产品的粉丝（如果自己的产品连员工都不能打动，就说明这个产品是不成功的），然后通过产品、用户关系链和社交媒体放大粉丝群体。雷军从一开始就放弃了砸钱搞营销的做法，要求负责营销的黎万强不花钱给米柚系统做到百万粉丝。黎万强在开始时也是用几个人注册一大堆账号在论坛上发帖的办法，逐渐积累起了最初的粉丝群体，并且将小米社区发展成一个小型的门户网站，后来抓住微博大发展的契机，又让"米粉"的规模上了一个数量级。目前，小米已经建立了一个由小米论坛、小米手机、小米公司等产品微博、小米合伙人加员工的微博、公司微信等组成的粉丝矩阵，粉丝总数已达到数千万。除了营销部门策划通过各种活动和日常互动来增加粉丝数量之外，小米粉丝运营的一个重要特点是全员参与，雷军、黎万强等决策层和管理层上网泡论坛、泡微博与粉丝互动，"每位员工都可以在微博和论坛一线接触用户，第一时间拿到用户反馈并直接解决"。

近年来，传统的线下门店逐渐成为企业的成本和负担，很多厂商都在大规模撤店。从软价值的角度来看，线下门店应当从销售终端变成体验终端——销售额和利润不是重点，重点是流量和客户满意度，让顾客亲身接触产品，让导购成为产品顾问和用户的朋友，这样才能真正为企业带来流量和成交量。

## 以价值创造为核心，重塑激励机制

中国江苏的一家民营制造企业从德国聘请了一位专家从事某新产品的开发，该企业给这位专家约定的激励方式分为三段：一是在研发成功之前（包括研发失败），给专家以超过德国的高薪待遇；二是研发成功、产品投放市场后的五年内，该专家可按照该产品销售利润的30%分成；三是五年以后，当专家已经有一定资金实力时，他可以用股权激励的价格入股，成为企业的股东。事实证明，该企业的激励机制是有效的，目前创立于2000年的这家民营制造企业销售额、产品技术领先性已经名列江苏乃至全国同行业前茅。

由于软价值制造业在研发、设计、流量、体验等环节高度依赖人的创造性思维，不确定性远远高于生产制造环节，所以可以用于制造环节的KPI、计时工资、计件工资等考核激励方式逐渐显得不适用了。那么在这些环节，怎样进行适当的考核激励？上面这个例子给我们带来了不小的启发。

关键是要激发人的内在动力。心理学的研究证明，人只有在自发、自愿的情况下，才能进行创造性的思维活动。甚至有人怀疑古代的埃及是不是奴隶制，因为建造规模巨大的金字塔不仅依靠大量的人工体力劳动，也需要把大量经过精准切割的巨大而沉重的石块准确地叠放在一起，更需要非常高的建造技术，实际上很多技术问题是要靠人的创造性思维才能解决的。

在上面的例子中，企业并没有给专家限定严格的开发时间、进程和结果，而是在保证其收入高于德国原来水平的情况下，给予有竞争力的激励指标——研发成功，以及产品投放市场后的五年内，该开发专家可按照该产品销售利润的30%分成。将专家的报酬与其努力的结果挂钩，专家内在动机就得到全面激发，很快就研发出了重磅成果。

软价值制造业产品的功能、界面与外观设计、流量的创造与导入等，也都有与研发类似的特点，因此都应当实施以激发员工内在动力为核心的考核激励机制。系统地看，可以借鉴很多新经济企业已经使用的OKR进行考核。

OKR的核心思想是，在企业管理者确定战略目标的前提下，由具体团队和员工提出自身工作的"关键结果"，并且在关键结果与目标之间建立起互相关联、钩稽和促进的关系。而且关键结果并不作为员工收入考核的硬指标，更多的是作为激发员工内在动力、监测行为效果的一个指标。

在这个体系中，员工提出自身要完成的"关键成果"，实际上是将管理的主动权交到了员工手中：你在一个月、一个季度、半年、一年内能取得什么样的成果？这个成果与团队、企业的目标有什么关系？与其他人的关键成果如何配合？这些问题都需要由员工来思考，同时由团队的领导者进行督导、培训和协调，这种柔性化的管理，将最大限度地激发员工的创造力。

据了解，除了率先提出 OKR 的英特尔公司、第一个全面落实 OKR 的谷歌公司之外，包括安海斯－布希、戴尔电脑、盖璞、通用电气、美国运动相机厂商 GoPro、日本知名电器制造商松下以及中国的华为、小米等在内的很多知名的软价值制造企业，都开始运用 OKR 进行公司的考核与激励。这种以激发员工内在动力为核心的管理思想，正在帮助更多的制造业企业向软价值制造企业转型。需要指出的是，KPI 与 OKR 之间并不是对立的关系，而是适用于不同的行业和领域。对于那些确定性比较强的生产、销售等领域，传统的 KPI 还是有很大的用武之地的。

## 注 释

1. YOHO 潮流志：《香港球鞋达人与他们的 AJ1》，搜狐网，2015 年 5 月 29 日。

2. 吴垠：《学得来苹果的发布会，学不来乔布斯的孤独》，爱范儿网，2015 年 12 月 10 日。

3. 快公司编辑：《碧昂丝 × Adidas ＝新时代名人品牌代言模式》，快公司网，2020 年 2 月 5 日。

4. ［美］亚德里安·斯莱沃斯基等：《需求：缔造伟大商业传奇的根本力量》，浙江人民出版社，第 192—193 页。

5. 搜狐汽车：《20 款劳斯莱斯古斯特家族式设计风格》，搜狐网，2020 年 1 月 15 日。

6.　劳斯莱斯：《劳斯莱斯发展历程》，劳斯莱斯官网。

7.　蜂迷世界：《深度观点｜22家制造业服务化案例（上）》，搜狐网，2016年
7月18日。

8.　思捷达公司：《宁波方太IPD（集成产品开发）咨询案例》，佳工网。

# 03
# 信息产业的新需求创造魔方

短短的 20 年，美国的苹果、微软、亚马逊、谷歌等信息龙头企业市值均超过了万亿美元，中国的阿里巴巴、腾讯、美团等企业市值也纷纷超过万亿元人民币，不断地刷新人们对财富创造速度的认知。信息产业如同量子跃迁一样的财富创造魔方，显然不在于传统产品或服务的数量扩张，而在于不断改变人们的生活方式。另外，新生活方式带来的美妙体验，不仅是这个行业价值的呈现，也是不断创造新需求的推动力。

超高清视频的生产和传输技术可为包括电影、游戏等在内的各个细分文化娱乐业带来更优质的内容消费体验；"云游戏"通过云端集中运算以减少游戏对客户硬件的需求，从而使更多用户享受到高质量的游戏体验；VR 直播是在虚拟现实技术和直播平台基础上诞生的新传播方式，在体育赛事、演唱会、秀场直播、会议播报等领域有较大发展潜力。

## 信息平台促进本地生活服务需求

从团购起家的美团经过 10 年的发展，已经解决了用户吃喝玩乐的多种本地生活服务需求。用户只要登录美团平台，就能直接实现外卖、餐饮、超市等服务。不仅如此，美团还在买菜送药、酒店预订、交通票务、景点门票、叫车、电子票务等生活服务领域进行布局。2020 年，美团的市值已经超过 1 万亿港元，成为"互联网 + 电话服务业"的代表性企业。

本地生活服务 O2O（线上到线下模式）连接了线下本地商家与线上消费者，满足了用户多元化、碎片化的消费需求，提供了包括餐饮美食、商超便利、家电维修、休闲娱乐、家政服务、亲子母婴、出行打车等多类日常生活服务。随着用户场景的不断延伸，很多专注于细分领域的垂直平台脱颖而出，如生鲜平台"每日优鲜"、家政平台"天鹅到家"、洗涤平台"e 袋洗"、维修平台"极客修"等。艾媒资讯数据显示，到 2025 年，本地生活服务市场规模将超过 2 万亿元。

## 在线教育与在线医疗的新生态

当前用户在线学习习惯养成以及各类教育平台不断涌现，艾瑞咨询的报告显示，2019 年在线教育的市场规模为 3 200 亿元，年复合增长率 25%。在线教育的崛起，不仅让好未来和新东方等传统教育机构找到了新的增长路径（市值分别突破 430 亿美元和 270 亿美元），也出现了以猿辅导、作业帮、跟谁学等为代表的线上教育新势力。2020 年新冠肺炎疫情暴发，在线教育遇到发展机遇。2020 年 3 月，国内在线教育用户规模达到 4.23 亿，占中国互联网用户的一半，三线、四线、五线城市贡献了主要流量增量。未来几年，随着用户对在线教育的接受度不断提升、付费意识提高以及线上学习丰富度的完善等，其市场规模将突破万亿元。

2019 年在线医疗市场规模突破 1 000 亿元，年复合增长率 15%，行业龙头阿里健康的市值超过 2 800 亿港元，平安好医生的市值超过 1 200 亿港元，京东健康的估值也超过 2 000 亿元。2020 年受新冠肺炎疫情影响，平安好医生访问人次达 11.1 亿，App 新注册用户数增长 10 倍，阿里健康、好大夫在线、丁香园等访问用户也出现了爆发式增长。

## 新技术平台激发共享经济新需求

作为近几年火热的经济模式之一，共享经济将富余的劳动力、房屋、物品等充分利用起来，实现了资源的合理配置。例如，网约车作为共享经济的先行者，填补了大城市租车市场的供给缺口，有效缓解了打车难的困境，也造就了滴滴出行公司的快速发展，其市值已达到800亿美元。又比如，共享单车以低成本、高便捷度解决了"最后一公里"的出行难题，具有自由度高、取用便捷、价格便宜的特点，还打造了绿色出行的生活方式。这些新的应用大都促进了其技术平台公司的发展。

## 云计算引领的企业信息化服务新需求

随着 Oracle（甲骨文）、Windows（微软操作系统）等基础软件，以及 OA（办公自动化系统）、ERP（企业资源计划）、CRM（客户关系管理）等应用软件的出现，流程化、标准化的管理使企业效率大大提高。随着云计算、大数据的普及，工业4.0、智能制造重新塑造了传统行业，企业信息化市场规模迅速扩大，从2011年的3 000亿元扩大到2019年的8 200亿元，年复合增长率15%。

近几年，IaaS（基础设施即服务）、PaaS（平台即服务）、SaaS（软件即服务）等云服务大幅改善了企业的运营效率，降低了企业运营成本。中国信通院的数据显示，2019年，以 IaaS、PaaS 和 SaaS 为代表的全球云计算市场规模达到1 883亿美元，年增长率20.86%。预计未来几年的市场平均增长率为18%；到2023年，市场规模将超过3 500亿美元。而中国企业的信息化发展水平仍显滞后，数字化转型之路刚刚起步，未来企业信息化市场规模将超过数万亿级。

展望未来，5G、人工智能、虚拟现实、物联网等新一代信息技术为信息产业指数化增长创造了新的条件，但如果想让这些技术创造出满足人们新需求的产品和服务，则有赖于企业家应用好软价值的创造方法——提高研发创意的有效性、创造和经营流量、改善客户体验、创新商业模式，以及围绕以上经营活动的组织变革。

## 第二节
## 让有效研发创意创造新需求

什么才是有效的研发创意？只有创造出新需求，才算有效。

所有的研发投入都是风险投资，可是为什么微软、苹果、谷歌等公司总能开发出创造新需求的产品？信息产业在提高研发创意的有效性方面有哪些值得学习的秘诀呢？

### 用风投思维、项目思维搞研发

在信息产业，将新产品作为项目开发是很长时间以来的通行做法，而且互联网公司往往更具备风险投资思维（风投思维）。

腾讯的微信就是项目思维和风投思维的产物。当腾讯移动端的社交需求将出现爆发式增长时，该公司让三个团队同时立项，分别开发适用于智能手机的社交软件，最后广州做 E-mail 的团队最先开发出微信的基础版本。又如，字节跳动公司在开发抖音等产品时，都得益于项目思维和风投思维。

而集成化开发的思路则主要体现在信息技术企业运用较多的"小前台+大中台"的开发模式上。规模较小的前台可以提供丰富的创意，应对快速修改迭代的需求；而大中台则将企业的技术资源、数据资源、流量资源以及其他各种软硬件资源整合起来为所有的前台团队服务。这样既提高了效率，又降低了成本。例如，开发美团买菜 App 基本上不存在软件开发困难，但是在货源、存储、物流、配送、结算以及新业务的推广环节中存在的问题是 IT（信息技术）部门无法解决的，只有让与这些环节相关的部门在研发一开始就参与进来，才能最大限度地将软件的功能设计完善，提升研发投入的有效性。

## 打造创新平台，汇聚前沿特质精英

凡是成功的信息产业，都有一个或几个"理想黑体"，即具备高密度、高质量的创造性思维，同时具有强大吸收、辐射能力的灵魂人物或创新平台。

如果这个"理想黑体"是灵魂人物，则他通常需要具备敏锐的感知与理解能力，通过不断的学习来把握新技术或新需求的变化趋势。比如，字节跳动的创始人张一鸣不仅能够敏锐地吸收外部信息，带领团队创造出用智能算法分发信息的今日头条、抖音等产品，而且能够做到"人机一体化"，把自己和公司当成一台计算机进行"调试"。无论是在他本人的工作中还是在他创办的酷讯、饭否、九九房、海内网等公司中，他始终专注于信息获取和分发领域，在这一过程中积累的经验与技术使他在这个领域的认知领先乃至超前，最后胜利挣脱 BAT（百度、阿里巴巴、腾讯）的围追堵截，写下自己的商业成功故事。

提高研发有效性，也可以让有特色的开放平台充当"理想黑体"，即汇聚足够多、足够优秀的创作者，通过对创作者的技术支持、技能培训、奖励扶持，创造出优秀的产品；平台在汇聚了各具特色、多种多样的产品之后，就会吸引更多的创作者进行创作，进而提高研发创意的有效性。比如苹果的 App Store（应用软件商店）、谷歌的 Android（安卓）市场，就是通过吸引创作者开发程序，为创作者付费、分红，吸引创作者参与的开放生态系统。类似微信公众号这样的产品平台，也已经成为既吸引高密度、高质量的创作，又具有强大辐射能力的创新平台。

## 数据、算法等软资源的积累和应用

如同制造业需要原材料一样，信息产品的研发也需要"原材料"，只不过这些原材料都是些"软资源"。那么，如何积累起信息产业的优势丰厚软资源呢？

对于农业而言，土地是核心生产要素；对于工业而言，技术、资本和原材料都是核心生产要素；而对于信息产业而言，数据就是核心生产要素。因此，重视数据软资源的积累运用，是有效研创的基础条件之一。数据的使用过程可以依靠各种外部数据，例如互联网数据、政府数据、企业数据等，也可以通过公司内部的业务积累进行数据使用。例如，通过对互联网的用户数据爬取，分析用户的使用习惯，进行产品精准开发；也可以通过对政府庞大的交通数据分析，开发智能交通产品等；再如菜鸟网络，基于对合作伙伴的快递物流业务数据进行整合、分析，最终实现了快递服务行业高质量、高效率发展。通过对数据信息的整合，每个合作伙伴（商家、中间合作伙伴、配送合作伙伴、快递合作伙伴、消费者）都会看到实时、在线、准确的物流数据。通过对复杂的业务数据进行深度分析利用，实现对快递物流整个产业链各环节的预测，帮助各环节提前预留资源，帮助快递企业提升揽派效率，这些都有效地提升了快递服务行业质量。

除了数据，代码库也是信息产业重要的软资源。所谓"代码库"就是一个公司积累的高质量代码合集，当遇到类似需求的时候，工程师就可以直接去代码库里面调出代码，在源代码的基础上加以修改。这样既能提高效率，也能保证公司代码风格延续，不会由于人员的流动影响开发质量，所以扩大代码库、提高代码的编写能力是提高研发创意有效性的基础条件之一。

当然，算法也是信息产业最重要的软资源之一。谷歌、百度可以快速地为用户提供搜索信息，亚马逊、天猫可以精准地为用户展示需要的产品，今日头条、抖音可以准确地为用户提供个性化内容，这些都是通过对算法的持续优化积累，匹配用户习惯，提高用户效率，最终实现产品成功。算法还是人工智能的灵魂，正是运用算法不断地对数据分析、学习，才有人工智能的实现。

数据和算法等软资源要用到特定领域才能发挥作用。例如，中国搜索领域的巨头百度公司就在数据和算法方面拥有巨大的软资源优势。不过当百度决定开发 O2O 产品后，其百度糯米、百度外卖都不是很成功，因为 O2O 模式除了数据和算法，还需要大量的线下资源投入和现金补贴，而这些并非百度的优势软资源。后来，百度及时调整战略，将积累的算法、数据应用到 AI（人工智能）领域的产品开发，从而形成了新的"护城河"。

## 激发有效研创的软环境

如同文化娱乐产业、知识产业一样，信息产业的价值创造同样是以人的创造性思维为源泉的，因此信息产业的有效研创需要特定的软环境才能激发程序员、工程师拥抱更好的创意和灵感，以更兴奋的状态去创作。例如在有的互联网企业，员工可以带着宠物上班，在工作时间滑滑板、打游戏，享受免费的健身房和按摩服务，甚至有的公司提供幼儿园服务，这些都是为了让程序员和工程师保持放松，不受干扰，可以源源不断地迸发灵感与创意，创造更大价值。再如，很多信息企业没有领导专享的办公室，创始人、程序员、工程师都在开放的办公环境中，上下级自由讨论、无等级概念，利用激情的碰撞持续激发创意的火花。

信息产业的有效研创需要鼓励创新的软环境，只有勇于尝试、不怕失败以及提供充足资源，才能持续地激发员工的创意。例如，谷歌早期推出谷歌实验室，鼓励工程师将各种奇思妙想的测试创意展示到网上，让用户与专家去使用、评价、提意见，根据评测的结果决定是否继续下去。2010 年，谷歌又推出 X 实验室，更是将鼓励创意研发由软件发展到软硬件。正是由于 X 实验室鼓励失败，不以结果为导向，但又有过程控制，最终产生了很多有价值的研发创意，如谷歌眼镜、谷歌气球、为糖尿病患者设计的智能隐形眼镜、无人驾驶汽车Waymo、太空电梯、海水燃料等。

## 选择赛道、调整参数

好的赛道往往能提高研发创新的成功率，那么究竟如何选择和调整赛道呢？

首先，选择足够宽的赛道，创造新需求的空间要足够大。例如，人们需要每天通过移动电话等进行社交沟通，移动通信工具的赛道就够宽。人们需要每天通过游戏、音乐、影视等娱乐活动来休闲放松，手游、流媒体音乐、网络视频、电子书等互联网产品自然会被用户长时间地使用。总体来说，让用户长时间、高频次使用的产品，其市场空间就会很大，如果能提供受欢迎的产品，则成功的概率就会大大提升。相反，人们常用的天气服务软件墨迹天气，虽然拥有 6 亿的累计装机量，但人们每天看 2~4 次，总时长为 1~2 分钟，看完天气信息就会关闭应用，再多的用户使用量也无法带来足够的流量，这个赛道就不够宽，创造新需求的空间也不够大。

其次，选择足够长的赛道。例如，电子商务面对的是人们的消费或商品买卖，只要社会正常运转，人们的消费活动或企业的交易活动就永远不会停歇，因此信息产业只要能够创造出联结企业与企业之间、企业与消费者之间的技术产品和商业模式，赛道就足够长，新需求创造空间也足够大。如 B2B（企业对企业）模式、B2C（企业对消费者）模式、C2C（消费者对消费者）模式、O2O（线上到线下）模式，还有近几年出现的社区电商模式、直播电商模式、社交电商模式等。

再次，选择壁垒低的赛道。在某些新兴领域，如果巨头尚未涉入，通过研发创意创造新需求的概率就大。例如，由于用户碎片化时间增加、长时间观看影视剧的时间逐渐减少，因此中短视频领域的内容和用户端都有很大的开发潜力。在信息产业巨头尚未参与的情况下，抖音和快手迅速利用算法优势进行内容培育和客户开发，迅速地发展成这个细分领域的龙头企业。又如，美团王兴通过对用户需求的发展方向和技术变革的方向进行象限分析，调整了研发创意的赛道，最终找到了本地生活服务的创新之路。

最后，还要根据赛道和参照系特点精准调整参数。在软价值创造新需求的过程中，如果忽视时间、空间、文化等参照系坐标的差异进行研发投入，往往会降低研发创意的有效性。只有针对不同语境、不同文化的用户群体进行本土化研究开发，才能成功创造新需求。例如，TikTok 在美国等国家的巨大成功，一是依托了字节跳动积累的强大算法；二是对海外消费者的偏好、需求特征进行调查分析后，针对不同的文化区域进行不同的定制，例如不同国家的注册登录方式有所不同，搜索、推送规则有所差异，内容风格各不相同，等等；三是 TikTok 在各国都用本地人才运营，快速解决了文化隔阂的问题，使研发和创意的有效性大大提高，在美国等很多国家都迅速创造了新需求。

## 找准共振群体，引发用户共鸣

某个特定频率的电磁波，只能被特定频率的接收器接收到，这就是电磁感应现象。信息产业在有效研发中也必须考虑受众的心理感应，明确自己所针对的"共振群体"。只有深入用户的真实使用场景，发现用户的真实痛点，才有可能找准共振群体，引发用户共鸣。

早期的谷歌成功，主要是由于其一直致力于发现人们日常遇到的现实问题，认识到这些问题的严重性并提出具有创意的解决方案，设计的产品常常能与消费者的需求产生共鸣。在谷歌，所有工程师都从骨子里关心不同等级用户的使用体验，这种与用户产生共鸣的产品设计理念是谷歌研发设计成功的最大保障。[1]

最近几年，人们一提起"二次元"就会想起 B 站。B 站花了 10 年时间，专注于二次元圈层用户，并深刻理解了"90 后""00 后"群体的文化心理。只有这样，其研发创意才能够引起这个群体的共鸣。

## 多维产品矩阵提高研发创意有效性

在信息产业中，为了共享和有效利用技术、数据、流量等软资源，可以利用开发产品矩阵的方式，最大化地精准定位不同群体，满足更多人的需求。例如，脸书在其发展的 16 年中，长期占据全球社交广告平台第一的位置，除主社交产品脸书以外，陆续推出了 WhatsApp、Messenger、Instagram 及 Oculus 四款社交产品，其社交矩阵覆盖了从陌生人社交到熟人社交、从一对一社交到公众社交、从强关系到弱关系的不同场景与不同定位的社交链。同时，内容的展现形式也与时俱进，产品不仅有简洁的文字功能，还有图片、视频乃至 VR 等丰富的功能，贴合用户的不同社交需求，其创造新需求的效率大大提高。

同理，微信基于熟人社交切入移动社交领域，依托庞大的 QQ 用户基础迅速登上中国社交领域第一的宝座，然后陆续推出语音对讲、附近的人、摇一摇、朋友圈、扫一扫等功能，完善用户体验，用户规模超过 11 亿人次。字节跳动的产品矩阵也十分丰富，在短视频领域就有三款产品。其中，西瓜视频与今日头条的用户高度重合，其推出的产品主要是中长视频，长度在 3~30 分钟，内容演绎较为完整，故事性强。抖音的用户主要集中在一、二线城市的年轻群体，视频长度在 15~60 秒，是一个专注于年轻人的音乐社区。火山小视频专注于原创生活小视频，有直播功能，它的用户集中在三、四线城市，用户年龄偏大，视频长度也是在 15~60 秒。

## 好产品不是设计出来的，而是改出来的

好的信息产品不是设计出来的，而是改出来的，只有根据技术的变革、用户的需求、潮流的趋势不断改进，才能把竞争者甩开，取得成功。

脸书最初的功能（或者说愿望）仅仅是在哈佛大学内部供学生分享照片；随后它向越来越多的大学扩展，逐渐增强了留言墙、视频分享、虚拟礼品商店、支付、订购等功能；后来，它又顺应时代变化需要推出移动版 App，一直通过持续研发创意保持产品功能的快速更新迭代，根

据用户需求和痛点不断更新迭代产品功能，从而提高用户体验，增强用户黏性。

谷歌也是通过持续研发不断更新迭代来创造新需求的。当搜索业务一成不变的时候，它把搜索做到了极致，持续推出谷歌 Caffeine 新网络索引系统、谷歌 Instant 实时搜索系统、Hummingbird 语言处理系统等，使用户更好地体验了搜索功能。在最新兴起的短视频领域，抖音更是每隔十几天就更新一个版本。

## 研发创意的赛马机制

社交产品微信、游戏产品王者荣耀等，都是腾讯内部赛马机制的产物，它鼓励内部公平竞争、相互促进。几年前，在小米社交软件米聊诞生 40 天后，驻扎广州的张小龙团队就研发出了微信，让腾讯顺利拿到了移动互联网时代最重要的一张"船票"。而在网游领域，腾讯内部也有两个工作室分别开发了全民超神和王者荣耀两款手游，最终王者荣耀凭借良好的用户体验取得成功，成为国内最火的手游产品之一。

## 利用技术变革提高研发创意有效性

很多行业都不断有新技术出现，积极利用这些技术变革的成果，可以提高研发创意的有效性，实现新需求的"量子跃迁"。

以云计算为例，随着云基础设施及云计算技术的发展，很多相关的新兴软件企业迅速崛起，例如全球最大的 CRM 领域 SaaS 云计算公司 Salesforce，市值已经涨到 2 000 多亿美元。2020 年新冠肺炎疫情期间，借助于云服务 SaaS 模式，在线视频会议公司 Zoom 脱颖而出，快速成为全球最大的在线视频产品服务商。事实上，视频会议领域赛道非常拥挤，思科、华为等巨头长期布局，占据了行业大部分份额。为什么 Zoom 可以在巨头林立的视频会议系统领域取得成功？ Zoom 公司采用的是云服务 SaaS 模式，提供可以横跨多种终端的高清视频、语音、聊天以及文件 / 内容共享的功能，具有高品质、价格优势明显、简单易用、多平台互通等优势，完全替代了传统的视频会议系统。

信息产业作为近 20 年中最具活力的行业之一，是创造新需求的引领者，同时其面临的不确定性和研发失败的概率也很大。为了提高研发投入的有效性，所有项目都必须一个阶段一个阶段地进行试验、论证，一旦发现风险，就要及时止损。例如，谷歌公司通常会根据试验数据进行风险评估：对试验数据超预期的项目，投入大量资源进行开发；对试验数据低于预期的项目，及时砍掉。总之，有效控制风险对于提高研发投入有效性也是至关重要的。

# 第三节
## 引入流量思维，创造新需求

对于制造业产品而言，所有的销售都是流量转换；而在信息产业，流量转换可以带来收入，很多时候流量的大小直接决定了一个网站、一款应用软件或其他信息产品的价值。

### 流量够大就会产生价值

很多人不理解为什么信息产业居然在短短的 20 年内成了全球财富排行榜上的绝对霸主，上市公司动辄几千亿美元、几万亿美元的估值。看看它们的流量：在社交领域，脸书的全球用户数突破 20 亿，微信的国内用户数超过 10 亿；在电商领域，亚马逊的全球用户数突破 26 亿，阿里巴巴的国内用户数超过 7.5 亿；在支付领域，支付宝的国内用户数超过 8.6 亿，微信支付的国内用户数突破 8 亿；在网络安全领域，360 安全卫士的国内用户数超过 6 亿。

流量的本质是用户的注意力，哪里有流量，哪里就有用户的注意力和用户的潜在需求。在信息产业，只要流量具备了一定的规模，就会产生价值。这也是百度搜索、360 安全卫士、淘宝天猫、腾讯 QQ 等都采取免费模式的原因。通常，免费可以产生更大的流量，只要流量足够大，就能产生商业价值。

不管用什么创新方法，如果一款软件能够免费被几千人使用，这款软件就可以值几十万元；如果能够吸引几万人免费使用，它就值几百万元；如果能够被几十万人经常使用，它的估值就可能达几千万元；如果能够被几百万人经常使用，拥有几百万的流量，那么估值就可能上亿元；如果能够被几千万人经常使用，拥有几千万的流量，那么估值就可能有几十亿、上百亿元；如果有几亿人经常使用这款软件，拥有几亿的流量，那么这款软件就是又一个微信、又一个淘宝……

## 提供优质内容和免费服务，争当流量入口

线下商业时代，流量入口主要集中在地铁、火车站、机场、大型商场等客流较大的地方；互联网时代，人们的注意力开始被门户网站、社交软件、App 等各种线上流量吸引。因此，通过免费的优质内容来争当流量入口，几乎成为信息企业通用的办法。

早期的互联网时代，流量入口主要是新浪、网易、搜狐等各大门户网站，它们通过提供及时、丰富的免费内容服务创造和争夺流量；

随着信息的泛滥，无论是消费、娱乐还是研究，人们开始通过搜索功能进行相关信息查询，谷歌、百度等搜索引擎平台成为新的流量入口；随后，天涯、猫扑、知乎、豆瓣、虎扑等网站或 App，也都通过专业性话题和内容来争当流量入口。

移动互联时代，信息企业开始用免费的社交软件、免费的娱乐内容争当流量入口，流量逐渐向微信、新浪微博、腾讯视频、爱奇艺等社交与娱乐类产品转移。随着用户数量饱和及用户时间碎片化、个性化，抖音、快手根据用户时间碎片化的特点推出短视频并成为流量的入口；今日头条则着眼于满足用户个性化需求，通过算法实现内容的精准推送，也成为新一代流量入口。

## 拼团和裂变模式，基于社交关系的流量导入

基于社交关系的流量导入，目前有两种比较成熟的方式，即拼团模式和裂变模式。其中，拼团模式类似于团购——用户在微信群或朋友圈发送链接，邀请朋友砍价或拼团，而邀请朋友的多少决定了产品的折扣力度。拼多多就是拼团模式的典型代表，即用户首先发起拼团，通过微信群或者单人对话邀请社交熟人、陌生人等参与拼团，达到规定人数后就能低价购物；而如果拼团人数未满足要求，则平台退款。这种社交推广模式既实现了产品销售，又以较低的宣传费用实现了用户的拉新，一举两得。

而裂变模式则是产品借助社交网络，通过补贴引发用户自发地大范围传播，形成新用户的不断涌入。例如，薄荷阅读是一款基于微信

平台的英语付费阅读产品，其主要功能是让学员利用碎片化的时间在100 天读完四本名著。四本书被拆分到每天阅读，100 天完成 10 万字左右的阅读量，课程学费为 149 元，传播场景主要是微信群和朋友圈；学员每天阅读完后在微信群和朋友圈分享，连续分享 100 天，则课程免费或送实体书。薄荷阅读通过激励学员每天打卡进行裂变传播，实现了新用户的流量导入。

# 第四节
## 引领生活方式，创造新需求

每一种产品或服务，对应的都是消费者的生活方式选择，而一种产品所代表的生活方式，就是它带给消费者各种体验的综合呈现。近年来，信息产业的快速发展不断地改变人们的生活方式。这些新生活方式带来的美妙体验不仅是这个行业价值的呈现，也是新需求的源泉。

### 缩短时空，把万里之外变成近在眼前的体验价值

人类自诞生以来就受到时间和空间的限制。人们无法再看到以前的画面，也无法再听到以前的声音；而空间的阻隔则给人们带来了"烽火连三月，家书抵万金"的痛苦；不能及时沟通不仅影响人们的情感交流，还可能会耽误很多创造和发展的机会。

从书信、电报，到有声电话、移动电话，信息技术一步步地打破了时空对人们沟通的限制。如今，语音、视频这样的信息技术已经可以让身居欧美的留学生随时和中国的父母进行视频通话；Zoom 这样的视频软件也可以让全世界任何社会组织、企业在线上视频会议中进行实时的讨论、交流、研究、决策……这种"魔法"般的体验是以往人类在数千年的历史中所梦寐以求的。而为了创造更完美的体验价值，无论是 5G、6G 等移动通信技术，3D、4D 等立体动态呈现，还是虚拟现实、增强现实，都存在巨大的创新空间，也必将带来更大的新需求。

## 连接无限资源的新体验和新需求

在没有互联网购物平台的年代，人们购物的选择范围通常被局限在某个区域，选择也仅限于人们所能看到的物理空间。而互联网信息技术的发展，几乎让每个人都具备了连接全世界无限商品的能力和体验。人们不仅能在淘宝这样的网站找到最冷门的儿童自行车配件，也能在易趣这样的个人交易网站淘到儿时的玩具和绘本来满足个人的情怀，甚至还可以到拼多多这样的平台与大家拼团购物以得到从前难以想象的低廉价格。

在没有搜索技术的年代，学者为了掌握以往的研究成果，几乎要翻遍图书馆里相关类目下的所有图书、期刊和报纸，才能披沙拣金似的找到自己需要的一点儿研究资料。而现在只需要在谷歌学术中按照相关的关键词点击鼠标进行搜索，就能将以往几十年、数百年甚至上千年的所有与之相关的人类智慧成果分门别类地列在你眼前供你尽情选用。

在没有携程网等订票、预订宾馆的互联网信息平台之前，旅行者站在异国他乡的街头，不知道哪里才有自己的栖身之所。而今天人们在出发之前就可以在手机上查找酒店相关的图片、文字说明、其他消费者评论，浏览、比较、选择符合一定位置、价格等条件的酒店，利用租车软件安排好交通工具，并在结束后通过上述软件平台进行消费点评、分享，这是古代帝王出巡都享受不到的体验。

同样，在没有本地生活服务信息平台之前，人们只能在自己的社区附近消费，享受社区附近的各种服务。而在美团、淘宝等 App 平台的帮助下，人们可以将点餐的范围扩大到整座城市，可以在比以往多成千上万倍的服务提供商中选择搬家、各种资讯等服务。

在没有线上娱乐平台、互联游戏的年代，人们最多只能通过自己手中的图书、最近上映的电影、收音机和电视机里播放的节目来打发业余时间，小城里来一个"戏班子"可能就是当地的盛大节日。而今天的人们可以通过信息软件与全世界的文艺、音乐和影视作品相连接，从好莱坞的历年大片到莎士比亚的经典巨作，从最新的综艺节目到国外的嘉年华表演，都可以用几乎免费的价格随时欣赏；更不要说随时打开就可以玩的各种手机游戏、网络游戏，它们不仅提供了从枪战、空战、坦克大战到世界杯、NBA 的各种完美体验，还可以与全世界的玩家实时连线对战，并且可以用语音交流，玩家坐在自己的客厅沙发上就可以与全世界做游戏。

此外还有各种线上教育、线上资讯、在线医疗等，都不断带给人们更好的生活体验。短短的二三十年时间，网络购物平台、信息搜索技术、网上订票订房、本地生活方式或服务、线上娱乐、线上教学、在线医疗等已经悄悄地彻底改变了我们的生活方式，用新体验创造了我们再也离不开的新需求。

## 联结无数人、相知遍天下的体验价值

多年前，人们交往的朋友圈基本上限于自己身边的亲人、朋友和同事，如果搬迁到另外一个城市或者国家，那么与以前的社交圈的断裂是不可避免的。现在，在脸书、推特、微博、微信、抖音、TikTok的帮助下，人们可以与小时候的玩伴保持终身的友谊，找回失散多年的老朋友，也可以交到远隔重洋却志趣相投的新朋友。例如在全球最大的哈利·波特迷网站"神奇世界"上，全世界的哈利·波特迷都可以找到自己的同好；而在百度贴吧的"魔兽世界吧"，1 200万名中国的"魔兽世界"游戏玩家可以在这里交流他们的感受。

除了在社交层面上相知遍天下之外，全世界每个行业、专业、学科和领域的专业人士，也都通过信息网络以前所未有的紧密程度联系在了一起，专业的论坛、小组和讨论社区可以让专业内的交流无比高效和顺畅，这种相知遍天下的体验自然会创造出巨大的新需求。

## "无所不知"的新体验创造新需求

人的知识面总是有限的，不可能无所不知，但信息产业的发展让一定程度的"无所不知"成为可能。比如，通过"百度知道""知乎"这样的知识分享平台，人们可以提出自己的难题、疑问，随时得到来自全国乃至全球的"过来人"的帮助和解答。小到一个电脑文件格式如何调整，大到工作应聘、高考专业如何选择，都能在新技术平台的帮助下即时得到答案。

多年前，人们只能通过报纸、广播等媒体了解经过编辑选择的部分信息。如今在互联网信息端、新闻客户端和各种自媒体平台的帮助下，人们可以实时地得到全球的各种资讯和信息。人工智能算法可以比人工编辑更加高效地将信息筛选、整合后推送给你，无论是你关注的股票价格，还是旅游目的地的天气和人流变化，无论是美国大选的最新选情，还是印尼海啸的进展状况，你都能在第一时间收到信息。

## 信息赋能带来"超人"体验

信息技术发展到自媒体时代，每个人都可以在微博、推特等平台上实时发布文字、图片、音频、视频信息，粉丝最多的个人微博账户可以拥有几千万的订阅量，一个既有内容又有趣的微信公众号和推特账号发表的文章可以在瞬间就达到 10 万次的阅读量，这是以往大部分报纸、电台都难以企及的流量规模。人们还可以在抖音、快手、TikTok 上即时分享自己的生活和感悟，其分享的语音、音乐和视频效果不输于以往的专业制作。自媒体给个人的赋能效应甚至还体现在美国总统大选上。2016 年特朗普在竞选期间以自己的推特账户"单挑"传统媒体居然赢得了大选，因此 2020 年民主党总统候选人拜登也开始用推特辅助自己竞选总统。

在没有谷歌地图、百度地图等免费导航软件之前，人们在陌生的地方只能小心探索，不停地找人问路，有时候一不小心就会"误入歧途"。今天在互联网免费导航软件的指导下，每个司机都可以在陌生的城市"驾轻就熟"地完成旅行，完美地避开那些拥堵的路段，还可以提前知道一周乃至更久的天气状况，从而合理地安排自己的出行。在即将到来的智能驾驶时代，人们的出行能力还将实现更大的飞跃。这在古时候，人们做梦都想不到。

信息技术能够赋能给人，自然也能赋能给企业和政府。依靠现代信息技术的赋能，企业对人员和信息的管理能力、对资金和物资的交易与调配能力都得到了大幅提升，政府的监管能力，甚至军事机构的目标搜寻能力、定位打击能力都提高到了之前难以想象的精准程度。

# 第五节
## 创新商业模式，创造新需求

创新商业模式通常既不是指技术创新，也不是指产品创新，甚至不是指管理战略创新，而更多地体现在要素组合的新方法，尤其是价值实现的新路径上。几乎每一种信息产品都提供过某种免费服务——在免费模式下，只有创新价值实现的路径，用创新的方法兑现研发创意的价值、流量的价值和体验的价值，才能获得持续发展。

### 传统流量变现，广告的投放模式

广告是传统媒体的重要价值变现方式，在新的信息技术产业中则成为流量变现的主要价值实现路径。在以新浪、搜狐、网易等门户网站为主的互联网早期时代，这些企业就开始卖各种广告位，例如焦点图、通栏、弹窗等，当时的广告形式还比较"硬"。经过20年的发展，广告仍然是信息产业的重要收入来源，例如百度 73% 的收入来自搜索广告，谷歌 87% 的收入来自广告，而脸书来自广告的收入占比高达 98.5%。不过广告在新的信息技术的催化下，变现方式越来越"软"，越来越弯曲，越来越重视提升用户体验。

当前信息产业的主流广告模式是"信息流模式"，位于社交媒体用户中的好友动态或者资讯媒体、视听媒体内容流中，嵌入用户浏览的信息内容中，用沉浸式的广告体验达到赞助推广的目的，并改善用户体验。

信息产业广告变现模式的另一个趋势特点是精准投放，例如今日头条的主要赢利途径是镶嵌在内容中的原生广告。凭借自身的庞大数据库，今日头条旗下的各款 App 可以对用户性别、年龄、兴趣、职业、作息时间、地域、天气等信息进行准确识别，从而进行关键词定向，实现更精准的营销，创造更多新需求。

## 流量带货与直播电商模式

不同于传统电商模式，直播电商的最大特点是，主播与消费者直接展开互动，可以更加充分地展示商品的特点。更重要的是，主播本人的人格魅力、表演才能和沟通能力对销售结果会产生重大影响。此外，凭借流量优势，主播方可以向商品供货方争取更大的优惠，以此来吸引更大的流量，形成正向循环。

越来越多的内容平台例如抖音、快手都与淘宝一样开设了直播电商模式。快手、抖音作为短视频平台，是标准的"流量大户"，坐拥 2

亿多日活跃用户，并且在短视频生态里，这些用户都具有流量转化的潜力。通过直播接入自营或第三方电商的方式，便又多了一条变现通道。电商专家预测，2020 年抖音、快手直播电商总 GMV（成交总额）规模将达 5 000 亿元。[2]

## 平台佣金模式创造新需求

很多信息企业通过平台优势整合资源，汇聚买家和卖家，利用技术手段促进交易达成，向商家收取佣金。电商平台如天猫、京东汇聚了全国各地各类商品供应商，猪八戒网汇聚了各种优秀的程序开发员和设计师，美团、饿了么聚集了各式各样的餐饮服务，滴滴出行聚集了大量的出租车、私家车等，它们都通过搭建平台为用户提供商品或服务，交易达成后收取佣金变现。

滴滴出行的收入 100% 来自佣金抽成；而某互联网生活服务平台企业的收入 56% 来自外卖佣金，22% 来自酒店、旅游等佣金。以虎牙直播、斗鱼直播为代表的直播平台，也是通过用户为喜欢的主播打赏或赠送礼物，实现抽成变现。苹果从 App Store 分发的应用程序购买软件或数字商品中抽取 15%~30% 的佣金，开发者将其称为"苹果税"。2019 年，苹果的 App Store 生态系统在全球范围内创下 5 190 亿美元的销售额，苹果税也达到数百亿美元。[3] 谷歌公司也对 Google Play 应用商店（可下载收费 App）收取佣金，2019 年，Google Play 应用商店全球总收入达到了 88 亿美元。[4]

## "导流收费" 模式创造新需求

向商家导流并为此收取一定的费用，是近年来信息平台公司纷纷探索的一种商业模式创新。最典型的案例是抖音等平台提供的电商导流功能：客户可以在抖音上发布短视频内容，同时提供一个电商链接，将抖音分发的流量导入该链接，而抖音则收取 5% 的交易佣金。

淘宝上也有相应的导流收费模式——直通车，其将愿意付费的商家放置在用户搜索结果的靠前位置，实际上就是以收费的方式将流量导向付费的商家。

而谷歌的 Adwords 广告模式实际上也是导流收费：用户设定自己的若干关键词，当人们在搜索到预设的某一关键词时，用户的谷歌广告可能会展示在搜索结果旁边。这样就实现了向感兴趣的受众展示商品信息的精准投放；此外，只有用户点击关键词时才收费，实际上就是把展示的关键词变成了一个收费的流量入口。

### 体验变现：基础功能免费，高阶服务收费

很多信息技术企业都用免费的基础产品和服务吸引用户，抢占市场份额和用户规模，然后再通过高阶服务或其他产品收费。例如，亚马逊的 Prime 会员、京东 PLUS 会员、天猫 88VIP 会员等，都可以享受免费物流服务、购物福利、阅读福利和其他福利，而会员费就成为电商平台的主要收入之一。

不仅是电商平台，爱奇艺等视频播放平台、网易云音乐等音乐播

放软件、QQ 等社交软件、王者荣耀等网络游戏、WPS 等办公软件、百度网盘等云存储服务软件的免费用户和会员用户之间都存在区别。除了享有它们提供的基础免费功能外，用户还可以通过"购买"会员服务得到其他增值项目。例如，视频平台的会员可以收看更多的高质量节目，或者提前收看最新剧集；音乐播放软件的会员可以享受高质量音乐以及下载特权；游戏的会员用户可以获得更加炫酷和功能更强的虚拟道具；办公软件的会员可以获得更多的高级功能；网盘会员可以获得更大的存储空间和上传下载速度。这样既保障了一般用户基础功能的使用，也为需要个性化服务的用户提供了更好的体验，并用这些高阶产品和服务的体验创造新需求，完成价值实现。

## "技术生态+投资+金融" 模式

现代信息产业的快速发展本身就得益于 20 世纪 90 年代以来的天使投资、风险投资、股权投资等金融资本的支持。例如，脸书的创始人扎克伯格最初就是在哈佛大学的寝室中创建了脸书平台，然后获得了贝宝创始人彼得·蒂尔提供的约 50 万美元的天使投资，又获得了 Accel 合伙公司的 1 270 万美元的风险投资，最终成为千亿美元市值的软价值巨头。如今人们耳熟能详的阿里巴巴、腾讯、美团、滴滴出行、字节跳动，无一不是在金融资本的支持下发展起来的。

因金融支持而快速发展的现代信息产业自然会通过资本市场变现。在美国，纳斯达克是最重要的上市变现通道；在中国，2010 年以来先后开通了中小企业板、创业板、科创板等，分别为不同类型的企业创造条件。在资本市场上，人们常常不会按照传统产业的估值方法给信息企业估值，因为信息技术企业往往具有多种价值实现模式——只有真正理解现代企业的有效研发创意、流量和体验价值，了解这些企业商业模式的人，才能真正给出合理的估值。例如，亚马逊、京东虽然在上市后都长时间没有实现正的收益，但是其市值却一路走高，这是因为它们的流量在不断增长。近几年，特斯拉刚刚实现微薄的盈利，其市值就超过了 3 000 亿美元，因为那些看好特斯拉的人并不是按照传统的汽车公司来给它估值的，而是把它当成一个移动的智能化平台。

信息技术积累的流量和数据等优势一旦与金融相结合，就会变形或诞生出金融科技公司。比如阿里巴巴通过支付宝将用户日常消费的资金导入自己的金融系统，通过余额宝将人们理财的资金流引入，通过花呗将传统银行的信用卡体系融入进来，最后形成包含支付、理财、小额贷款、保险及银行的全面金融生态；腾讯也是通过社交领域逐渐布局了微信支付、微信零钱、微信理财及微众银行等金融生态；京东、百度等公司也纷纷利用其流量、数据等优势进军金融领域，并诞生了京东数科、百度金融等千亿级市值的金融科技公司。当然，对金融科技公司的监管标准是否应该完全参照金融机构的相关指标，目前相关部门也正在进一步探索和完善。

以巨大的流量和数据为基础，信息公司可以为不同行业、不同场景的其他企业提供用户识别、智能获客、智能投顾、安全防护等各种服务。一旦形成比较深度的业务合作并能够用自身流量和数据等信息技术为其他企业提供成长支持，这些信息企业巨头往往就会提出参股或控股上述企业，一方面加速生态的成熟，另一方面可以在这些企业中获得利润分享。目前，阿里巴巴、腾讯等信息企业巨头已经通过上述方式融合了几十家相关的上市公司和上百家成长和初创企业，未来这种"技术生态＋投资＋金融"的模式还将有很大的发展空间。

# 第六节
## 深化组织变革，创造新需求

在研发管理方面，著名的 IPD 模式诞生在信息技术产业；在人力资源管理方面，2015 年以来风靡全球高科技公司的 OKR 也诞生在信息技术产业。无论是制造业还是传统服务行业，甚至金融业，都在紧跟着信息产业的巨头学习它们的人力资源管理模式，模仿它们的组织架构调整，甚至花费重金去这些企业"挖人"。在中国，几乎每一个在阿里巴巴工作过几年的优秀人才都会被其他企业重金聘请，甚至有不少阿里巴巴出来的高管以在阿里巴巴工作的经验为背景，专门做战略和管理咨询公司。作为软价值创造新需求的典型行业，信息产业这些年在人力资源、组织架构和激励机制方面做出了很多创新探索，有很多经验值得其他行业学习。

## 创造性人才矩阵

在人力资源方面，成功的软价值创造企业必须建立自我驱动型人才工作时间机制。互联网行业盛行的"996"工作时间模式，在社会上引起了广泛的讨论。IT企业的从业人员普遍从早上9点工作到晚上9点，每周工作6天，这已成常态，根本没有加不加班的概念。更重要的是，这并不是因为他们所在的公司任务重、管理严，更多的是因为他们的自我驱动。因此，IT行业最值得学习的人才机制并不是"996"工作模式，而是要找到有内在驱动和自我驱动的员工。只有那些为解决问题自动自发工作、不解决问题不罢休的人，才是软价值创造者。

成功的信息企业都建立了创造性人才矩阵。软价值创造的工作不是日复一日地重复原有程序，而是每一天、每一分钟都在创造，即便作为一名普通的程序员，也要有创造性的思维能力。因此谷歌在招聘人才的时候，对人才掌握了多少知识的考量权重占比很小，而是比较重视人才尚未开发的潜力，比如逻辑思维、学习能力、思维方式的发散性等。为了打破僵化的思维方式，跨界思维成为备受推崇的能力，因此企业对跨界人才的需求达到了前所未有的高度。

面对多样化的用户需求和用户体验，企业需要拥有丰富的人才矩阵，只有让不同背景、不同领域和不同文化的创造性人才相互碰撞与促进，才有可能开发出优质的产品。就像谷歌的工程师团队不仅有专业匹配的软件工程师，还拥有认知科学、心理学、经济学、信息科学、人类学等不同学科背景的人才，他们通过碰撞产生创意的火花。

很多信息企业都崇尚培养"学习型动物"，构建学习型组织。软价值企业不仅需要把人才定义为"学习型动物"，让每个人都能够对互联网开放的新技术、新知识进行自我学习，还需要建立机制形成真正的学习型组织。围绕促进员工学习，华为、脸书都把"导师制"作为一种员工学习和培养机制——优秀的高级员工分享知识与技能，既能帮助新员工与核心员工快速成长，也能帮助导师提高能力，积累经验。华为大学的墙上有一句话："用最优秀的人培养更优秀的人。"这是华为一直奉行的人才培养理念，也是华为人才辈出的主要原因之一。脸书通常也使用导师制的方式训练新人，希望通过导师制能有效地解决四个问题：如何促进业务相关人员相互认识，如何建立互信的工作关系，如何能够尽快地融入脸书的组织文化，如何提升技术能力。

## 组织变革："小前台+大中台"模式

有了创意后，产品工程师如何快速地把创意转换为信息产品推向市场？发现了用户的痛点后，体验工程师如何协调几个部门共同努力解决这个痛点？信息产业比较流行的"小前台 + 大中台"组织方式变革值得借鉴——通过各种扁平化的小团队与用户直接接触去收集需求与痛点，根据这些需求与痛点设计产品，然后通过企业后台整合的软资源（例如技术、数据、算法等），快速研发产品、迭代功能，实现产品交付。

例如，字节跳动在较短时间内快速推出了抖音、西瓜、火山三款小视频产品，为其"小前台 + 大中台"模式提供了坚实保障。字节跳动的小前台主要是研发小团队，这些团队在有了新的创意或发现一个新场景的时候，通过数据中台来分析用户的需求画像，调用技术中台为其产品提供功能开发与迭代。

又如，华为实施的"平台炮火支撑精兵作战"战略也是"小前台＋大中台"的表现形式，把前台项目团队比喻为作战小分队，把中台比喻成战地指挥部。在这个比喻中，中台的作用就是提供资源支持：要数据给数据，要技术给技术。

国外成功的信息企业很多也采用"小前台＋大中台"的组织架构，比如制作了很多全球爆款游戏的芬兰手机游戏公司 SuperCell，其组织特点就是依靠强大的平台资源，通过共用的支付系统、用户系统、游戏引擎、内部开发工具等，支撑起各个游戏开发的小团队，每年都会开发成功数十款游戏。

## 组织创新：随业务模式灵活快速调整

一谈到组织模式变革，人们常常会想当然地认为，互联网公司、互联网科技公司都是比较灵活的组织模式，至少采用的都是扁平化管理。比较灵活的组织管理模式的确是信息产业的特点，但不一定都是扁平化的。

"扁平化"的确能够打破官僚体制，提高决策运营效率，但是从全球最先进的信息技术公司来看，真正规模大的公司要做到扁平化还是有难度的。亚马逊、谷歌、甲骨文等公司还存在比较明显的层级制度，因为一定程度的层级制可以为不同能力、不同贡献度的人定位、定价，可以为人才的成长打开上升的空间。当然，比层级更重要的是按照部门分工、专业、流程而划分的纵向条线及部门协调体系。例如，腾讯公司将员工的职业体系划分为 P 族、T 族、M 族、S 族，分别代表产品、技术、市场、职能，每一族中又分为不同的职级，例如技术的 T 族划分为 T1~T6 等不同的级别。而阿里巴巴则分为 P 序列、M 序列，分别代表专业序列和管理序列，其中 P 序列又分为 P4~P14 等一系列职级。即使是在业内"扁平化"做得比较好的今日头条，从普通基层员工到"王座"张一鸣之间也存在 4 级左右的汇报关系。[5]

在硅谷的信息企业巨头中，脸书、微软、苹果的组织架构是比较扁平化的。其中脸书就像一张分布式网络，平等而灵活，这既体现了扎克伯格的平等和效率管理思想，也体现了其本人强大的管理能力；微软虽然有一定的扁平化特征，但是部门之间竞争激烈而残酷，曾经在硅谷广为诟病，直到引入 OKR 后才有所改变；苹果则是以灵魂人物为核心的扁平化组织架构，这显然与乔布斯本人的管理风格有极大的关系。

因此，组织架构的变革关键不是必须做到扁平化，而是要从企业的业务模式、管理者的能力出发，看什么样的模式更符合软价值创造的要求，并最大限度地调动资源，提高协作效率。为了实现上述要求，几乎所有信息技术公司的组织架构都经常发生灵活的变化和调整。

比如，无论是腾讯或者阿里巴巴，还是小米或者京东，都会经常调整组织架构，甚至每隔一两年就会彻底调整一次。腾讯在 2005 年、2012 年和 2019 年共经历了三次战略层面的组织架构调整。而阿里巴巴在 2015 年张勇接任 CEO 之后就进行了三次大的系统性的组织变革。例如，在张勇接任 CEO 的当年，阿里巴巴宣布成立中台事业群，构建"大中台 + 小前台"组织机制和业务机制；2017 年年初，阿里巴巴实施了面向"五新"（新零售、新金融、新制造、新技术和新能源）战略的组织架构调整；2018 年年底，阿里巴巴实施了将阿里云事业群升级为阿里云智能事业群，成立新零售技术事业群，将天猫升级为"大天猫"等一系列调整。[6] 从阿里巴巴的组织架构调整可以清晰地发现，信息企业的组织架构调整的核心在于适应创新、支持创新。这是为了追随和支持新的业务模式创造新需求，而不是纯粹地为了保持组织的活力，避免僵化和官僚主义。

当然，上述信息企业不断灵活调整的组织架构，毕竟都是自上而下的系统变革，一是实施成本高，二是万一新组织架构有不成熟之处也可能带来一定的风险。真正能够根据价值创造的需要而自发调整组织模式的，当数前文谈到的海尔集团的"人单合一"和"创客模式"。企业不同条线、不同层级的人可以因为一个创意而自由组合在一起，迅速形成独立核算的利润单元，并在统一的中后台支持下完成项目开发实施。能够像张瑞敏先生那样深刻理解"量子管理"并将其贯彻到实践中的，即便在信息企业也不多见。

## 引领激励机制创新：从 OKR 到"六脉神剑"价值观

源自英特尔之后，在美国信息产业巨头谷歌公司发展壮大的 OKR，已经被华为、百度、字节跳动等中国公司推广和使用，并且在越来越多的信息技术公司和其他软价值创造企业中迅速推广开来。OKR 强调激励创造者的内在动机，既能够围绕总体目标充分调动各层级的资源，又能充分调动员工积极性，给予员工足够的自由度，并通过集体分布式制定目标以获得各自的相应回报，因此能够在实践中显著提高企业的软价值创造能力。

在OKR下，为了让员工勇于创新和尝试，谷歌公司不仅会考核员工当前项目的产出和贡献，也会考核员工项目将产生的长远影响；不仅会对项目的成功进行奖励，也会对有失败风险的创新项目的容错率和过程进行绩效评级。在这样的考核机制下，谷歌的工程师都愿意去做创新的尝试，高回报的技术创新项目也层出不穷。中国的字节跳动公司也很快引入了OKR，讲求像打造产品一样打造公司，强调"自驱"的分布式集体智慧，致力于实现把握公司宏观方向与调动员工主观能动性的平衡，并且通过高效率的目标和关键绩效管理模式，进一步激发各条线的产品创新创造能力。

引入OKR之后，每个员工都可以看到周围同事的目标和关键绩效指标，谁做的贡献大一目了然。相应的绩效激励也更加透明、公平、公正，可以结合丰富多样的激励手段，比如基础工资、绩效奖金、项目利润分成、期权等，以对应项目不同阶段、产生不同价值的激励。就拿谷歌绩效评级来说，在项目开发阶段主要是基础工资和绩效奖金，在项目成功后主要是绩效奖金和项目利润分成，如果项目创造了超预期的成功，对员工的奖励则包括利润分成和期权等。

在引入具有自我驱动的创意性人才，并建立起鼓励创新创造的激励考核机制之后，信息企业的价值创造能力就能够被迅速激发出来，自然能够带来丰厚的回报。就基础工资而言，中国信息产业普遍高于其他行业。例如，今日头条的薪酬由人力资源部门根据不同岗位级别的市场薪酬确定，而且至少每年要根据市场薪酬做一次调整，保持业内领先。又比如，2018 年腾讯公司人均年薪 77 万元，[7] 远远高于银行业上市公司人均年薪的 36.3 万元。

就绩效奖金而言，很多人都听说过王者荣耀团队年终奖能拿到 80~100 个月的工资的传闻，可有谁知道腾讯当年一共开发了多少款游戏。除了高额的绩效奖金外，根据目标和关键绩效考核结果及时给予职务上的提拔也非常重要。华为每年都会及时提拔和破格提拔一批优秀者，用任正非的话来说，叫作及时"给火车头加满油"。

股权和期权等方式是信息企业普遍采取的方式。对于那些与公司价值观高度契合、在关键岗位达到一定工作年限的员工，按照每年的 OKR 所体现的贡献，通过股权、期权的方式，可以激励这些核心员工更关注公司中长期目标和持续增长。

除了 OKR，华为、阿里巴巴、腾讯、京东、字节跳动等公司几乎都有一套独创的、值得业内学习的激励办法。比如，阿里巴巴独创了业绩指标和"六脉神剑"价值观指标各占 50% 的考核激励办法。其背后的道理与 OKR 如出一辙，也是用"价值观 + 业绩目标"来激发创造者的内在动机，而不是用外在激励和惩罚手段管理软价值创造，更不是用短期僵化的 KPI 指标或限制员工工作流程进行考核管理。

无论是英特尔发明的 OKR，还是阿里独创的业绩指标结合"六脉神剑"价值观的考核方式，都是经过时间证明的提升创新能力、创造新需求的有效办法，因而不仅适合信息产业，对于改善和提升制造业、文化娱乐产业、知识产业、高端制造业的软价值创造能力也具有十分重要的借鉴意义。

## 注 释

1. ［美］德鲁·奥拉诺夫：《谷歌市场成功秘诀：与用户产生共鸣，设计和产品开发是关键》，TechCrunch 网。

2. 李浩：《2020 年，抖音、快手直播电商总 GMV 规模将达 5 000 亿元》，搜狐网，2020 年 8 月 27 日。

3. DoNews：《苹果 2019 年 App Store 收入达到 5 190 亿美元，中国市场占 47%》，新浪网，2020 年 6 月 17 日。

4. 黑科技推荐：《谷歌抽成五六百亿，如此暴利谁愿买单？我们的新平台让外国网友期待》，搜狗网，2020 年 2 月 14 日。

5. 陈思：《张一鸣：创业 6 年，估值 750 亿美元！人才不是核心竞争力，机制才是！》，高绩效 HR 公众号。

6. 沐野：《为什么腾讯、阿里这么热衷于组织变革？》，世界经理人，搜狐网，2019 年 5 月 30 日。

7. HR 范：《看了腾讯人力资源数据：原来做好招聘，还需要做这几件事》，搜狐网，2020 年 1 月 3 日。

# 04
# 引爆文化娱乐业指数化增长潜力

在 2020 年新冠肺炎疫情暴发前，中国电影票房曾连续 10 年增速超过 30%。如今，中国已有超过 9 亿的互联网用户支撑了在线视频、音乐、文学、游戏、动漫、直播等新业态的爆发式增长。然而，中国的文化娱乐产业产值占 GDP 的比重只有 5%，与美国文化娱乐产业产值占 GDP 比重 30%、产值规模高达 6 万亿美元相比，只有美国的 1/10。

一方面，文化娱乐产业潜在发展空间巨大，新需求层出不穷；另一方面，除了总体规模小、国际市场影响力相形见绌之外，很多传统文化娱乐在国内的吸引力也在逐渐下降。中国文化娱乐产业应如何突破固有思维模式和思维禁锢，才能跳出原来那片大海，取得创新的突破和转型的成功，引爆指数化的增长潜力呢？

## 第一节
## 让有效研发创意创造新需求

像其他领域的软价值创造一样，文化娱乐软价值的创造同样具有高度的不确定性，它不像播种浇水就能长出庄稼、利用物质材料开动机器就能生产出产品那样确定。除了所投入的创造性的思维活动和情感有高度的不确定性之外，只有当接受者的思维被调动、情感被唤起、创造出新需求时，文化娱乐的价值创造才算成功。那么，如何把握不确定的文化娱乐产品创造规律，减少无效创意，增加有效创意呢?

### 市场化、项目化选择创意，集成化推进研发

在文化娱乐产业中，电影、电视剧、综艺节目等基本上都是以项目制形式进行投资开发的，这种方式最大的好处之一就是让创意人才的创意观点充分涌现出来：谁都可以提出项目，谁都可以主导项目，

只要你的创意有市场，能创造新需求。无论是一种新的综艺模式，还是一个新的影片梗概，或者是一种新的商务合作模式，都可以提出来说服公司为你的创意立项并提供资源。

例如在《吐槽大会》的开发者笑果文化公司内部，好的创意是通过"读稿会"的形式筛选和涌现出来的，"在这个会上，我们会把所有人的稿子拿出来演给大家看。好笑就是好笑，不好笑就是不好笑。非常残酷而且很直接，没有人在乎你是谁"。[1]这样的项目化、市场化选择，自然会提高研发创意的有效性。

在文化娱乐产业中，项目开发也绝不仅仅是创作团队的任务，还要结合集成化开发的思想，从立项开始，让负责流量、体验和商务变现的部门参与进来。例如，迪士尼的衍生品开发部门会在电影的创意和拍摄阶段就开始工作，等到电影上映时，相关的玩具、图书、日用品等衍生品就会随之开始销售。在很多热门综艺节目的策划阶段，商务部门就参与进来与主创部门合作，将"话题梗"与要做植入的产品内容结合在一起，潜移默化地实现品牌的精准营销。这是与IPD的思想不谋而合的。

## 搭建平台聚集天才创作者

文化娱乐产业的产品创作者必须拥有这个行业所需要的独特禀赋，体育、音乐、绘画、表演等无一不与个人天赋有关。而对于这一产业而言，相关团队的引领者尤其重要，例如影视行业中的制片人、导演、编剧和著名演员，体育行业的著名教练、明星球员、运动员，电子游戏行业中的游戏策划人、制作人等。

具有特殊禀赋的主创人员不仅要在某一领域有创作天赋，还必须有创造经典作品的强烈内在诉求：或是自己的内心冲动，或是自己的跌宕际遇，或是偶然闪过的灵感，依托一定形式自主性地呈现出来。只有这样的人才能驱动自己和团队投入巨大的热情和精力完成创作，即使遇到重重困难仍能够坚持下去，最终打动受众。

成功的娱乐平台型公司在吸引天才创作者方面都有各自的办法。各大在线音乐平台的"独立音乐人"计划吸引了大量原创者，比如腾讯音乐人推出的"原力计划"、网易云音乐的"石头计划"、虾米音乐的"寻光计划"等。

网络文学平台阅文集团为了吸引作家，建立了系统的作家签约、保障、激励机制：对处于成长期的作家，通过买断计划保障其基本的创作环境，同时平台为其提供大量的学习资源和专业化的建议；对于头部作家，选择长约或标准分成模式，公司为其宣传、包装，并通过多渠道将优秀 IP 改编成电影、电视剧、游戏等，使其获取更多的分成收益并扩大影响力。

在线直播平台虎牙通过与公会、经纪公司联手培养主播，不仅保障了主播数量，也保障了内容质量。虎牙还设立了专业的经纪部门，为自主签约的主播制订个性化的培养方案，进行全方位的包装与推广。2019 年小葫芦数据显示，按照主播人气指数排名，排在前 50 位的主播中就有 48% 来自虎牙。

爱奇艺为了吸引创作者、补充平台内容，先后推出"分甘同味计划"，与优秀内容提供商进行广告分成，之后又将传统贴片广告分成扩大至信息流广告与会员分账等模式；还通过各种活动提高分成比例，扶持优秀原创内容团队。

为了鼓励投稿人（UP主）持续创造优质内容，B站也推出了很多相应的机制：通过"充电计划"，粉丝可以为开通充电计划的投稿人充电，B站会按照比例给投稿人分成；通过"创作激励计划"对持续投稿人提供创作激励金支持；设立创作学院，帮助刚开始创作的投稿人学习如何积累素材、创作视频；针对已入门但粉丝数尚未过万的新投稿人，推出新星计划；对于头部投稿人，通过付费签约等形式进行深度绑定。

## 挖掘文化软资源，培养精品IP资源

世界上的许多国家、民族甚至部落、村镇，都流传着史诗、故事、歌谣、舞蹈，经过数千年的洗涤积累，形成了人类丰富的文化软资源宝藏。文化娱乐业的一个重要创作规律就是充分利用和借鉴这些文化软资源，它的成功概率远高于"无中生有"的全新构想。为了提高文化娱乐产品创意的有效性，在利用和借鉴文化软资源的过程中，我们可以借鉴创新原理和增厚原理。

所谓"创新原理"，是指在利用文化资源开发新作品时，并不一定要严格按照原著、原文，而是可以取其一点尽情发挥，只要创新能够打动观众的心灵，它就是成功的。

"敢让帝王卖萌"，正是有了这个颠覆传统的念头，才有了故宫文创的成功。在故宫文创的上万件产品中，像"奉旨旅行"行李牌、"朕就是这样汉子"折扇等各条路线上的大小产品，都是将其馆藏的180

万件（套）宝贵文物的历史信息，融合进现代包装及流行时尚元素，一个"年轻的故宫"便诞生了。

原来厚重、尘封、威严的紫禁城及其宝藏，经过故宫文创者"魔法棒"的点触，已经成为一个超萌的现象级 IP，年收益在 2017 年就超过了 15 亿元。

比如，《公主与青蛙》这部动画片采用的是格林童话中青蛙王子的故事。但迪士尼做了全新的发挥和演绎，将故事的背景设定在美国爵士乐的故乡新奥尔良，影片主角改为黑人女孩迪娅娜，其中还增加了一只喜欢演奏爵士乐的鳄鱼，以及路易斯安那州的沼泽地带、巫女妈妈等。原著格林童话中的《青蛙王子》故事是公主吻了青蛙，青蛙变成了王子。而在迪士尼的这次改编版本中，剧情来了个 180 度的大转弯，黑人"公主"吻了青蛙，但是这只青蛙并没有变成王子，而是公主变成了一只青蛙，于是公主和他的"青蛙王子"踏上了一段冒险之旅。[2] 又如，迪士尼的《长发公主》虽然是根据格林童话《莴苣姑娘》改编的，但故事内容几乎是迪士尼全新原创的。

所谓"增厚原理"，是指在利用文化资源开发新的作品时，必须具备比原作更加丰富的情节、细节等，把当下创作者的感受、激情和创造力注入进去。观众不会等着你只把老故事再讲一遍，因此必须有新的元素、新的情节、新的场景、新的音乐来给作品增厚，从而创造出新的需求。例如在《仙履奇缘》中，导演和编剧并没有大幅改变故事的情节，可怜的灰姑娘、刻薄的后妈和姐妹、南瓜马车、仙女和水晶鞋都是原来故事中已经存在的。但编剧不仅给灰姑娘增加了老鼠、鸟儿、小狗等动物朋友，而且增添了很多丰富的细节，例如在舞会上，王子接见那些未婚少女时打哈欠的小细节，就很容易在观众的心目中产生共鸣。

利用文化软资源提升有效创意，不仅限于影视行业，还在各个娱乐行业都被广泛使用。例如，网易公司在开发电子游戏时，充分开发国内古典文学软资源《西游记》，以及当代影视作品《大话西游》等作品中的故事，游戏活跃时间超过 10 年；而"阴阳师"系列游戏的成功，则是因为充分开发利用了日本的相关文化软资源。

丰富的精品 IP 是娱乐业公司的重要软资源。文化娱乐产业的 IP 指的可以是一个故事、一个角色，也可以是其他用户喜爱的事物。迪士尼公司拥有丰富的 IP 资源，除了其自主开发围绕爱与家庭的主题、深受妇女儿童喜爱的大量 IP，还通过收购卢卡斯影业、漫威影业等方式，拥有了星球大战、漫威宇宙等大量男性喜爱的 IP。精品 IP 资源也是国内娱乐公司的核心竞争力，如盛大网络的传奇、网易公司的梦幻西游、奥飞娱乐的喜羊羊与灰太狼。

## 从注重创作氛围与激情，到引发情感共鸣

娱乐作品的创作是一件需要投入情感、激发想象力、打开创造力的工作，不仅需要创作者个人的努力，也需要开放、活跃、互相激发想象力的创作氛围。就像 NBA 的"造星"氛围会让体育明星扎堆出现一样，很多经典娱乐产品的创作也会扎堆出现。20 世纪 90 年代的香港流行歌曲和影视剧都集中在几个音乐和影视剧公司。前几年，德云社、开心麻花也都集中推出一批优秀作品。优秀文化与娱乐作品的

产生，离不开创作者的激情和表现欲，因为人们"消费"的实际上不仅是娱乐作品本身，还有自己的情感，只是这些情感是由作品激发出来的。因此，真正能够打动受众的娱乐产品，大部分都包含创作者本身的真实情感。斯皮尔伯格小时候就是一个怕水的孩子，总是想象水底下有邪气，有令人害怕的东西。《大白鲨》实际上就拍出了他儿时想象的水中未知的恐惧，结果吓到了全世界的观众。同样，斯皮尔伯格导演的《外星人 E.T.》虽然是一部关于外星人的影片，但也拍出了一个离异家庭的小男孩对于陪伴和友情的渴望，而这就是导演儿时的真实情感。

当然，创作者也不能只顾自我的表达，不顾接受者思维和情感的变化，或者用自己的主观想象代替实际的接受者体验。美国著名编剧罗伯特·麦基在其著作《故事》中曾指出，天才作家写不出好作品大抵有两个原因：要么是被一个他们觉得非证明不可的观念蒙蔽了双眼，要么是被一种他们必须表达的情感驱动。而天才作家写出好作品一般是因为：他们被一种要打动观众的欲望驱动。

因此，正确的做法应当是从自己的思维和激情出发，在创作的过程中也充分考虑到接受者的感受，而对接受者感受的判断以往主要来自主观经验、共情推断。不同的性别、年龄、社会角色、经历的人群，对同一个作品会产生不同的主观感受。当接受者在娱乐产品中看到自己所熟悉、喜爱和感动的元素时，他们的大脑中被引发了一致的神经元同步放电过程。如果能够精准地确定这部作品、这个景点、这款游戏针对的是什么样的受众群体，甚至这个受众群具体是在什么样的场景中阅读、欣赏或者感受这部作品，那么作品成功的概率当然会提高。

　　有从比较传统的角度按照性别、年龄等进行作品划分的，也有一些创作者是根据受众的职业进行作品划分的，例如《欢乐颂》这样的影视剧是针对都市白领群体创作的，而《乡村爱情》的受众群体则瞄准了农村和中小城镇观众。

　　又如，创作者还可将受众群体划分为头部、腰部和长尾。那些主要欣赏主流作品，也就是被称为"头部"作品的受众群体，被划分为头部受众；而口味相对独特、喜欢一些小众题材和作品的受众，可以根据题材和作品的小众程度，依次被划分为腰部受众以及长尾受众。以往的娱乐创作者往往都倾向于针对头部受众，创作出爆品影视剧、爆品游戏，但是随着创作者把握小众口味和需求的技术不断提高，针对腰部和长尾受众群体开发作品也成为一条提升有效创意的可行之路。

　　再如，创作者还可按照兴趣、爱好、口味进行作品划分。电影产业就是根据观众的兴趣、爱好、品位，将电影划分为动画片、幻想片、警匪片、科幻片、西部片、体育电影、悬疑片、喜剧片、战争片等不同类型。

　　对受众进行分类和精准"画像"，对提升创作者与受众的情感共振的概率，进而提升有效创意的概率有重要意义。如果能够很好地兼顾不同人群的情感和需要，就可以打造出"四象限"或者"合家欢"作品。比如，在迪士尼的经典动画影片《狮子王》中，生动有趣的卡通动物造型俘虏了小孩子的心；狮子王被篡位的情节安排很符合25岁及以上的男性喜好；强势地突出坏蛋角色"刀疤"，能引发25岁及以上女性的情绪波动；而25岁以下女性观众则投入情感，与小辛巴一起成长。不仅如此，《狮子王》中的家庭元素能投射到现实生活中，赋予人类普遍情感，自然能够成为赢得高票房的成功之作。

最后，要引起受众的共鸣，娱乐产品还必须在表现力上千锤百炼。迪士尼的那些风靡全球的动画人物离不开充满幻想的工程师，在创作《疯狂动物城》时，创作团队用了 18 个月的时间进行调研，不仅拜访动物专家，而且到非洲肯尼亚进行为期两周的动物个性与行为的发掘。艺术大师的音乐表演作品也一样。20 世纪 90 年代初，瑞典心理学家安德斯·艾利克森在柏林音乐学院做过调查，发现一个成功的小提琴手至少需要 1 万个小时的训练。美国学者格拉德韦尔对古典音乐家、冰球运动员的统计调查结果进行了分析，发现在这些领域取得成功的人也需要练习 1 万个小时。也就是说，假定这 1 万个小时的训练在 10 年内完成，则需要每周练习 20 个小时，平均每天近 3 小时。[3]

## 提高投入有效性的过程控制和技术支持

对娱乐产品创作的过程控制，不应完全拘泥于传统的成本预算和时间等，比如，电影《大白鲨》的制作，比预算超支了三倍，比预定制作时间延长了四倍，但是最终实现了巨大的商业回报。当然也有很多预算超支的作品，最终造成投资方的巨大亏损。那么正确的做法到底是什么呢？根据软价值的原理，娱乐产品创作的过程控制重点应当聚焦在投入的有效性上，更具体地说就是作品能够引发受众的情感共鸣。例如，联艺公司的制片负责人史蒂文·巴赫指出，《天国之门》这部影片的失败，不是因为它涨至 4 400 万美元的预算丝毫没有考虑利润的回报，而是因为它在娱乐上的失败——它没有"调动观众在最基本的、自然人性层次上的同情和怜悯"。[4]

皮克斯动画的"智囊团制度"值得参考。首先由几位资深导演、编剧和公司高层组成"智囊团"过程控制小组；然后，在作品制作过程中，每隔几个月智囊团要碰一次头，对正在制作的电影给出评价。评价的主要方面一般不是预算和时间，而是对制作过程中展现的情节、角色、情感等给出专业意见。依靠这些专业意见，"有缺陷的剧本找到了突破口，空洞的角色被赋予新的灵魂，'不堪入目'的样片被提升到'可以一看'的水准"，最终丑小鸭才变成了白天鹅。[5]

娱乐业产品创作的技术支持也应该紧紧围绕"投入有效性"这个核心。比如电脑特技的应用对于引发受众的情感共鸣具有重要价值，然而如果过分重视技术带来的绚丽效果而忽略了情感需求，那就会造成无效投入。著名导演李安不仅是情感片的大师，而且对新技术的采用也非常积极。例如 2016 年上映的影片《比利·林恩的中场战事》，率先在全球采用了每秒 120 格、4K 解析度、3D 立体效果的拍摄技术，当时甚至大部分影院没办法上映，不得已更换了播放设备；2019 年上映的影片《双子杀手》则采用了"数字人物 + 高帧 +3D"的技术组合，也是前人没有尝试过的。这两部影片的确都实现了非常好的视觉效果，然而票房却都以失败告终，原因就在于没有在观众中引起思想和情感的共鸣：前者的观众普遍反映剧情沉闷，片名也让大家不知所云；而后者作为一部科幻片，在剧情上缺少创新，在李安一直擅长的人性刻画上又缺乏深度，导致那些对此有很高期待的观众非常失望。

中国的影视剧行业也出现了过于看重技术带来的让人惊叹的视觉

效果，而忽视演技对情感调动的重要性的情况。实际上，打动人的永远是真实的情感和思想波动，没有真情实感的投入和表演，观众很难被单纯的技术效果感动。

## 洛伦兹变换：跨文化的娱乐价值创造

娱乐业软价值的创造与参照系高度相关，在不同的环境中，娱乐产品受众的反应往往也差别很大。在东北很受欢迎的二人转，到了南方，观众未必喜欢；东北人如果遇见苏州评弹，也会听得一头雾水；同样的文化娱乐产品，在美国和中国的相对价值可能有巨大的差异。因此，对所有软价值产品的创造，都必须先确定时间、空间等参照系。

那么，在全球化的时代，如何创造跨文化的娱乐产品呢？类似于复仇者联盟、哈利·波特等的系列形象为什么能够成为全球青少年的心头好呢？除了这些娱乐产品本身的吸引力，强势文化参照系的作用也不容忽视。美国的好莱坞电影、格莱美音乐、NBA 体育节目在全球的流行无不得益于美国文化的强大。而中国文化在一些东南亚国家处于相对强势地位，因而中国的电视剧、电影在东南亚国家有一定的市场。

因此，跨文化的娱乐价值创造，一定要注意文化参照系之间的强弱关系，以及不同文化的融合程度。一般而言，只有从强势文化参照系开始，才能创造跨文化的娱乐软价值，但是要做好转换工作。除了翻译、字幕、配音、背景介绍等形式，要消除不同文化之间的理解障碍，某些娱乐产品还需要针对其他文化的特点进行必要的内容适应性改造。

强势参照系往往对弱势参照系的文化娱乐产品缺乏兴趣，在这种情况下，向强势参照系输出产品时，更应当突出自身的特点和特色。例如，日本导演黑泽明始终坚持用日本和东方的文化视角来阐释人物的内心世界，甚至把一些西方文学素材也进行日本化的改编，结果反而在西方世界形成了独特的魅力。反之，某些弱势参照系的文化娱乐产品选择丑化自己的民族来迎合、进入强势参照系的市场，虽然能够一时取悦强势参照系的观众，但长期来看必然降低本国文化娱乐产品的软价值。

## 达摩克利斯之剑：文化娱乐产品创作的风险

文化娱乐产品的创作失败概率实在是太大了，无论是电影还是体育、综艺类节目，真正取得成功的永远只是少数。因此对文化娱乐产品创作而言，更合适的态度可能是"将失败视为探索新领域时无法规避的一种结果"，从而更好地接受它。[6]

著名动画电影导演、编剧、制作人安德鲁·斯坦顿是《玩具总动员》等很多成功影片的编剧，但他也经常面临创作失败和挫折，对此，他的态度是"失败要趁早，失败要尽快"，"人应当尽可能地压缩犯错的时间"。也就是说，创作者要尽快尝试，尽快发现不可行，不能"一条道路走到黑"，造成更大的损失。

为了控制可能产生的过高成本，米高梅电影公司曾经果断取消了斯坦利·库布里克计划拍摄的电影《拿破仑》。正式开拍之前，库布里克不仅花费数年的时间研究了拿破仑的资料，阅读了所有能找到的关于拿破仑的书和文献（据说数量超过 500 本），而且让助理们前往世界各地取景，要求任何拿破仑去过的地方都要去。单单在准备阶段，库布里克团队就拍摄了 15 000 张取景照片，搜集了 17 000 张拿破仑的肖像画，创建了一座由 25 000 张与拿破仑方方面面相关的信息卡片组成的资料库，同时在场景、服装、演员等方面都做了大量准备。库布里克过于看重条件的准备和计划的周详，导致计划迟迟不能付诸实施，造成未来有可能因缺乏灵活性而失败的概率提高，并可能产生巨大的制作成本，所以米高梅电影公司果断取消了这个项目，将损失控制在这些前期的案头工作和一些取景、服装方面。

在制造业中，迅速复制成功产品的经验，在文化娱乐产品的生产中却是典型的致败之道。文化娱乐产品不仅不能模仿别人的作品，甚至很多产品的风险来自一部作品成功了便马上安排续集。事实表明，大量续作其实都是"狗尾续貂"。

文化娱乐业软价值的创造，关键在于创作者与受众的思想和情感实现共鸣。如果受众在欣赏作品时，感受到的是陈旧的情节、老套的桥段、熟悉的风格，那么这种共鸣就很难产生。因此，即使是在成功制作的基础上开发后续产品，也需要提出新的创意。《哈利·波特》的每一部书都在伴随着主人公和读者共同成长，每一部《玩具总动员》中的胡迪和巴斯光年的命运都和新的生命体验互相暗合，这才是它们成为成功作品的关键所在。

最后，文化娱乐产品的制作风险有时候来自国家关系、政治事件等的影响。例如，在著名的"萨德入韩"事件中，很多原本喜爱韩剧、韩国游戏的中国年轻观众开始放弃韩国娱乐产品。仅从商业的角度来看，这种跨文化的风险也是必须注意防范的。

# 第二节
## 引入流量思维，创造新需求

所有的销售都是流量转换，只有扩大认知群体才能创造流量价值。那么，文化娱乐产业如何让流量的"鸡"孵化价值的"蛋"，进而创造出新需求呢？

### 滚雪球：价值在参与群体的扩大过程中越滚越大

为什么每年都有很多电影拍摄完成后没有得到院线的上映机会，或放映一两次就匆匆撤下？因为没有创造出足够大的认知群体。毕竟电影这类文化娱乐产品不是必选消费品，对任何人而言都是可看可不看的。因此，一部电影拍摄完成后，它的价值创造才刚刚开始。

一般而言，电影公司会在电影制作完成之前就释放各种关于电影的情节片段、拍摄幕后的故事，并引发相关讨论，有的制片方还有意无意地放出一些主角的故事，甚至是主角与其他演员的花边新闻；在电影正式上映前，电影公司会想方设法地把意见领袖和影迷粉丝"请"进电影院，并让他们"自觉"地在不同的媒体和社交场合谈及观影感受；然后在放映过程中不断推动影评、自媒体评论，以良好的口碑带动观众源源不断地涌入影院观赏。

一位歌手在新专辑发行之前，也会参加一些综艺节目，介绍自己的歌曲和创作初衷，并举行盛大的新歌发布会，发动音乐平台的专家、意见领袖和粉丝前来参与。

总之，任何热门电影、热门歌曲、热门赛事或综艺节目的价值创造过程都离不开认知群体的参与。先邀请粉丝和意见领袖来欣赏，再由他们的观感、评价、分析带动其他观众，本身就是一个形成特定参与群体并努力扩大这个群体的过程。我们可以把这个过程视同"营销"，但普通制造业产品的营销并不增加产品的价值，而电影、赛事、游戏、综艺节目等文化娱乐产品扩大认知群体的过程，却在不断地增加电影、赛事、游戏、综艺节目的软价值。人们的愉悦感不仅来自电影、赛事、游戏、综艺节目本身，还来自与谁一起观赏、与多少人一起呐喊、打游戏的群体大小、综艺节目的互动性等。文化娱乐产品的软价值就像滚雪球一样，在参与和认知群体的扩大过程中越滚越大！

正因如此，类似于电影、赛事这样的文化娱乐产品，必须在传播费用上做足预算。十几年前一部普通的电影要取得成功，至少有30%的成本预算是电影制作完成后的传播费用，而一部大制作的影片，在传播上的费用投入甚至可以与制作费用大体相当，因为传播不仅是营销，而且是文化娱乐产业价值创造的一部分。

## 从媒体广告到互联网：从哪里找到文化娱乐产业流量

以往，在一部电影上映前，制片方会在电影院张贴大幅海报，也会在大众杂志上刊登广告，这都是为了让影迷得到上映的信息，本质是在创造这部影片的流量。过去的方法基本上还是从"人多"处着眼，哪里客流密集，哪里注意力就集中。而现在文化娱乐的认知群体已经出现了明显的变化，一是认知群体更多地转到了线上流量，二是认知群体的细分化趋势显著。

极光大数据的报告显示，截至 2019 年上半年，移动网民人均 App 每日使用时长达到 4.7 小时。大众娱乐习惯逐渐从传统的看书、看报纸、看电视、听广播等转移到在线 App 看视频、听音乐、读新闻、看直播等。因此，文化娱乐产业要想获取用户的时间，就要紧跟互联网流量的变化。

认知群体的细分趋势也影响着文化娱乐产品的价值创造。每一个细分的认知群体都可能形成一个"圈子"，圈内人对某个事物、话题或者明星等有高度共同的认知。以前将电影观众分为男性、女性、25 岁及以上和 25 岁以下四个象限过于粗略，而应用微信公众号、微博话题、消费评价平台、电商平台等的技术手段，更精准地定位不同的细分认知群体，对于文化娱乐产业的有效流量价值创造也是至关重要的。

## 从传统"宣发"到流量引爆

宣发是影视行业的术语，"宣"的主要工作对象是观众，通过新闻、海报、预告片、专访等形式，让更多的人"知道"这部作品；"发"主要是对院线和影院展开，把作品"铺"到更多的渠道中去。这样的销售手段是不是似曾相识？这与传统制造业产品的"广告宣传＋渠道管理"有什么区别？随着移动互联网络的发展，如何引爆流量已经成为文化娱乐产品经营流量的新目标。

引爆流量关键是要找到产品的流量引爆人、引爆群体和引爆话题。一部分观众由于其身份、职业、社会地位、经济能力等方面的原因，如果能较早地接触到产品，则可能成为传播的主导者。因此，除了电影可以邀请媒体、影评人等举行点映，电子游戏邀请电竞高手、电竞主播在正式发行之前进行试玩和评价，产品方还要首先在具有高势能的群体中创造认知和认同，比如很多电影往往先在纽约或者洛杉矶的高档社区上映，然后再逐步推广到其他地方。这是因为这些地方的观众行为对其他地区有较大的传播势能，可以将传播范围拉到一个新的高度。

引爆话题的策划常常具有高度不确定性，因而通常要设计一批话题，在作品发行前、发行中和发行后的不同阶段爆出。一旦某个话题成为公共话题，就会进入更大的公共视野，相应的作品便会成为全民产品、现象级产品。

## 平台提升娱乐产品流量价值

在娱乐产品的软价值创造过程中，平台的作用是非常重要的。在互联网出现之前，可以帮助文化娱乐产品提升流量的平台，既包括画廊、拍卖行这样的艺术品经营机构，也包括各种各样的展览、讲座等交流活动，还包括各种电影节、音乐节和评奖活动。通过这些平台的评价、介绍、推荐，文化娱乐产品的内涵得到挖掘，参与群体开始建立，流量逐渐提升，价值开始发酵。

传统相声、小品主要在小剧场演出，往往需要长年累月的坚持才能积累足够大的认知和参与群体，比如德云社的郭德纲就是这样起步并最终取得成功的。而中央电视台春节联欢晚会这样的平台，却可以一夜之间成就数位明星，并让很多娱乐作品的价值迅速扩大。自中央电视台推出春晚节目以来，许多脍炙人口的相声、小品和歌曲借此风行，甚至一首歌曲刚刚在春晚播出，第二天就火遍了大江南北。

随着移动互联时代人们获取信息的渠道发生变化，帮助文化娱乐产品提升流量的平台也发生了变化，现在主要可以归纳为以下几类。一是作品播放平台，例如视频作品通过优兔、奈飞、爱奇艺、腾讯视频等平台播放，音乐作品通过声田、网易云音乐、QQ音乐等平台播放；文学作品通过起点、晋江、榕树下等文学平台连载等。二是作品评价平台，作品播放平台上的播放数量、观众（听众、读者）的点赞和评论数量，自然也是评价作品的重要依据。另外，人们在选择文化娱乐产品时还是需要一些"有分量"的观点，例如专业影评人或者资深观众（读者）的评价，因此一些专业的作品评价平台热度不减，例如美国的烂番茄、中国的豆瓣等。

文化娱乐产品传播的平台也呈现多元化甚至碎片化的特征。传统相声和舞台剧曾经主要在小剧场里传播，并且为了保护作品不被盗用，现场观众不可以拍照，不可以将其传到网上，现在它们也开始用移动互联平台的传播来提升价值。比如，德云社通过优酷、抖音、微博等平台传播其相声片段，逐渐走出北京，走出国门，扬名天下。

在自媒体高度发达的今天，文化娱乐产品的创造者不再依赖第三方的平台，而是通过推特、优兔、微信、微博等自媒体渠道进行推介。自媒体互动能力强的演员、作家和艺术家在软价值创造方面可以取得超过一个团队的成绩。例如美国著名流行音乐艺人 Lady Gaga 就非常懂得利用脸书、推特和优兔为自己营造口碑，加强和粉丝（被她昵称为"小怪兽"）的密切互动。她似乎在这方面有着超乎寻常的天赋，一度成为脸书上最受欢迎的在世人物，同时也是拥有最大推特粉丝群体的个人之一。

## 明星和赛事的力量：文化娱乐产业的流量导入

文化娱乐产品如何将其他人物、产品、国家等的流量通过代言、同款、跨界等方式导入自身的产品上？

以电竞直播平台的发展为例，虎牙从 2015 年开始实施"明星主播化战略"，为陈赫量身打造游戏直播节目《德玛虎牙》，随后又签约林志玲、唐嫣、林允儿和赵丽颖等明星，其直播首秀均被虎牙包揽。虎牙还邀请娄艺潇、欧阳娜娜等明星与当红游戏主播一起"开黑"，促进游戏主播"明星化"。明星战略化一方面利用明星将自带的流量导入平台；另一方面让用户和明星玩家找到共同点，提高用户黏性。

腾讯与 NBA 展开合作，实际上是起到了互相导入流量的作用。对于腾讯来说，在合作期间，NBA 的赛事、精彩扣篮等内容，通过旗下腾讯网、腾讯体育、腾讯新闻、腾讯视频、QQ、微信、微视等数字媒体和社交平台，以赛事直播、点播、短视频等形式呈现，让全网的NBA球迷都"不得不"汇聚在腾讯的平台上；而NBA选择腾讯，也是看中了腾讯旗下的上述平台流量，让那些不是NBA球迷的网民也能"耳濡目染"地接触到NBA，通过渗透的方式扩大流量。

## 流量交换：IP间的梦幻联动

与上文所说的腾讯与NBA的合作类似的是，近年来文化娱乐产业的IP之间，或者文化娱乐产业与软价值制造业的大牌之间，通过"联名款"等方式进行的互动、合作越来越多。

文化娱乐产业的IP之间进行合作，最显著的例子就是漫威将原本分散而且互不相关的钢铁侠、雷神、蚁人、绿巨人和美国队长等几位超级英雄组合起来，形成了《复仇者联盟》这样一个"漫威宇宙"，联合起来的超级英雄可以挑战更加艰巨的任务，也可以提供更多的故事发展线索和空间，最大的好处还在于将这些漫画人物的粉丝群体进行了聚合与交换，形成了更大的流量。

近年来，中国的动画片也进行了类似的尝试，例如《大圣归来》《哪吒之魔童降世》《姜子牙》原本是基于不同的中国神话故事开发的新IP，但是在制片方的协调下，"孙悟空"、"哪吒"和"姜子牙"可以互相走访，共同为新片进行宣传，这也是一种通过IP间的联动实现流量交换的做法。

还有一种操作就是文娱界的IP与制造业的联动，例如中国台湾的宏碁电脑 2018 年与漫威联名，推出复仇者联盟特别版笔记本电脑、美国队长版 –Aspire 6、钢铁人版 –Swift 3、萨诺斯版 –Nitro 5。如果说这些更多属于制造业的流量导入，那么 2019 年路易威登推出与拳头游戏联袂打造、由品牌女装艺术总监尼古拉·盖斯奇埃尔亲自设计的英雄联盟联名系列更体现出跨界联动。一方面，尼古拉·盖斯奇埃尔为英雄联盟游戏角色奇亚娜设计的独特的皮肤效果出现在游戏中；另一方面，以这种皮肤为设计元素的短袖 T 恤、蓝白双色涂鸦风衣、腰包及 Archlight 运动鞋等将在路易威登的专卖店发售。这是两大 IP 的跨界梦幻联动。

类似的案例还有 2012 年普拉达用游戏《最终幻想》中的角色为 2012 年秋冬男士新品代言，而《最终幻想》这款游戏还曾与奥迪联名，推出了限量款 R8 轿跑车，互相导流的操作极大地扩大了双方产品的流量。

## 第三节
## 引领生活方式，创造新需求

消费者对文化娱乐产品的消费，本身就是一种生活方式的选择。不过文化娱乐产品带给消费者的生活方式体验，与对衣服、食品、汽车、家电等物质产品的体验有所不同，后者的产品有严格的功能标准，消费者的预期与这些商品的基本功能应该差别不大。而对电影、音乐、小品、体育节目、综艺节目等娱乐产品而言，人们在观赏和欣赏之前的预期不确定，只有观赏到与普通文化娱乐作品有所不同的情节、画面、旋律，进而看到好的评论，甚至有参与和互动机会，满足了追求特定生活方式的潜在预期，受众才会觉得好。因此，文化娱乐产品的体验价值对创造新需求尤其重要。

## 文化娱乐体验的软价值与新需求创造

前文谈到凡·高的画作在其去世多年后价值发生巨大提升，主要原因是社会风尚造成的群体性认知或体验的变化——欣赏凡·高的画，成为一种时尚生活方式的体现；懂不懂凡·高的画，理解不理解凡·高画的价值，成为一种衡量艺术修养高低、体现艺术人生品位的标准。当然，其画作价值与后人的诠释也不无关系。同样一幅画的体验价值，不但随着对画作本身的各种诠释而不断提高，而且随着各种关于凡·高的传记、电影、音乐作品的出现而带给观赏者更丰富的意境。

当然，凡·高的画作、贝多芬的音乐、托尔斯泰和曹雪芹的文学作品等包含的创造性思维活动密度极高，因此其诠释空间也大，因诠释而提升体验价值的空间更大。

体验创造价值的变化过程也并不是单向增长的，同样一个文化娱乐产品的价值也可能因为给人的体验感变差而降低。比如，很多流行音乐创作出来之后因为新奇、特定的时代、场景等，带给消费者的体验价值很大，但是在体验价值达到一个相对高点之后，或因为时空的变换，认知群体出现了厌倦现象，其体验价值就开始逐渐下降。很多老的流行歌曲，多年以后还会有人因为怀旧而欣赏它们，但是就整体而言，它们的体验价值已经很小了。

文化娱乐产品的体验价值有时会因为某些情形突然崩塌或跃升。比如一首很优美的歌曲，因为主唱歌手卷入某种严重违反社会道德的事件，结果人们再听它感觉就变了味；或者某些很受欢迎的海外影视剧，因为两个国家的关系突然由友好转为敌对，导致对立国家文化娱乐产品的体验价值下降甚至崩塌。还有些文化娱乐产品因为名人的使用、点评或获得某个奖项而突然带给人们不一样的感受，比如莫言作为一名作家，其作品的体验价值多年前已经达到一个比较稳定的水平，当他获得诺贝尔文学奖后，人们再阅读他的作品也会有不一样的体验。

## 体验增值：从口碑到权威背书

人们对文化娱乐产品的体验价值，常常受到各种信息暗示的影响：如果其他人都说好，那么消费的体验就比较好。也就是说，口碑是影响文化娱乐产品软价值的重要因素。

新的娱乐文化产品发布后，出品方往往会邀请影评家、乐评家们先看、先听，然后让他们在媒体上发表自己的评价。他们的作用不能简单地视为广告，因为这些解读、评论和被评论的作品本身一样，都是读者和观众的消费对象，也一样有价值。

法国心理学家古斯塔夫·勒庞在《乌合之众》中指出，"他们（领袖）强烈的信仰使他们的话具有极大的说服力。芸芸众生总是愿意听从意志坚强的人，而他也知道如何迫使他们接受自己的看法。聚集成群的人会完全丧失自己的意志，本能地转向一个具备他们所没有的品质的人"。因此，娱乐产品的体验价值很多时候都受到权威人物或权威组织的影响，例如在电影界，奥斯卡奖就是一个能量场非常强的主导者，绝大多数导演心中都有一个奥斯卡梦。获得奥斯卡奖不仅能提升作品本身的观赏体验，也可以提高该导演今后的所有作品的体验价值。在好莱坞，如果一些曲高和寡的作品难以确定是否会被大众接受，一般会在纽约和洛杉矶的高档社区的影院先进行放映，因为这些地区的观众往往具备较高的文化艺术水平。如果这些观众接受了，那么他们的观点也会影响其他观众。

## 构建虚拟世界，体验另类人生

从远古时期人们在狩猎之余围着火堆听部落里的老人讲述祖先的传说开始，人们就对一种虚拟世界充满了向往。在这个世界里，人们可以经历不同的人生，到极远处游历，拥有最忠诚的朋友，经历最美好的爱情，化身力大无穷的英雄，发现世界的秘密，拯救自己的部落乃至全人类……

人们的这种愿望一直存在于心底深处，也成了文化娱乐产品能够提供的一种最重要的体验——构建虚拟世界，体验另类人生。如武侠小说、悬疑侦探剧、科幻片等，都致力于为人们提供"构建虚拟世界，体验另类人生"的体验。例如，由钢铁侠、美国队长、雷神、蚁人等组成的"漫威电影宇宙"在 2019 年全球总票房就达到 200 亿美元。以"绝地逃杀"等为代表的"吃鸡"类游戏给全球数亿玩家带来了经历特种兵生涯、在高强度对抗中亲手消灭敌人的独特体验。

随着技术的发展，电子游戏对人们感官提供的信号拟真度越来越高。如果让现在的人再去看 1933 年上映的《金刚》，里面的大猩猩特效无疑显得非常简陋，但在当时的人看来，这已经是一种突破性的奇观；到了 2011 年上映的《猩球崛起》，电脑特效已经可以让上百只猩猩倾巢而出占领城市了。运用时下主流甚至超前的技术手段，为人们带来高拟真度的感官效果，是实现"体验另类人生"的重要手段。

但需要指出的是，体验另类人生并不是仅仅靠科技手段的使用，能够反映深刻的社会现实和人性冲突的作品一样能够给人们带来"另类人生"的体验。为什么清朝人写的《红楼梦》人们至今爱看？一个重要的原因就是，曹雪芹的文字有非常高的拟真度，他笔下的大观园里贾宝玉和姑娘们的生活，给读者带来了"另类人生"的体验。在金庸的《鹿鼎记》中，韦小宝一会儿是天地会的香主，一会儿是朝廷的大官，一会儿是陈近南的徒弟，一会儿是康熙皇帝的玩伴……当读者随着他游历江湖、经历奇遇时，也是在享受一种"另类人生"的体验。

## 镜像关系：被看到和被理解的体验

人们都说"一千个观众眼中有一千个哈姆雷特"，其原因就是人们在欣赏那些反映悲欢离合、人性冲突的作品时，总会将自己带入进去，用自身的人生经历、情感体验来感受主人公所处的环境和面临的冲突。文艺作品和主人公就像镜子一样，观众看到的实际上是他自己，当主人公的困境、决定被表现出来时，观众觉得自己也得到了其他人的共情和理解。这种感受就是大量情感小说、文艺片、伦理片存在的原因，同时也是很多经典戏剧作品常演不衰的原因。

第一，大众化作品要获得成功，通常是要找到共情的最大公约数，比如人间的爱、情、关怀、正义、勇敢、胜利等元素。《泰坦尼克号》以穷小子杰克和富家女孩露丝的爱情故事为主线，这种身份存在差异的异性之间的爱情，让每个观众都感受到了自己在面临真爱时是否有勇气追求或接受对方，在面临生死抉择时是否能为所爱放弃自己。《简·爱》中的平民女子家庭教师和贵族主人之间的爱情，使大多数普通人都感到了在身份、财富的障碍面前的无助。《呼啸山庄》中弃儿与庄园主女儿的爱情，《魂断蓝桥》中贵族上尉军官与平民舞蹈演员之间的爱情，都让读者和观众回想起自己生命中的困难、坚持，用主人公多舛的命运引发他们强烈的关注和情感的动荡。

当然，也有些作品另辟蹊径，或是制造魔幻、新奇的未来世界，或者探寻自然的未知之谜，或是还原历史事件和人物，等等，同样满足了人们的好奇心理和探索欲望。

第二，要根据时代、地域等做适当的"参数"调整。要考虑到观众生活在当下，如果不根据时代、地域等特征做适当的"参数"调整，可能效果比较差。例如，一见钟情的爱情也是一个历时久远的文学主题：从希腊神话中的帕里斯王子拐走了美丽的海伦开始，到莎士比亚笔下蒙太古家族的罗密欧与凯普莱特家族的朱丽叶的生死爱情，都是建立在一见钟情的基础上，这种模式的永恒价值无疑是存在的。但是到了美国作家玛格丽特·米切尔创作《飘》的时候，经历了工业革命和独立战争的美国人已经对女性的地位、男女之间的关系有了全新的认识，斯嘉丽相对于瑞德显示出了更多的独立性和更强的生命力，这就是一种有效的参数调整。

第三，通过评价、传播增强"镜像关系"的体验。有人说，已经完成的电影在没有被读者评论之前只是一个文本，只有接受了批评、评论才会成为一部完整的作品。这与软价值中消费者参与价值创造的规律是一致的。

例如，面世 20 多年、销量达到数亿本并被翻译成 73 种语言的《哈利·波特》，不仅给读者带来了另类人生的体验，更重要的是小读者们从哈利·波特的成长过程中看到了自己，看到了从软弱到坚强的蜕变，看到了友情的珍贵、人性的复杂。哈佛大学的一位神学教授曾说，世界各个角落的"哈迷"就好像是教徒，而《哈利·波特》这本书就是他们的圣典。[7] 豆瓣上的"哈利·波特迷俱乐部"成员有 6 万多人，百度贴吧的"哈利·波特吧"关注量在 75 万以上。粉丝们装作自己是霍格沃茨学院的学生，在社区中互相探讨魔法的历史、草药的课程，用哈利·波特的小说背景撰写自己的魔法故事，讲述自己的成长心声。

触达人性、情感、共情，是文艺作品实现生命力量的最强体现。我们说的作品成功，打动人心，指的就是借作品完美地实现这个过程。受众看到、听到的作品载体，所营造的主观世界与作者所处的客观世界之间、作品与受众之间都在相互作用、相互交流。在网络时代，这种诠释、评论、批评、传播随时都在发生，交互变得更为容易和广泛。在不断的交互和传播中，作品变得更加多面和包容，读者也会从中看到越来越清晰或者复杂的自己。

每位参加选秀类音乐节目的选手都会有很多的粉丝，粉丝们经常感觉自己与选手有莫名的契合感，可能是因为声音，可能是因为气质，也可能是因为她（他）选择的曲目是自己所喜爱的。当这些粉丝通过论坛、微信群、贴吧分享、传播自己感受的时候，也能从其他粉丝身上得到相同感觉的反馈，从而产生"共鸣"，这种"镜像关系"的体验被再次放大了。

## 减压与反抗，"爽"的需求

人们在享受文化娱乐时，很大的一种需求是暂时摆脱日常的生活和工作压力，在文艺作品、电子游戏、体育赛事中释放压力。这就是有那么多人喜欢玩一些看起来难度不大，但是非常容易让人沉浸其中的游戏的缘故，这也是很多游戏和综艺节目的开发思路。例如，全球下载量达到几十亿次的著名游戏《愤怒的小鸟》就是用弹弓将一些形象可爱的小鸟弹向对面的猪群，很容易上手。带着愤怒表情的小鸟飞向绿色的肥猪时，效果很轻松搞笑，人们玩了以后会有一种"无厘头的欢乐"。

很多综艺节目也是通过轻松到"无脑"的节目安排，让观众看到熟悉的明星日常、感性和温馨的一面，从而带来释放压力的体验。例如，无论是在韩国原版的 Running Man 中，还是在由浙江卫视引入版权以后推出的《奔跑吧，兄弟》中，原本很有距离感的大明星，例如刘在石、李光洙、邓超、杨颖，在节目中都成为与观众身边的朋友一样的普通人，大家一起完成任务，一起出糗，一起笑，甚至一起哭，让观众体验到最大的减压效果。[8]

如果说玩游戏和看节目是一种对压力的"软性释放"，那么观看甚至参与对抗性的体育运动，欣赏乃至创作和表演摇滚乐等，则是对压力的一种"反叛"。如果在一场著名俱乐部之间的足球比赛中，双方对抗性不强，踢得"疲疲沓沓"的，那么球员和观众肯定都没有很好的体验；相反，即使是民间自己组织的球赛，只要双方全情投入，竭尽全力对抗，那么最终无论是球员还是观众，都会有一种激情释放的快感，这就是一种对平庸的日常生活进行"反叛"和"对抗"的体验。

## 只有深度开发才能带来美的体验

很多人都喜欢看李子柒的视频，她所展现的山间农家生活为人们提供了一种美的享受。通过展现耕种、收获，自己做一些农家特色的食物，或加工一些手工艺品，李子柒让全世界的人看到了中国田园生活之美。

李子柒做得很成功，然而这一切都是经过精简、抽象和美化的。很多人也因为这一点批评她的节目"不真实"，但是没有经过加工的"真实的"农家生活素材，实际上有可能不那么美，也没有人真正爱看。要为受众提供真正美的体验，还需要对各种软资源进行创造性的深度开发。

就像在中国几乎没有人不知道哪吒的形象和故事，这已经是一种普遍的"预先认知"。在这个基础上，动画片导演杨宇（饺子）进行了创造性的开发，将哪吒塑造成一个略带痞气的"熊孩子"，整天念着"我是小妖怪，逍遥又自在"，而将他的师傅太乙真人塑造成一个嗜酒如命的四川胖子……一下子就激活了观众的预先认知，又打破了这个预先认知——只有深度开发，才能带来美的体验。

## 打捞过去，寻求归属感的体验

2016 年，美国传奇影业和暴雪娱乐联合将著名游戏《魔兽世界》改编成电影上映，在中国市场取得了 14.7 亿元的票房。很多中国观影者表示《魔兽世界》是自己年轻时投入时间和感情玩的第一款大型网络游戏，因此它对自己有着特殊的意义。其实他们来看《魔兽》电影，也是在"打捞"自己已经逝去的青春时代。

人们都对自己的过往有着深厚的怀恋，对自己归属或曾经归属的群体也往往保留着深深的认同感。因而能够为受众"打捞"过去，找到归属感，也是文艺作品的重要体验价值之一。

"打捞"过去的群体要足够大，认知程度要够深，归属感要足够强，才能创造巨大的体验价值。2020 年 6 月 12 日，41 岁的流行歌手周杰伦通过网络形式发布了他的新歌 Mojito。新歌发布前仅在 QQ 音乐平台就有超过 300 万人预约，正式发布时甚至一度导致平台瘫痪而无法完成单曲购买，购买者多为"80 后""90 后"。对这一代人而言，周杰伦的歌曲是他们的少年校园记忆中的背景音乐，"周杰伦"三个字意味着他们的青春符号。

## 互动提升体验价值

随着互联网信息技术的发展，通过弹幕、评论、关注、收藏、分享、打赏等方式，文化娱乐产品的受众与创作者、发布者之间的互动也越来越频繁。

互动不仅能够提升文化娱乐产品的热度，更能够提高消费者的体验。

以电子游戏为例，腾讯的《王者荣耀》和网易的《梦幻西游》，就是将游戏和社交两个系统完美结合，以组队、婚姻、师徒、个人空间为载体，通过各种手段促进玩家之间互动，使游戏逐渐社区化，形成固定社交圈，极大地提升了游戏的体验价值。

不仅现代文化娱乐产品可以通过互动提升价值，很多传统的文化娱乐产品也开始越来越重视互动。比如影迷和歌迷之间的很多互动活动、文学作品的读者交流活动等。随着互动体验的增加，很多文化娱乐产品的软价值将呈指数级上升。

## 第四节
## 创新商业模式，创造新需求

文化娱乐产业早期主要是通过票房来实现收入的，不仅电影、戏剧通过票房来创收，演奏会、演唱会、体育比赛等都是通过听众和观众买票来实现价值的。就像郭德纲所说的，观众是他的衣食父母。但实际上，现在文化娱乐产业的价值实现方式已经多样化了，很多娱乐产品本身和其打造的精品 IP 都具有生命周期长、辨识度高、用户参与性强的特点。这样的产品注定具有多元化价值变现的潜力，每一种价值实现路径都对应着不同的创新商业模式。

### 无痕化的广告与免广告会员费

除了票房收入，广告收入是文化娱乐产业较早就找到的将流量变现的传统方法。例如 NBA 通过签约赞助商获取广告收入，而赞助商可以在 NBA 的赛场和节目转播中安插自己的广告，其本质是 NBA 将自己的流量转换成了现金收入。同样，院线也可以将观众流量通过映前广告、院线广告位等转换成现金收入。在网上，视频、音频播放平台的收入中，广告收入也都占据了很大的份额。

为了不影响文化娱乐产品的体验价值，广告必将越来越"无痕化"。例如在一些短视频娱乐节目中，主播将商品信息巧妙地融入自己的节目，让观众在不知不觉中接收到广告信息，尽量减少观众对广告的抵触。又如，对某年 40 部曾占据周票房第一位的好莱坞电影的统计显示，每部电影平均植入 17.8 个广告。重要的是，如此多的植入广告并没有引起观众的反感，甚至有些人压根都不认为有些植入是广告。[9]

而在电影产业中，品牌植入是一种很常见的广告形式，例如影片中使用的车辆，男女主角佩戴的腕表首饰、出入的消费场所等，都可以成为广告品牌植入的机会。有时过多的广告植入也会让观众厌倦，现在一些制片方已经注意到这一点，让品牌植入无痕化。例如在好莱坞，把商品信息植入电影已经达到了高度的无痕化。这是因为商品的流量部门在制片商准备剧本的过程中就已经深度介入，对剧本进行分析，发掘那些适于植入商品信息的剧情、桥段，找到能够给观众留下印象的植入点，设计出不会引起观众反感的植入方式。这些方案随后被分别提交给电影制片厂和品牌商，它们会提出自己的意见并与广告代理商进行沟通，直至制订出详尽的植入方案，并写入电影的分镜头脚本中。影片上映之后，第三方调研公司还要对植入式广告进行价值评估和效果测定，为制片商、品牌商、代理商日后的合作提出优化建议。在这样一套成熟的广告植入体系的运作下，观众对很多品牌的植入都没有明显感觉。[10]

随着人们对体验的要求提高，人们对广告的耐受程度正在下降。一些平台提供了付费会员可以免广告的服务，实际上这是文化娱乐产品广告收入的另外一种表现形式。通过这样的价值实现方式，消费者不仅贡献了平台方的广告收入，还使自己获得了没看广告的优越感体验。

## 文化娱乐产品IP变现，从玩具、游戏到主题公园

衍生产品变现是文化娱乐产业最重要的价值实现模式和赢利渠道之一。据统计，美国电影市场中衍生品收入占比高达70%，而国内电影产业几乎还是靠票房收入。[11]

衍生品最初的形式就是将文化娱乐产品中的形象设计生产出各种周边产品，例如玩具、手办、服装、水杯、文具等，由于它们附带了影迷的群体认知，往往可以以很高的毛利率销售出去。例如在英超俱乐部开发的衍生品中，一件成本约5英镑的球衣，赞助商和经销商可获得的利润为30英镑，是成本的6倍左右。[12]

在美国NBA联盟中，斯特恩出任NBA总裁的30年中，建立了NBA有线电视、NBA网站、NBA城、NBA商店、NBA流动大巴等娱乐项目，并外延出全明星赛、选秀大会、海外比赛、篮球嘉年华、NBA训练营等产品，同时授权产品遍布全球专卖店。此外，NBA利用旗下的资产管理公司与娱乐公司开发出NBA内幕、NBA集锦、NBA总决赛

专集、NBA 球星专集等，实现了 NBA 这个 IP 的衍生品价值最大化。

现在衍生品的范畴已经有了很大的拓展，最重要的是同一 IP 其他形式的娱乐产品开发。例如将影视剧改成游戏，或者反之，将游戏改编成影视剧。文学作品也可以进行游戏或者影视开发，最著名的就是"哈利·波特"系列的开发，除了电影之外，还有电子游戏、音乐剧、主题公园、周边产品等形式。据统计，"哈利·波特"的相关产业已经形成了 2 000 亿美元的规模。

国内也有成功的例子，如《花千骨》最初是网文，改编成电视剧后非常火爆，改编成手机游戏后也取得了活跃用户过千万、月流水过亿元的好成绩。[13] 而光线传媒的神话宇宙，就是通过对上游原创漫画内容进行扶持培养，逐渐积累出哪吒、姜子牙、凤凰、大鱼海棠等中国传统神话人物 IP，然后利用 IP 开发下游影视、游戏以及手办、玩偶、徽章等商品衍生物，实现变现。

类似的还有把同一 IP 的素材开发成不同的形式，例如制片方在电影拍完以后，将背景知识和花絮也开发成节目。例如《星际穿越》拍摄完成后，制片方将花絮制作成了《走进〈星际穿越〉》，针对影片中的物理和天文学知识拍摄了纪录片《〈星际穿越〉里的科学》等。现在只要是成功的 IP，无论是游戏、综艺节目，还是景点或者文物，都可以进行衍生品的开发，创造出更大的软价值。

## 形象授权：IP 的专利化变现

除了 IP 的拥有方自身进行衍生品的开发，还有一种价值实现方式就是将文化娱乐作品的相关权利通过授权的方式让渡给其他经营者，同时以授权费的形式得到收入。

例如，电影可以将传播权授予 DVD（数字化视频光盘）的发行公司、网络视频节目平台、航空公司等机构，允许其在一定范围内复制、传播。

影视戏剧可以将其中的人物形象授权给服装、文具等商品的生产商使用，例如，License Global 公布的全球最大 150 家授权商榜单显示，迪士尼 2016 年的授权产品全球零售额就已经达到 566 亿美元。

体育赛事可以将转播权授予电视台、网站等，例如根据 2019 年腾讯体育与 NBA 续约的价格，腾讯体育支付 15 亿美元，未来的五年之内继续独占 NBA 在中国的转播权。而近年来越来越火爆的电竞赛事，也开始通过将赛事转播权授予一些短视频社交平台来获得收入。伽马数据显示，中国游戏直播市场收入于 2019 年突破 100 亿元。

此外可以授权的还有作品的改编权、演出权、使用权等，深度开发的空间非常大。互联网时代每年产生大量的视频、音乐、小说等原创内容，除头部爆款外，大部分原创内容都不会引起广泛关注，也没有授权的机会。网络上有着大量的长尾内容，它们可以采取免费的形式吸引用户，用其他方式变现，例如可以采取"正版免费内容拉新 + 广告位核心盈利"的模式来获取流量并变现。

## 流量变现和体验收费

以网络游戏为例，这个行业最初的收费方式是提供一定的试玩时间。玩家如果觉得好，就充钱买月卡；如果觉得不好，就不玩。后来这种方式逐渐发展出了流量变现和体验变现模式。

流量变现的主要代表方式是在游戏中嵌入广告，据说万宝路是最早在游戏里做广告的公司。20 世纪 80 年代，在世嘉公司的游戏机上，玩家可以驾驶着印有 Marlboro 字样的赛车在赛道上驰骋。后来，一些在游戏中嵌入声光影广告的做法降低了玩家的体验，被玩家反感。经过尝试，近年来将广告嵌入游戏登录和结束界面的形式已经逐步被玩家接受，而将广告变成游戏环节的尝试已是小有所成。

以往需要唱片或者光盘来承载的音乐单曲，现在也可以通过网络直接销售，这实际上也是一种"流量变现"。例如，周杰伦的一首新歌单曲 Mojito 在各平台累计总销量 184 万张，按每张 3 元计，预计收入超过 500 万元。

而体验变现则主要是让玩家在游戏本身可以免费玩的前提下，通过提供一些道具，提升玩家在游戏中的体验，而这些道具是要收费的。有研究者将这种体验变现分为三种需求：视觉 / 听觉 / 信息效果体验、功能体验和社交体验。

例如，玩家付费购买皮肤、动作、坐骑、宠物、声音等效果，或者付费得到游戏的数据信息，有助于提升游戏的效果体验；通过付费购买道具、技能等，获得超过免费玩家的能力，则属于功能体验；而社交体验则是指免费玩家只能通过打字输入的方式交流，而付费玩家则可以开通语音交流甚至视频互动等更多的交流方式。这些都是通过设置某种"特权"来提升玩家的体验的，而要获得特权则需要付费，这就是网络游戏中体验变现的方法之一。

在视频直播中，那些歌手、乐手、魔术师等通过在视频社交软件上直播表演，以获得"打赏"的形式取得类似票房的收入，这实际上也是观众为欣赏节目所获得的愉悦体验而付费，也是体验变现的一种途径。

## 第五节
## 深化组织变革，创造新需求

文化娱乐产业人以具有特殊禀赋的创意性人才为主体，其组织架构和激励模式更有其鲜明的特色：无论是传统京剧的名角核心制，或者是好莱坞产业化电影拍摄的制片人中心制，还是足球俱乐部的主教练负责制，都是符合文化娱乐软价值创造和实现规律的组织架构。随着网络技术的发展，这些组织模式和激励模式又向着更"软"、更灵活的方向发展。

### 文化娱乐产业的创意基因

娱乐软产业实际上是比拼人才的产业。无论是影视剧、文艺演出还是体育比赛，如果能够获得持续的创意型人才，就能够在竞争中处于优势。

例如，英超作为曾经的世界第一大足球联赛，在自身发展的将近25年的时间内，逐渐形成了一套包括 Opportunity（机遇）、Progression（进阶）、Ambition（目标）和 Elite（精英）四个阶段的青年球员培养体制。日本足球在长期观察欧洲和南美洲的足球理念、培训机制等情况后，采取"两条腿"走路的方式：一方面继续开展校园足球，另一方面狠抓俱乐部青少年球员梯队建设，使得青训体系逐渐完善。经过20年的发展，日本足球逐渐走出亚洲。NBA 也是通过完善的小学、中学、大学联赛和新秀选拔制度，源源不断地培养和选拔优秀球员进入联赛。

中国香港的无线电视艺员训练班，韩国娱乐产业艺人培训班，都是通过系统专业的训练，使学员从业务能力到自身素质都达到要求后才能够出师。正是大量优秀的艺人群体，使得中国香港、韩国电影、电视剧出片率和出片质量高。

文化娱乐产业的有效创意源于三样东西：激情、洞见和耐心。因此，文化娱乐产业研发端的人才也必须具备这样的品质。例如，迪士尼在招聘员工的过程中，会更加注重应聘者的微笑能力、表达能力以及传递快乐的能力。开心麻花的很多人才都是编导演合一的艺术创作人才，闫非、彭大魔会编会导，常远、宋阳不仅会导戏，也会演戏，沈腾还执导过《索马里海盗》。正是由于他们热爱舞台剧，懂得舞台剧，所以才可以持续创作出大量脍炙人口的剧本。

## "创意表演团队＋资源中台"的半固定组织模式

在文化娱乐产业，团队往往是由创作者领导的。例如在剧组中，导演处于领导地位；在乐团中，指挥处于领导地位；在游戏开发项目组中，制作人往往是主要创意的提出者、推进者和实现者。

也有很多创作组织的特点是以项目为中心的。例如影视剧组，它是根据项目以制片人或导演为核心组织的一个剧组，剧组的组织结构和运作模式基本是成熟固定的。待作品完成后，剧组就解散，创作人员和工作人员再次进入"待机"状态。在话剧、大型演出等领域往往也是这样的组织模式。可以预见，随着网络协作越来越完善，未来这种以项目为核心凝聚个人的组织模式会越来越普遍。

"创意表演团队 + 资源中台"是比较通用的文化娱乐产业组织模式。在游戏公司等企业中，相对于影视剧行业自由人的灵活组合，项目组的人员可能是半固定的，负责某一类型的作品开发。这些项目组可以说是创作的先锋队，主要负责创意、人物形象设计、情节安排、玩法引擎设计等核心内容。在这些核心内容确定之后，创意较弱、技术性较强的工作就可以交给"中台"团队负责完成。这样可以让前台的创作团队充分发挥灵活创意，而中台则能够实现一定程度的规模经济，让人工、设备等同时服务更多的项目，提高效率，降低成本。在影视行业，美国的好莱坞、印度的宝莱坞都是通过建立多个工作室进行内容创作的，有统一的中台资源支持和流程化制作。

网易游戏的研发管理组织相对扁平化，十分注重自下而上的研发创意模式，给予游戏研发创意较高的自由度。首先，研发创意的立项端较为宽松，基层员工往往有创新立项的机会；其次，在实际研发过程中，网易建立了一套持续跟踪评估体系，从而动态调整项目研发取舍和研发经费。同时网易整体的研发规划也并非完全由高层决定，而是自下而上逐步建立研发目标（项目数），汇总后再由高管进行分析调整。这种员工拥有较大自主权的"扁平化"管理机制使得网易每年拥有超过 100 个新立项产品，品类也遍及市场主流游戏各品类。另外，网易建立强大的中台体系（美术、程序、数值等通用性研发工作），游戏的引擎、美术、测试等功能均由中台部门提供支持，以保证产品质量以及项目管理质量。

## 宣发部门重视流量，运营部门重视体验

除了创作者领导、以项目为中心、"创意表演团队 + 资源中台"等组织特点，文化娱乐产业的宣发部门越来越重视流量经营，而运营部门则越来越重视客户体验管理。

例如，在《复仇者联盟 4：终局之战》的流量创造中，漫威的宣发团队就采用了"制造悬念""为情怀买单""公益营销""衍生品造势""IP 跨界互动"等多种流量经营方式，最终在中国市场创造了42.4 亿元票房的佳绩。[14] 在这个案例中，我们可以看到，漫威的宣发团队不仅紧盯着各个流量入口，如借助明星发言在微博炒热《复仇者联盟 4：终局之战》、制造话题在微博上热搜榜，而且抓住"十年故事，一朝结束"，引发"复仇者联盟"粉丝的怀旧情结，吸引他们为情怀买单；同时还与京东、优衣库、一加手机等展开 IP 跨界互动，进行流量交换。这样的团队需要各方面的人才、能力和资源。

在影视、在线音乐等行业，观众的体验主要取决于作品本身，而在主题公园、现场演出、电子游戏等行业，受众欣赏作品的过程就需

要运营部门的深度参与。例如，在电子游戏行业，如果一款游戏的策划、设计、制作都做得非常好，但是运营"掉了链子"，玩家很难登录游戏，或经常出现掉线等现象，那么再好的游戏也会被抛弃。同时，游戏的运营还要通过对游戏数据的分析，了解玩家的感受、体验以及付费或者续费意愿，对游戏的改进给予支持，通过策划各种活动，为玩家提供竞技、交流、共享等游戏之外的体验。迪士尼就非常重视主题公园的运营工作——完善的设计与严密的管理和员工的全身心投入相结合，能够让游客的注意力完全沉浸在迪士尼的世界中，让游客获得非常好的体验，或者说大大提升体验价值。

## 更灵活地激励创作者、明星和投资人

在文化娱乐产业中，"明星"与普通演员，"球星"与一般球员、一般工作人员的收入往往会有成百上千倍的差距。例如在 NBA 联赛中，球队的当家球星每年领着 2 000 多万美元的薪水，而一般球员只能拿着"无保障"的几十万美元。

很多人都知道 NBA 存在"工资帽"制度，就是联盟所有球员的工资总额是限定的。这是为了防止球队之间恶性竞争抬高球员身价，却降低了对抗的均衡性。很多人不知道的是，NBA 联盟还设置了伯德条款，允许球队以超过"工资帽"的最高金额再签约，就是为了让球队有资源留住那些发挥巨大作用的核心球员，如乔丹、科比等人。这一点可以给文化娱乐产业的薪酬设计提供借鉴。

文化娱乐产品的创作活动具有高度的不确定性，因此难以像其他产业那样收到产品后再付款，而是往往采取一种"分段收费＋收益分成"的模式。在文化娱乐产品的创作过程中，每一个阶段实际上都有不同的意义。以剧本为例，有的合作方式是，在编剧递交剧本大纲、剧本第一稿、剧本第二稿之后的 7 个工作日内，制片方需按规定分期支付费用。如果后续还要进行重写或润色，就要追加报酬。在影片发行之后，编剧还能获得 5% 左右的净收益分成。

在电影等文化娱乐产业中，大制作越来越多，投资额越来越高，但作品最终是否能被市场接受而成为"爆款"，不确定性非常大。在这种情况下，由一家机构承担全部制作和发行的成本，往往意味着面临很大的风险。现在越来越多的"大片"采用多家机构联合投资的方式拍摄、制作，例如《流浪地球》的出品方、联合出品方加起来有 26 家之多。这种类似于"众筹"或者"风投"的运作模式，在很大程度上分散了风险，让更多的投资者有机会参与软价值创造新需求。

## 注　释

1. 贺晓曦：《吐槽大会、脱口秀大会，这些让你花钱买笑的公司是怎么运作的？》，创业邦专栏商业评论，创业邦网站，2019 年 12 月 18 日。

2. 尹燕：《迪士尼动画影片中经典文化资源应用分析》，美术教育研究，2014 年第 1 期。

3. 马尔科姆·格拉德威尔：《异类——不一样的成功启示录》，中信出版社，2009 年。

4. ［澳］理查德·麦特白：《好莱坞电影：美国电影工业发展史》，华夏出版社，第 8 页。

5. ［美］艾德·卡特姆，埃米·华莱士：《创新公司：皮克斯的启示》，中信出版社，第 88 页，第 91 页。

6. ［美］艾德·卡特姆，埃米·华莱士：《创新公司：皮克斯的启示》，中信出版社，第 109 页。

7. 橘子娱乐：《哈佛神学家打算成立"拜哈利·波特教"，哈迷们要有组织了！》，2016 年 10 月 19 日。

8. 李婕婷：《韩国综艺节目成功的经验及影响——以〈奔跑吧兄弟〉为例》，《传媒》，2015 年第 19 期。

9. 彭侃：《拆解好莱坞电影中品牌广告：了无痕迹的植入》，综艺报，2013 年 1 月 21 日。

10. 同上。

11. 陈爽：《电影衍生品收入惊人——国内市场谁来承包》，信息时报，2014 年 7 月 13 日。

12. 王辉：《体育市场的衍生产品——球衣的商业价值》，中国体育报，2017 年 2 月 10 日。

13. 根据网友"竹兄"发布在腾讯游戏学院的文章《网游收费模式的一些研究心得》整理。

14. 华姐：《预售过 7 亿的〈复仇者联盟 4〉究竟用了哪些营销策略？》，营销兵法百家号。

# 05
# 知识产业价值创造的新思维

佛教总结出人类烦恼有 600 多种，其中很多都是认知方面的烦恼——因为不了解而产生困惑，因不能把握相关规律而不能驾驭。这样的烦恼只有通过不断学习新的知识才能解决。所以，当人们的基本物质需要已经得到满足，传统制造业和传统服务业都面临着产能过剩、需求不足而迫切需要转型的时候，知识产业无疑是用软价值创造新需求的"蓝海"。

## 第一节
## 知识经济的新业态和新需求

孔子用一生的时间培育了三千弟子，如今，私立学校遍地开花，大学网络课程可以让全球的学子同时参与名牌大学的课程，新东方、好未来等培训机构纷纷成为价值数百亿元的上市公司，就连各种针对学龄前儿童的培训市场也不断细分并迅速扩大；古代奔走于各国游说君王的策士，已经被现代有组织的智库机构取代；企业家为了构筑竞争优势或转型升级，花巨资聘请专业咨询机构为公司定制策略；而各种流行的知识分享平台、知识付费平台、知识 App 等，正在创造海量财富；以达沃斯论坛、博鳌亚洲论坛等为代表的论坛经济的商业价值也在不断膨胀……以知识为内核的新供给层出不穷，不断创造新的需求。

## 教育培训产业，等待新的头部企业

随着知识更新的速度大大加快，以往"毕业即充电完成"的模式被打破了，持续学习、终身学习成为必需，线下的各种培训、课外教育、继续教育机构如雨后春笋般涌现，人们在课外辅导、职业教育、兴趣才艺教育方面的支出更为慷慨，也越来越要求教育的人性化、个性化、国际化体验的提升。由此催生了除私立中学、K12教培机构之外的海量培训需求。在为数众多的成人职考、证考和在职培训之外，收费高昂的商学类课程也经历了爆发式增长，企业家通过MBA（工商管理硕士）、EMBA（高级管理人员工商管理硕士）、后EMBA、DBA（工商管理博士）的学习，不仅获得了战略、经营和管理方面的新知，还交流了经验，扩大了眼界，收获了广泛的人脉。

在教育培训产业中，美国涌现出了2U、MasterClass等成功企业，中国也出现了一批国际化的上市公司，如新东方、好未来、中公教育等，它们或在美国纳斯达克上市，或登陆A股市场，市值已经达到数百亿美元的规模。例如，到2019年11月底，新东方市值286亿美元，好未来市值439亿美元，中公教育市值达到2 169亿元，还没有上市的VIPKID估值也超过300亿元。整体来看，由于文化传统、人才选拔机制等因素，中国人对于教育的重视程度可以说是独冠全球，在美国上市教育公司的市值普遍高于其他国家的同类企业。有机构预测，到2023年，中国的在线教育市场规模将突破8 700亿元。这些成功的教育培训企业不仅形成了巨大的财富效应，树立了创业榜样，而且为教育培训产业探索出了新的价值实现路径。

在 2020 年的新冠肺炎疫情冲击下，线上培训技术手段得以迅速广泛应用，更多资源汇聚线上，在线教育迎来一次大爆发，并一时形成线上线下的两重分野：一方面，线下机构不断出现清盘；另一方面，像猿辅导那样一年完成三轮融资、吸金 30 亿美元的热烈场面层出不穷。

未来的教育培训产业仍将是一片沃土，攫取、聚合"线上 + 线下"的优势，将不仅是企业的赢利模式选择，更是新的头部企业生存之道。

## 独立科研公司大发展

传统的科学研究工作主要是由大学、科研院所和一些大型制造企业的研究部门来承担的。随着技术的发展和商业模式的创新，原本附属于高校、政府和大企业的科研部门越来越多地独立出来，一些纯科研公司、技术开发公司开始出现，通过出售知识成果以获得生存和发展。尤其在人工智能、无线通信、计算技术、生物技术、新材料、新能源、医学生理等领域，新知识产品化的速度加快，科研产业发展迅猛。

例如，1991 年成立的英国 ARM 公司是专门从事基于 RISC（精简指令集计算机）技术芯片设计开发的公司，作为知识产权供应商，本身不直接从事芯片生产，而是靠转让设计许可由合作公司生产各具特色的芯片。世界各大半导体生产商从 ARM 公司购买其设计的 ARM 微处理器核，根据各自不同的应用领域，加入适当的外围电路，从而形成自己的 ARM 微处理器芯片进入市场。ARM 既不生产也不销售芯片，但它设计的芯片已经做到了占手持设备市场 90% 的份额。

　　这种单纯从事研发的企业在半导体、人工智能、大数据、生物医药等产业越来越多，它们要么将研发成果出售给下游生产企业或者大的科技集团，要么在研发到一定阶段以后连企业一起被其他企业收购，由此实现自己的商业价值。例如，曾经研发出阿尔法围棋软件的 DeepMind 公司成立于 2010 年，但在 2014 年 1 月就被谷歌收购。2016 年，看中 ARM 未来价值的日本软银以 234 亿英镑的"聘礼"将 ARM 收入囊中。2020 年 10 月的一条消息显示，美国英伟达计划以 400 亿英镑收购 ARM。还有一些研发型企业将自己的研发成果牢牢攥在手里，通过专利授权等方式实现商业价值，这种模式是从高通公司借鉴而来的。高通公司具备一定的芯片生产能力，在专利授权方面更是全球翘楚。2019 财年，高通公司从苹果公司收到的专利许可费高达 47 亿美元。2020 年，华为也向高通支付了 18 亿美元的专利费。据分析，高通的专利收入利润率接近总利润的 70%。世界银行的数据显示，2019 年，美国知识产权使用费出口额达到 427.32 亿美元。

　　科研公司的技术转化能力比传统科研机构更强大，每一项重要的科研成果都可能催生一个伟大的企业，从而使美国的硅谷、北京的中关村成为创业家的乐园，而资本市场正成为研发型公司的价值实现主要途径。微软作为第一代研发型科技公司，股价不断创出新高，市值已经达到 1.6 万亿美元，完美证明了由研发成果到真金白银的知识软价值。

　　当前，在硅谷、中关村和深圳，一家家新的研发型科技企业接连崛起，新的独角兽正在成长：用科技改变传统货运代理、估值超过 30

亿美元的 Flexport，为宝马等公司提供无人驾驶技术的探索者 Nuro 和 Aurora 估值分别达到 27 亿美元和 25 亿美元，用人工智能技术提升智慧城市、智能手机、移动互联网、汽车、教育等行业的商汤科技，估值已经达到 100 亿美元。

## 咨询智库产业的潜力

有人说，生活就是解决遇到的问题。在几千年的时间里，人们用农副产品、制造业产品来解决衣食住行的问题，直到产能过剩成了全球性问题。这时候，解决产能过剩问题就比生产产品价值更大。咨询产业的蛋糕越做越大，不仅包括技术咨询、工程咨询、战略咨询、管理咨询、人力资源咨询、财务咨询、法律咨询，还有为政府决策、公共政策、行业发展提供咨询服务的"智库行业"，以及利用大数据提供智能分析等，而它们都是知识产业的组成部分。

除了会计师事务所、律师事务所、工程咨询公司等业务单一的传统咨询公司之外，在各个行业的交叉领域，不同专业的行家互相提供咨询也已经成为常态。例如，备受欢迎的美剧《生活大爆炸》就邀请了加州大学洛杉矶分校的天体物理学家大卫·萨尔茨伯格作为科学顾问，剧中的几个科学家主角说的所有科学术语台词都由他审过。

由于新技术、新模式、新产业爆炸式地涌现，各行业对技术、战略、管理咨询的综合需求正在大幅增加。例如，10 多年前，为了全面提高产品的研发能力，华为从 IBM 引进 IPD 时，请 IBM 派出了咨询顾问团队，支付了高达数亿美元的咨询服务费。

其实，转型需求大量存在于传统制造业和服务业，但只有为数很少的企业能在领导人的带领下，一点点地诱导基因变异，从内部变革完成转型。因为一个传统产业转型的最大障碍其实是企业内部人才和观念的"基因"，而那些能够下决心请咨询顾问的企业，其转型成功的概率显然要大得多。

针对个人和家庭生活的咨询产业也在迅速成长，人们不仅需要职业生涯咨询、留学升学咨询，还需要越来越深入和专业的身心健康咨询。越来越多的人开始像去诊所治疗感冒一样，向心理咨询师寻求帮助。智研咨询的报告显示，2018 年，我国心理咨询业市场规模达到 377.1 亿元，同比增速达到 12.7%。

从全球来看，咨询业总产值目前已经达到万亿美元规模，其中管理咨询行业规模接近 3 000 亿美元。北美（美国、加拿大）咨询业市场约占全球管理咨询市场 55% 的份额；而亚太地区咨询业尽管份额还不到两成，但在中国的带领下正在进入增长的快车道，增速约为全球平均增速的两倍。

面对潜力巨大的市场，中国本土的咨询企业却普遍规模很小，其发展严重滞后于社会需求。无论是为各级政府决策服务的智库产业，还是为企业战略决策服务的咨询公司，以及为个人服务的咨询机构，都规模较小，咨询服务水平也有待提高。但也有类似华与华这样的"战略管理＋产品开发＋广告"的独特咨询机构，其已经积累了厨邦酱油、葵花药业、西贝餐饮、晨光文具等众多成功案例，正在逐步走出一条独特的本土战略营销品牌咨询服务之路。

在国家决策层面，当前全球政治、经济的复杂程度已经远远超过了政治家个人或个别谋士所能完全掌握的程度，必须依靠来自不同层面、代表不同行业和利益群体的智库机构提供全方位的信息、研究和解决方案。当年杜鲁门政府拒绝兰德公司关于朝鲜战争的咨询报告而导致重大战略失误的故事众所周知，今天在美国的军事、经济和政治决策中，智库的影响力随处可见。在今天的中国，智库的作用也在不断提升，例如为了制订"十四五"规划，省、市、县各级政府也会分别投入一定预算资金委托社会智库机构进行研究论证。很多民营企业、投资机构也逐步认识到支持智库发展的意义，在不求商业回报的前提下向智库机构捐赠，支持智库开展学术和政策研究。

## 浅学习，会议论坛经济无时不在

知识经济时代，满足浅学习需要的会议论坛已经成为一种重要产业形态。围绕不同的议题，会议论坛将某些领域的专家聚集起来，在短时间内进行密集的信息、知识和创意交流，听众可以高效地获得他们所需要的信息。很多知识创新的火花是在会议论坛上通过参会者的信息交流和碰撞产生的，随后再逐渐发展成系统的理论创新。这种形式的知识创新是探索性和随时更新的，但它对社会进步的推动力可能更为持续。

达沃斯论坛是当今最具代表性的论坛之一，全球政要、商业领袖、学术大咖和各行各业的精英人士，都以能够受邀出席达沃斯论坛为荣，而每一届达沃斯论坛的议题也会毫无悬念地成为当年的全球热议话题。这种品牌效应和议题设置能力，本身就具备巨大的软价值。

成功的会议论坛对举办地经济的推动、拉动、带动作用非常明显，达沃斯论坛成就了瑞士小城达沃斯。达沃斯论坛统计，每年的年会可为达沃斯当地经济创造 4 500 万瑞士法郎（约合 4 945 万美元）的效益，为瑞士整体带来的效益每年约为 7 500 万瑞士法郎（约合 8 241 万美元）。博鳌亚洲论坛的成功举办，给博鳌所在的海南省琼海市带来了巨大变化，当地媒体统计，仅 2019 年上半年，该市就举办会议 80 场，参会人数 4.8 万人，会议收入超过 7 000 万元。"博鳌"逐步成为国际知名会议品牌，借着强大的品牌号召力，其采取异地举办的方式实现了"价值裂变"。例如某地方政府出资数千万元，承接博鳌健康论坛的举办。

越来越多的知识分享让人们更加便捷地了解到不同领域的专业知识。著名的 TED（技术、娱乐、设计）大会，以 "Ideas Worth Spreading"（传播一切值得传播的创意）为口号，邀请科学、设计、文学、音乐等领域的杰出人物，分享他们关于技术、社会、自然和生命的思考与探索，大会上的嘉宾演讲都被分解成视频放在互联网上（通常单个演讲只有十几分钟），供全球观众免费分享。免费的资源分享做大了 TED 的软价值，而通过现场售票，加上近年来兴起的在线直播等方式，每办一场 TED 大会的收入都超过 2 300 万美元。

会议论坛不仅是信息交流和智力碰撞的场合，也是发布重大信息风向、引领经济社会趋势的重要工具。不仅达沃斯论坛、博鳌论坛的重大议题受到全球关注，当一些政府、企业和非政府组织需要提倡某种思想、推广某些观念、推动一些事件进程时，它们往往也会采取举办峰会、论坛等形式，将重要人物、相关企业、社会资源集中起来，可以同时起到发布信息、宣示决心、对接资源、推动进程的多重作用。

新产品推出要开发布会，新研究成果推介要开研讨会，基金公司为了发行新的基金也要举办路演、推介会。通过会议、论坛来交流信息、传播知识，是工业社会以来早已存在的一种方式。而从管理阶层来看，各种峰会和论坛也是传播政商信息、沟通各界诉求的重要场所。

我们看到，一方面，那些已经形成品牌优势的会议论坛和展览将进入"价值裂变"阶段，通过向海外、异地和线上扩展，形成新的子论坛、子会场；另一方面，大量新技术、新产业、新业态、新模式的爆发，以及区域、城市经济转型发展的需要，不断催生出新的会议论坛和展览发展的机会。

2020年暴发的新冠肺炎疫情，让线上会议的形式以更快的速度进入我们的工作和生活。远隔大洋的医务工作者可以通过线上会议交流抗击疫情的经验和治疗方案；不能及时返回工作城市的员工可以在老家参加公司的线上会议讨论工作；国内外的经济学家、政府官员在一场又一场的线上研讨会、圆桌会上碰撞观点，为控制疫情、恢复经济建言献策；甚至连学术成果、新产品的发布会也转到了网上。同时聆听会议内容的网友可以高达几万甚至几十万人，信息传播的效率大大提高。例如，腾讯公司成为联合国的全球合作伙伴，为联合国成立75周年提供了线上会议的全面技术方案，在线举办了数千场会议活动。

艾瑞咨询数据指出，中国视频会议市场规模将由2020年的161.5亿元上升至2023年的218.9亿元，云视频会议系统与硬件视频会议系统将分别实现 24.8% 与 9.3% 的复合增长率。但这只是会议软硬件系统的收入数据预测，我们认为整个线上会议行业也将发展出一个繁荣的生态，出现一个非常明显的增长期。与线下会议一样，线上会议也需要精心的策划、完善的组织和精彩的呈现。当前线上会议还处在爆发初期，虽然解决了大多数会议的基本沟通问题，但会议的形式还比较单一。在 5G 技术的推动下，运用云计算、增强现实、虚拟现实等技术，呈现效果和参与者的体验预计将有很大的提升空间。

## 深度学习，知识付费产业的崛起

在新技术和新商业模式层出不穷的新时代，各种新知识以前所未有的速度被创造出来。与多年前的知识更替周期长达几十年不同，如今在很多领域，知识的更新周期已缩短至 3~5 年。人们必须接受知识更新加速的新挑战，那些不能适应学习常态化的人，终将成为落后者甚至被淘汰。

IT 领域的持续学习是最典型的例子。打开任何一个与程序员相关的论坛或者公众号，除了持续学习、传授学习方法、为学习新技术提供精神和心理支持的内容，剩下的就是一个接一个的培训班、研讨会、技术交流帖。

不仅 IT 领域是这样，就连给我们留下传统、稳定印象的医学界，知识更新的速度也超出我们的想象。全球知名医学知识信息专业机构爱思唯尔的研究指出：1950 年，医学知识翻倍的时间长达 50 年；1980 年，这一时间需要 7 年；2010 年，医学知识翻一倍还需要 3.5 年的时间；而到 2020 年，只需要 73 天，医学知识量就会翻一倍。[1]

教育、培训是知识更新的主要形式，但传统的现场教育培训行业存在成本高、覆盖面小、受时间场地约束严重的缺点，因此各种形式的在线教育正在越来越多地代替传统的线下教育，成为知识产业的新形态。

除了将正式的教育培训课程网络化之外，还有一种更加轻松却仍然具有深度学习特点的知识传播模式正在快速发展，那就是以得到、喜马拉雅、知识星球、知乎等平台为代表的"知识付费"体系。在这个知识传播和分享的新渠道，科学家、程序员、艺术家、经济学家以生动活泼的方式阐述自己的专业知识、最新见解或评论，使得一般人利用闲暇时间就能学到非常广泛的课程。这些课程都是经过各类平台精心设计、构思和细心打磨的，而且都具备与讲课者进行互动沟通的畅通渠道。同时，这些知识付费平台也举办不同规模的线下活动，最有名的当属吴晓波和罗振宇的跨年演讲，数千人、上万人在现场聆听长达几个小时的"知识布道"，一场跨年演讲收入超过 1 000 万元。

实际上，知识付费是缓解中年人知识焦虑的安慰剂，同时很多优质课程的确为用户提供了有效的学习途径，也为企业培训和行业再教育提供了新方法。在经过了第一轮爆发式的发展之后，知识付费正在进入沉淀、充实和提高的新阶段。中国人正在调整的消费结构和重视教育的传统将为知识付费打开新的增长空间。头豹研究院的数据显示，中国互联网知识付费用户的年收入在 7 万 ~11 万元，文化消费约 7 000 元，具有足够的付费能力。随着用户付费意识的提升和优质内容提供商的融合发展，中国的知识付费市场仍有相当大的增长潜力，到 2023 年有望接近 170 亿元的规模。

## 出版传媒业的重构

在互联网出现之前，图书出版曾经经历了持续增长的黄金岁月，但目前也面临着新的挑战和变局。行业统计数据显示，2018 年美国大众图书出版收入为 161.9 亿美元，较 2017 年的 159.5 亿美元增长了 1.50%；高等教育图书市场收入 36.9 亿美元，较 2017 年的 39.8 亿美元下降了 7.29%；K12 教育图书市场规模为 34.6 亿美元，较 2017 年的 36.2 亿美元下降了 4.42%；专业书籍市场收入为 21.5 亿美元，较 2017 年的 23.5 亿美元下降了 8.51%。除了以小说、非小说和宗教出版物为主的大众出版物市场还维持着低速增长，教育图书、专业图书的出版都陷入了负增长的局面。

中国的传统出版业仍然保持着增长势头，安信证券的报告显示，2007—2017 年，全国图书出版品种从 24.83 万种增加到 51.25 万种，年均增长 8.4%；全国图书出版定价总金额从 676.12 亿元增加到 1 731.25 亿元，年均增长 11.0%（最近两年可能下降或进入平台期）。国家新闻出版署的数据显示：2018 年，全国出版新版图书品种比上年减少 3.14%，定价总金额增长 19.81%；2019 年，全国出版新版图书品种比上年减少 9.04%，定价总金额增长 1.70%。

与此同时，数字出版行业正在快速兴起，以亚马逊的 Kindle 阅读器和各种手机阅读 App 为代表的出版新方式，给阅读带来了前所未有的低成本、易传播、可检索、可交互等新的功能和体验。Statista 测算，

2016 年全球数字图书市场总规模为 152.74 亿美元，占全球图书市场的 13.3%，预计 2021 年全球数字出版市场规模将上升至 212.22 亿美元（年复合增长率 6.8%），占比升至 17.5%。

# 第二节
# 让有效研发创意创造新需求

虽然教育培训、咨询智库、会议论坛、知识付费行业的价值创造具有高度不确定性，而且在智能互联网时代，越来越多的知识可以免费获取，但知识产业创造的商业价值不但没有减少，反而越发壮大。因为早已习惯了知识创造的不确定性规律，所以这个行业也探索出了越来越多的减少无效投入、增加有效投入的方法。

## 市场化立项与集成化研发

知识产业的研发创意，一方面要将研发项目放在市场上按照项目投资进行立项，另一方面要整合企业各条线的资源为研发创意服务。

无论是从传统的出国英语培训向 K12 领域进军的产品研发，还是一个新的会议论坛项目的创意策划，以及知识付费 App 上的课程开发，都不是传统闭门造车的研发，而是在立项之前就要像风险投资团队考察投资项目一样，将这个产品的研发创意放在市场环境中考察，只有通过分析评审和研判的项目才能得到企业的资源支持。

知识产品的开发还要整合企业各条线的人员参与研发创意项目。就像教育培训产业的产品开发，除了需要课程开发老师，还需要课程模式设计、课程推广设计、资金预算配合、课程体验、课程调整等，需要课程开发人员、讲师、技术人员、财务人员、营销人员、服务人员等在初期就进入研发团队和研发过程，从各自的角度对新产品提出需求和意见，只有这样才能提高知识产品开发的成功率。

## 为失败买单，为成功颁奖

知识创造过程的投入和产出不成比例，往往在很多次思考之后，才可能收获一点新的创见和成果。尽管如此，我们还是要尽量了解和掌握知识形成与积累过程中的一些共性因素，提高有效创意的比重。

接受无效投入，首先要有正确的心态。在知识创造中要求"弹无虚发"是不现实的，从一开始我们就要对知识产业的投入产出规律有客观的认识，做好"为失败买单，为成功颁奖"的准备。领导者为了避免团队中可能出现急躁、沮丧等负面情绪，一方面要把长期的目标进行适当分解，让团队成员有阶段性成就感；另一方面，必须探索若干不同的路径，每一条路径的失败其实都可以提高剩余路径的成功概率。有时候，我们甚至无须预设成功的方向，好让计划外的知识创造成果也能够形成商业价值。

接受无效投入，还要从资源上做好一定时间内失败的准备。雷军说过："创业要有烧不完的钱。"在启动科研项目之前，我们应当对企业能投入的自有资源、可调动资源以及后备资源进行充分的筹划，以免出现项目研究过程中因资源不足而在成功来临之前被迫下马的窘况，更要避免研究项目成为资源黑洞而伤害甚至拖垮企业的情况。

提高有效投入，需要掌握正确的方法和激励。同样是从事研发，为什么IBM、谷歌和华为的成果源源不断，而有些新手企业则屡屡碰壁呢？知识的价值创造也有很多规律性方法，如软资源的积累和使用、激发创造性思维的软环境、团队成员的激励、部门间的配合、内外智力的协作、后台部门的保障等。

## 积累有形资源和隐性知识

知识产业的价值创造不会消耗太多物质原材料，而是需要大量的知识软资源。

就像每个学校的图书馆，在每个知识产业的企业，甚至每个从业者的电脑和头脑中，都存储着大量的知识"原材料"，比如教育培训机构的题库、科研公司的专利技术、咨询产业的案例、论坛会议公司的专家资源、知识付费行业的内容存货等。这些宝贵软资源的积累、管理、开发和使用，成为各知识产业为客户创造价值的重要手段。

在教育培训产业，除了传统的教材、案例、题库，很多学校将名师、良师的课程录制成了视频资料，不仅可用于网络课程，还可以通过剪辑、加工进行深度利用。经过长期探索积累的有效教学方法、成绩分析等工具性软资源对于提升教育培训行业工作的有效性也非常重要。北京的新东方学校在英语教学方面，河北的衡水中学在应对中国式高考方面，都积累了独特的软资源，能够确保新的老师教出同样好的学生成绩。

在咨询智库行业，很多企业都积累了类似于PEST（宏观环境分析）模型、SWOT（态势分析法）模型、波士顿矩阵等工具性软资源。这些工具抓住了一类问题的共同特点，能够帮助咨询顾问高效地拆解和掌握咨询对象的有用信息，并进行有效分析和提出相应的对策。

同样，会议论坛产业也需要积累软资源，除了专家资源，参会嘉宾提交的报告、发言实录、参会人员信息、会议报道的文字、图片、音视频资料等，都是非常宝贵的软资源。

对于知识付费产业，海量内容的积累和专家"隐性知识"的挖掘都很重要。只有发现具有隐性知识的专家，并以适当的内容展现出来，才能不断创造新的知识价值。

教材、题库、案例、档案资料、工具性软资源、专家资源、隐性知识等，都是知识产业进行有效创意的软资源。知识软资源的积累是产生有效创意的基础条件。

## 营造激发"思维跃迁"的软环境

知识产业的价值创造是以人的创造性思维为源泉的，而思维或意识的运动本质上是一种量子力学现象。思维或意识的改变并非一个连续的过程，而是如同量子跃迁，都是从一个能量级跃迁到另一个能量级的过程，佛学中的开悟和艺术家眼中的灵感都是这样的。这种变化不像高速公路上行驶的机动汽车，而是一辆"量子车"，人们感受不到加速或减速，灵光一现的改变都是瞬间完成的。

知识产业为了提高其价值创造效率，必须营造能够激发"思维跃迁"的软环境。研究表明，有效创意的环境，一方面要求精神集中且不受外部干扰，另一方面需要精神放松并有适当的外部刺激。

比如，良好的教学成果必然是在教学双方都处在专注而放松的精神状态时才能取得的。无论是牛津大学、剑桥大学、哈佛大学、普林斯顿大学、斯坦福大学，还是清华大学、北京大学、复旦大学，其自然环境和人文环境都令人情绪安静而思维活跃，国外很多私立高中也是这样的。笔者有一次白天从纽约乘火车前往普林斯顿大学，进入校园的瞬间就感觉灵魂受到净化，浮躁的心情很快被沉静的思考代替；而傍晚乘火车一回到纽约市中心，看着周围川流不息的车流和闪烁跳跃的灯光，就很快回到了商业和金融投资的飞快节奏中。

科研公司的有效研发创意也需要在宽松的环境、兴奋的状态下才能多出成果。这也是为什么在一些国外的知识型企业中，员工可以带着宠物上班，在工作时间滑滑板、打游戏，企业还要为他们提供免费的健身房和按摩服务。那些程序员、工程师和设计师保持着愉快、放松的工作状态，他们的阿尔法脑电波持续活跃，从而能够提供源源不断的创造性思维。

咨询公司和智库的创意性方案更需要发散性思维所需要的适当环境。无论是调研、访谈，还是会议讨论，都需要给核心人员营造一个让他们觉得轻松、愉快的环境，只有这样才能不断产生新的创意而不是平庸的方案。

会议讨论也需要在风景秀丽、气候宜人的宽松氛围下才能产生精彩的思想碰撞和智力交流。如前文所述，达沃斯就是一个群山环绕、风景如画的小镇，不仅有着世界级的滑雪场，也是适合深思的休闲度假胜地。论坛的举办人克劳斯·施瓦布选择达沃斯，就是希望与会者可以在放松的状态下畅所欲言，同时维持相互尊重、目标坚定的友好气氛。

## 研发方向：在热带雨林中寻找出路

有人说，研发创新就像"在人迹罕至的热带雨林中找到出路"，因此方向的选择是非常重要的。如果考虑到以下几个方面的问题，研发创新方向选择的成功率将会大大提升。

首先，研发方向的市场规模要足够大。高校的基础性研究可以不考虑市场前景，但是企业从事的商业性的研发创新必须考虑市场规模。市场规模足够大，才有可能收回研发成本，并获得相应的回报。考虑市场前景，要有充分的前瞻性和洞察力，不能简单地根据目前的消费者认知来判断。例如在 3G 技术发展的初期，有一些电信行业内的专家认为 2G 就足够用了，3G 研发出来没有市场，会造成浪费，但实际上 3G 带来了社交媒体的大发展，随之催生的 4G 技术带来了短视频等应用的爆发，到今天几乎没有人会说 5G 会造成资源浪费。实际上，新需求是由新供给创造的，只要这项技术能够在足够大的范围、足够广的人群中应用，能够足够多地提升效率或者解决人们的痛点，那么这项技术创造出相应新需求的概率就很大，就应当成为一个研发创新的可能方向。

其次，要在技术和客户体验之间找到平衡。很多新技术研发项目在立项时的确看起来很高大上，但是由于相应的技术并不成熟，实际上没有办法实现商用，这样的研发创新是很难成功的。当然也需要一些企业开展具有前瞻性甚至基础性的研究，例如对癌症药物、阿尔茨海默病药物的研发，但这对企业的资金实力有非常高的要求，一般企业是难以承受的。此外，有人说企业的研发创新应当以技术为中心，也有人说应当以客户体验为中心，其实这两种说法各有道理。没有技术领先，就会在竞争中被对手甩下来；而不重视用户体验，则会被消费者"用脚投票"。如果能够准确抓住客户的痛点进行精准的研发创新，解决痛点的技术成果将具有现实和确定的市场前景。例如，2020年新冠肺炎疫情期间，一些大型互联网公司运用自己的成熟技术开发了健康码产品，实际上是抓住了政府防控疫情和有序放开人口流动这两个问题相互冲突的痛点，让人们可以在可控、可追溯的情况下实现流动，逐步恢复经济社会活动。

最后，向既定目标坚定迈进，也为无心插柳做好准备。在企业研发创新活动中，有很多"有心栽花花不开，无心插柳柳成荫"的案例。例如，报事贴的发明就是3M公司的研究人员在改进胶水性能的过程中，发现了一种可以重复粘贴和揭起的胶层，而这并不是其研发的初衷。此外，可口可乐的发明也只是美国佐治亚州亚特兰大市的两位药剂师在调配替代酒的饮品过程中的妙手偶得。因此，在研发创新中，应当对所有的不同现象、异常数据都给予高度重视，一方面向既定目标坚定迈进，另一方面也为在过程中出现的无心插柳的"收获"做好准备。

## 精准定位参照系

对于知识产品等软价值而言，参照系本身的变化所带来的相对价值变化，远远大于该产品本身的成本构造所引起的价格调整。因而，知识产品的价值创造从一开始就须精准定位参照系，也就是说，无论是发展教育培训，还是咨询智库，或者会议论坛等知识软产业，都需要考虑当地的法律、政策、文化、风俗等因素，否则就可能导致知识产品价值创造的失败。

以教育培训产品为例，20 世纪 90 年代，当中国从美国引入 MBA 教育体系时，面临着参照系的较大差异问题。美国的 MBA 学员基本上都是真正的企业管理人员或者退伍军人等，有一定的管理经验和社会经历，而中国的 MBA 学员往往是本科毕业以后参照报考硕士研究生的路径继续其学历教育；美国的 MBA 教师基本上都是大学毕业以后在企业有 5~10 年的工作经历，再经过博士教育，才能担任 MBA 项目的教师，而中国的 MBA 教师一开始往往是从经济、管理等专业转过来授课的，缺少企业管理的实战经验。因此，中国要引入美国的 MBA 教育课程，必须根据中国的上述特点，结合美国的优点，进行一定的调整，或进行"洛伦兹转换"。

在咨询行业，美国咨询公司在中国开展业务，提出的每一个方案都必须因中国企业的实际情况而做调整。在论坛会议产业，财富广州论坛、财富青岛论坛等的成功，一方面是利用了财富全球论坛的影响力及其海外资源，另一方面是根据中国的特点进行了转换，例如，高度重视与政府的合作，根据中国发展情况设置议题，安排商务考察、珠江夜游等特色活动。

## 分段投入与多线布局

如果将研发创新比作在电脑上玩扫雷游戏，那么你点开的方块越多，掌握的信息也就越多，避开地雷的能力就越强；而在游戏初期或者有大片尚未点开的区域，点到地雷的风险就非常高。

科研公司可以从制药巨头默克公司的研发活动中学习分段创新的思路。默克集团将创新分成短期、中期、长期三个不同的阶段。那些在比较成熟的技术基础上为客户快速且多变的需求提供服务的研发项目，被设定为短期创新项目；而一些新技术在新产品中的应用类项目，从立项到交付往往需要 1~3 年的时间，默克将其设定为中期创新项目；而不知需要多少年才能完成的难以预测的尖端前沿研究，则是默克的长期创新项目。"如此规划，既不会因为长期的创新而丢掉现有的业务，也不会因为只着眼于眼前而失去了长远的目标。"[2]

这就像是在点开方块较多的区域，掌握的信息充分，不确定性较低，科研开发的周期就可以缩短；而在点开方块较少的区域，掌握的信息很不充分，不确定性很高，就需要进行更多的理论计算、小步尝试；在不幸点到地雷的情况下，甚至还得从头开始。因此科研开发的周期必须计划为长期。

同时，这种分段创新的办法还给资源投入提供了参考：对于确定性很高的研发机会，应当大量投入资源，尽快取得突破，建立专利等壁垒，对竞争对手形成优势；而对于不确定性较高的中长期研发创新项目，则应当采取孵化的思路，适当投入资源，或者仅仅是保持关注，在机会更大或确定性更高时，再增加资源投入。

知名教育公司好未来采用的就是多线布局的内部赛马的方式，同时上线多个直播项目，每一个项目组都可以自主创新运作模式，结果在多个竞争项目中跑出了"在线双师直播"模式，取得了成功。显然，研发创新、咨询智库都可以用多条线布局、内部赛马的模式，让多个团队齐头并进，采取不同思路，形成竞争氛围，谁的进展快，成功的可能性大，谁能获得的资源就更多，这样可以大大提升知识产业价值创造成功的概率。

知识产业的每一个有效创意，背后往往都是几倍、十几倍的无效投入；不过，如果可以用各种方式方法来复制和放大有效创意，也会产生几倍、十几倍的知识产业价值。

例如在教育行业，往往在上百名普通教师中才能"培养"出一位名师。在传统面对面的授课模式下，这位名师只能教授几十最多上百名学生。而在网络技术的推动下，可以通过"名师+辅导员"的模式，以网络教室为媒介让分布在不同地方的学生同时聆听名师课程，这种在不同授课点配备经过统一培训的辅导员与学生沟通和互动，就在最大限度上复制和放大了名师的有效创意。

而在咨询业，对同一个行业往往会形成一个有共性的工作模板，按照这个模板进行调研、分析，基本能够覆盖某个客户企业的大部分信息和问题，这就节省了大量的时间和精力，也放大和复制了前期咨询顾问的有效创意。

在会议论坛产业，专家资源和会议论坛的精彩内容，都可以通过会前花絮、会后解读、文字视频产品等多层次、不同形式的知识产品开发来不断放大论坛会议本身的价值。一个主论坛取得成功以后，可以将分论坛、子论坛、相关衍生产品的开发进行内部创业，有创意的员工或者团队可以获得一定的品牌、资金等资源支持，成功后可以成为一个部门，也可以独立成为子公司，创业领导人还可以获得利润分成、股份等相应的激励。

知识付费产业也一样，一旦形成一个有效创意，往往可以接近零成本进行传播，因此需要通过文字、视频、音频等各种不同方式不断复制和放大，创造出最大的软价值。

## 像制造精品一样打磨一件知识产品

在制造业中，有很多精品产品，如奔驰轿车、苹果手机等，它们不仅有强大的功能，而且在外形、界面等方面也经过了精心设计，有一种让人"一见钟情"的魔力。而在知识产业中，很多创作者还是将主要精力放在内容上，却忽略了表达、界面和外观的影响力。例如，一些水平很高的专家，在论坛上发言用的 PPT（演示文档）非常枯燥乏味，精彩的洞见被淹没在大量的文字和繁复的图表之中，演讲时的语言也缺乏组织，这种"茶壶里煮饺子"的情况屡见不鲜。

对于会议、论坛、演讲、知识分享等"浅学习"领域来说，"抓住受众的思维和感受才能创造价值"这个规律同样成立。因此无论是会议的策划者、演讲者，还是知识分享的专家，都必须花大量时间改进自己的"产品"，以图在最大限度上与受众的思维和感受相遇并迸发出火花。罗辑思维的创始人罗振宇为了准备一场成功的跨年演讲，就像做制造业精品一样打磨一件知识产品："至少做到提前一年策划，提前半年成立专门的队伍，然后开几十场策划会，提前一个月把稿子写好，不断地迭代，不断地演练，演练到跨年演讲三个半小时一秒不差，到最后一字出口，跨年钟声响起。这不是我的本事，这是练出来的。"

例如，台湾地区教育机构圆桌教育基金会，其"人的使用手册"课程的开发、设计，也像在打造一件艺术品。老师的每一段话如何像雨露一样点点滴滴渗透到学员的心里，什么内容结合什么样的游戏，不同年龄和阅历的学员如何分组搭配，学员之间如何分享学习体会，精心配合的音乐如何在最恰当的时刻响起……所有这一切都能够唤起学员最佳的感悟和体会，因此圆桌教育基金会在没有任何公开广告的情况下，靠口口相传在海内外华人中长盛不衰。

# 第三节
## 引入流量思维，创造新需求

所有的销售都是流量转换，但一个培训项目可参加可不参加，一场论坛可听可不听，甚至一项技术专利、一个咨询看上去都是可有可无的，显然知识产品大部分时候并不是必需品。因此，要成功地把来自各方面的流量转换成对知识产品的新需求，首先要让这种产品得到社会认可。

### 产品体验培养认知群体，实现从0到1的引爆

一个新的培训方式、一种新的咨询模式、一家新的智库机构、一场新的会议论坛，在刚刚被创造出来的时候，社会认知都为0。那么怎样才能实现从0到1的引爆呢？

知名儿童英语教育机构 VIPKID 初创时，前三名学生是创新工场

的董事长李开复帮他们找来的，第四名学生是联合创始人自己的孩子。即便是这四名小学员，一开始说服他们来上课都很难，但是有了这个开始，就有了最初的认知和体验，当第一批认知群体的体验被传播，就逐渐有了更多的认知群体，流量就开始像滚雪球般增长。

从事过咨询业务的人都知道，说服第一位客户是非常困难的。在客户不了解的情况下，可以凭过往的业绩和案例来证明自己的能力；而没有过往业绩，就只能靠沟通、承诺、服务甚至价格优势来赢取第一位客户的认可。只有第一位客户的成功经验被传播出去，才能赢得更广泛的社会认知。

有人想办一个新的论坛，但是苦于没有名气，也没有足够的资金，邀请不到影响力大的嘉宾来出席。情急之下，他拿着自己与名人A的合影去找名人B，邀请他出席会议并且说A已经答应出席，B同意出席后再用B的出席去说服A……于是他慢慢就组织起了一个有影响力的嘉宾团，会议得以顺利举办。

为了实现从0到1的突破，历史上的名人也会使用一些增强良好体验的小技巧。当初陈独秀、胡适等人推动文学革命时，他们提出的主张不但没有人追随，就连批评的人都没有。这时陈独秀让钱玄同化名"王敬轩"，写了一篇攻击新文化运动主张的文章，把陈、胡等人的主张骂得一钱不值。再安排刘半农写一篇《复王敬轩书》，驳斥这些攻击性的观点。两篇文章同时刊登出来，一下子就吸引了社会的关注，新思想开始得到认同和传播。

## 利用文化"势能差"创造流量

在唐朝鼎盛时期，中国丝绸在罗马可以卖出相当于长安数十倍的高价。这种差价不是来自丝绸本身，而是来自大唐帝国对其他国家的文化势能差。现在很多来自美国的知识产品在其他国家畅销，其实也是美国对其他国家的文化势能差。

文化势能差不仅存在于国与国之间，也存在于同一个国家的不同地区之间，还存在于知识水平不同的人群之间。知识产品如果要扩大认知群体，就应当学会利用这种文化势能差。

例如，一个来自美国、英国的教育品牌，很容易在一线城市获得群体性认知；一个来自一线城市的付费学习项目，也很容易在二、三线城市扩展。类似于北京哈罗国际学校、新东方培训学校、VIPKID、华与华咨询等，都是从北京、上海、广州、深圳等一线城市发端，逐渐向二、三线城市扩展。知识产品从一线城市向二、三线城市覆盖，就是利用了文化势能差。如果相反，某种知识产品先占领了县城，再向北京、上海进军，恐怕就要困难得多，因为它们不但不能利用文化势能差，而且还要克服文化势能差带给它们的反向阻力——一个来自县城的知识品牌，就算真的质量好，大城市见多识广的人群能接受它吗？

也有些文化势能差不是来自地域差异，而是来自人群之间。比如，有些国际论坛虽然会选择在达沃斯、博鳌那样小而美的城市举办，但这些论坛的势能差主要来自主办方的身份、会议的定位和邀请的嘉宾层次。

## 搭建精准的流量入口

如果 30 年前要办一个英语培训班，需要在大学校园里的公告栏上张贴小广告；如果是 20 年前，可以做一个英语培训的网站；如果是 10 年前，可以在学英文的贴吧发帖子；到了今天，需要做一个英语学习的微信公众号、App，或者在抖音上作为一个英语达人来推广学习方法，顺便发布培训信息。

公告栏、网站、贴吧，或是微信公众号、App 和抖音，要么是生活场景，要么是信息或情感交流的场所，分别对应着不同的寻找认知群体或聚集流量的方法。

无论是新东方、好未来，还是各种培训学校，都可以在生活场景或信息、情感交流场所找到认知群体。只要能发现用户的生活场景或相互间信息、情感交流的倾向，并形成线上或者线下的"知识社区"，就可以逐步搭建起精准的流量入口。

同生活场景、情感交流场所、知识社区相比，通过构建信息聚点打造流量入口，正在成为知识产业的通行做法。麦肯锡的研究报告下载网站、公众号，出版社的新书信息和书评公众号，会议论坛的官方网站，如果能够分享软资源、成为信息聚点，就可以构建起流量入口。

## 靠灵魂人物、软资源、明星产品导入流量

很多知识产业的从业者往往还受一些传统制造业的观念影响，认为收费的课程就不能免费流传，卖票的演出也不能让观众拍摄照片或

视频，收费的研究咨询报告更应该保密。这些做法虽然能够确保收费知识产品的特定价值，但很难借此扩大认知群体。

互联网时代，知识产品的免费流传是十分必要的，大部分时候不仅不会破坏现场收费模式，而且还对现场收费有提升作用。例如，著名的 TED 演讲从一开始就是收费的，原本视频、音频资料也都不能免费得到。当 TED 的创始人克里斯·安德森决定将往期会议视频在优兔上公开时，很多人担心会影响现场售票。然而结果却完全相反，免费的视频、音频极大地扩展了 TED 的认知群体，后来现场票价不但没有下降，反而上升了。

如今，我们能在各大视频网站、音频 App 上免费收看、收听 TED 演讲节目，很多教育培训机构都愿意提供大量免费课程供学员体验，甚至在麦肯锡等大型咨询公司的网站上，也可以免费下载大量研究报告……显然，在认知群体（流量）和费用之间，这些知识企业都优先选择了流量，因为流量本身就有巨大的商业价值。

那些为了获取流量而免费提供的课程、题库、图书、研究报告、会议视频、发言纪要等，实际上不但没有减少付费购买者的数量，反而由于良好的免费体验而彰显了实力，进而提高了收费项目的顾客数量，并提高了现场体验项目的价值。

知识付费产业更是如此，只有能提供足够数量的免费知识产品，才有可能成功收费——80% 的免费项目承担扩大认知群体的任务，20% 的收费项目用来兑现收益。

除了提供免费的教材、课件、题库、难题辅导等知识产品，教育培训机构还可以搭建免费的学习和交流平台吸引流量。例如，一家

K12 教育培训机构投资搭建了一个教育论坛，家长可以在这里讨论育儿、教育、升学、学区房等热门话题，不管你是不是该公司的客户，都可以在这个论坛上交流信息、聊天互动，因此形成了一个免费的知识社区，也极大地扩大了认知群体。

科研公司的产品研发也可以借鉴这样的思路。一项技术只有被业内厂商广泛接受，先形成一个小的产业联盟，再逐步扩大到上下游，这项技术的认知群体才能形成，产业化也才能算成功。

例如，平板显示技术最初有液晶和等离子两条技术路线，以松下公司为代表的等离子技术具备色彩还原好、几乎无拖影、可视角度大等优点，一度被视为平板电视技术的首选，但掌握核心技术的松下公司在技术上的保密意识极强，不愿意与其他企业分享，更不愿与任何企业结成战略联盟，生怕被同行模仿和抄袭，结果反而让保密性不强、产业群体不断壮大的液晶显示技术逆袭胜出。

另一个值得一提的案例是个人电脑的技术竞争。IBM 在 20 世纪 80 年代提出 PC（个人电脑）的技术标准后，并没有将其作为企业的独门秘诀保护起来，而是采取开放技术标准的策略，IBM-PC"兼容机"蓬勃兴起。这些 PC 兼容机厂商事实上也就成了 IBM 松散而又有力的联盟，而它们的竞争对手如苹果电脑成为小众产品，王安电脑等则直接被市场淘汰。

如今，这种开放技术的策略已经逐渐被研发型企业接受，谷歌开放了安卓系统，特斯拉开放了其在电动汽车领域的所有专利，它们都是在新技术还处于幼稚阶段时尽快做大认知群体，促进新产业繁荣起来。

在教育、培训和知识付费等行业，"名师"是导入流量的主要方式。例如，新东方在发展初期就有俞敏洪、罗永浩、徐小平等著名讲师；知名知识付费App得到则通过罗振宇、薛兆丰、叶檀等知名人士获得流量；好未来也曾经用抖音等社交平台传播名师的教学短视频，以此吸引人气，导入流量。

科研公司通过明星产品吸引流量。阿尔法围棋击败围棋世界冠军李世石，吸引了全世界的目光，而波士顿动力的大狗机器人每过一段时间就有新的视频展现它是如何挑战新难度动作的，这些都是科研公司在用明星产品吸引流量。

咨询公司和智库往往通过分享免费的研究成果等软资源导入流量。我们经常可以看到智库专家在大众媒体上分享观点，咨询公司定期发布"干货满满"的研究报告供公众免费阅读，这些都是在用免费的软资源吸引和导入流量。

论坛会议则可以通过重磅嘉宾和关键议题导入流量。要举办一次成功的会议或论坛，并将它打造成有影响力的系列活动甚至成为全球品牌，往往是通过邀请一些核心嘉宾或者选择重要议题导入流量的。例如，2009年的达沃斯论坛既邀请了中国领导人，也设置了"塑造危机后的世界"这样一个特定时点全球关注的议题，被称为"最重要的一届达沃斯论坛"。

## 第四节
## 引领生活方式，创造新需求

人们大脑皮层产生兴奋时才能接受知识，所谓"头悬梁、锥刺股"的痛苦学习体验显然是违背知识学习规律的。如果把知识作为产品，把学习知识作为一种生活方式，那么除了知识获得感、认知能力的提升之外，还必须有愉悦的接受、良好的沟通与交流，甚至要有参与的快乐和高级感——这些美妙体验的组合呈现，就是知识产业引领的新生活方式。

### 获得感是最重要的体验价值

知识产业要让人有获得感，这种获得感可能来自能力的提升，也可能来自信息的获取。

无论是面向中小学生的 K12 教育产业，还是面向成年人的职业教育，其目的都在于提升学习者的能力。能力的提升是一个需要花费时间的过程，那么怎样才能让学习者和付费者（家长）产生能力提升的体验呢？好未来每次在一个新的城市建立分校时，第一年往往只招收200~300人，并且学生入学需要经过极其严苛的考试。这样不仅能在家长心目中建立起高端和稀缺的感受，更为重要的是，这一拨学生都是优质生源，基础知识的掌握和学习习惯都很好，可以通过培训很快提高成绩，让学生和家长（包括没有报名的家长）都产生好未来"提分快"的体验。其实，教育培训产业的获得感还可以来自一些细节。例如，线下培训的课程如果能够赠送课程音频、视频资料，线上培训的课程如果能够提供重复回看功能，就能够提升顾客的获得感。

会议论坛、杂志出版产业要在信息的获取上提升受众的获得感。精心策划的会议论坛会在议题设置和嘉宾选择上做精心的考虑，讨论的主题都是受众最关注的问题，发言的嘉宾都是本领域真正的专业人士，提供的氛围也能够让人畅所欲言，因此会让听众感觉"干货"很多，收获感很强。2020年，在新冠肺炎疫情冲击下，线上会议论坛迅速兴起，万千网民可以同时聆听来自不同行业顶级专家、资深行业人士的会议内容，有助于及时缓解各种焦虑，了解疫情冲击对各国各行各业的影响。

而图书出版从策划开始就要考虑读者的获得感——这个选题是不是当前社会和公众关注的焦点？选择的作者是不是能够驾驭好这个选题？在创作过程中，编辑也要和作者加强沟通，对书的框架结构和写作方法及时提出意见，最大限度地提升读者的获得感。在图书和杂志编辑阶段，内容的选择和呈现也要充分考虑读者获得感的体验，将冗余的部分尽量删去，突出主题，并且尽可能运用版式、图片、表格等呈现方式，让读者尽快得到作者所要传达的内容和信息。这样的图书、杂志会让读者觉得在很短的时间内就得到了实实在在的内容，有很强的获得感甚至超值感。

知识的快速更新推动了经济、行业、工作方式和生活方式的快速变化。知识付费产业帮助人们了解正在发生的事件，跟上世界前进的步伐，提升对世界和未来的把握感。例如，在得到、喜马拉雅、知乎等知识付费平台兴起后，很多著名学者、行业专家都可以通过视频、音频课程的形式向大众传授知识，让人们掌握一些新的观念、知识和技能，提高应对未来变化的能力，更具有即时满足的获得感。

## "专业势能差" 提升知识接受体验

知识产品的提供者与普通服务产品不同，平等或低姿态的服务不但不能提升客户的感受，反而会破坏客户的体验。因此，无论是教师、培训师、咨询顾问、智库专家，还是科研工作者、出版专家，都必须通过自己的专业能力，确立自己与学员、用户、读者、受众的"专业势能差"。

势能差的现象实际上在人与人的关系中广泛存在。除了国家之间、地区之间的"文化势能差"之外，在权力主导的社会中，行政级别可以建立起势能差；在以财富为衡量标准的社会中，金钱可以建立起势能差；在以宗教信仰为主导的社会中，宗教阶层可以建立起势能差。

中国有一个成语"师道尊严"，意思是说老师要通过自己的知识、行为和道德，在学生心目中树立起榜样的形象，这样才能保证良好的教学秩序——学生认真学，老师认真教，最终达到良好的教学效果。不管课堂氛围如何活跃，师生关系如何融洽，都必须以老师的专业权威性为前提，只有跟随内心钦佩的老师学习，学生才会有良好的学习体验。

在咨询、智库行业，专家经常在大众媒体发表文章、接受采访，其结论对于社会公众、大众媒体来说都是有用的参考资料。有趣的是，当政府部门、企业和社会公众阅读甚至根据这些报告做出某些判断的时候，大部分情况下它们并不需要向这些研究机构支付费用。但是通过长时期的免费体验，这些咨询机构和智库已经在社会公众面前积累起越来越高的专业势能差——社会影响力和专业权威地位。只有拥有社会影响力和专业权威的专家，才能给企业和地方政府带来较好的咨询体验。

当然，建立专业势能差并不是说体现某种优越感，也不是说在与客户相处中"高高在上"，或者装神弄鬼、故弄玄虚，而是通过提供能够体现专业水平的免费产品和服务展示自身的专业能力、职业精神和职业道德，让客户产生信任感，能够建立委托关系，同时带来良好的知识产品体验。

## 如沐春风的沟通与交流体验

在知识产业中，在建立起专业能力带来的"专业势能差"后，如果在沟通与交流中能够给顾客带来愉悦的感受，则毫无疑问能够提升知识产品的体验价值。

在教育培训产业中，来自教师、助教等的关注，既可以提升教学效果，也可以提升学员感受。越来越流行的小班教学、配备助教等方法，可以将教师的关注点落实到每个学员身上，随时跟踪他们的进度、学习状态，及时沟通并解决问题，这种受到个性化关注的经历可以产生很好的体验。借助互联网、人工智能等新技术也可以带来不同的体验，例如 VIPKID 通过连线北美口语外教的方式，可以让孩子在有互联网的地方与外教沟通，减少家长带着孩子上线下培训班的堵车、等待的痛苦，也提升了体验的价值。

在咨询行业，麦肯锡咨询公司鼓励咨询顾问在工作中"说出事实真相"，但是也要避免过于简单直白的沟通方式伤害客户的感情。不少咨询公司在面对过于傲慢自大的客户时，都曾发生比较激烈的观念冲突。如何把观念冲突降低到理性合作的范围内，最终获得客户的支持，沟通交流的方式和方法很重要。那种"你说到我心里去了"的愉悦感，就是咨询、智库、论坛、出版等知识产业的体验价值。

教学、科研、咨询与智库的建议、会议论坛、阅读等知识产品，目的都是推动认知转变。

以教育培训为例，对教师来说重复千遍的内容，对学生而言仍然是创造性的知识和技能，如果不注重学生的体验，就不可能达到让学生掌握的效果。在很多课堂上，老师费了很大的力气，学生却收获很少，导致学生放弃这门课程甚至彻底"厌学"。只有紧跟学生的体验，与学生互动，才能达到预期的教育效果。

　　与学员、客户深入互动，首先要了解他们对所传授知识的掌握程度：今天教师所教的定理是否被学生接受了？学生是不是理解了相关的例题？给出类似题目，他们能不能举一反三？在以往粗放的教育中，一名教师要面对几十名学生，师生不可能随时进行沟通互动，这些问题往往要等到课后作业交上来，甚至是测验乃至大考之后才能被发现。现在在电脑、网络等技术的辅助下，教师可以及时了解学生对知识点的掌握程度。同时，教师通过和学员的深入沟通，还可以掌握学生的精神状态：对学习这门课程的态度是积极开放，还是消极封闭，甚至是抗拒厌学？如果是后者，原因何在？只有通过互动才能掌握这些情况，并且可以很快采取具有针对性的解决措施。而这些情况和解决方案积累起来，又会成为改进教学方案的源泉，对于提升教培项目的有效研创也非常有利。

　　可汗学院的创始人萨尔曼·汗用网络技术建立了一套教学体系，记录了学习者对每一个问题的完整练习记录。通过参考该记录，教师可以很容易得知学习者不懂哪些观念。在这个系统的控制下，学习者如果没有搞懂这一阶段的概念，就不会进入下个阶段的学习，只有在彻底搞懂每一个未来还要用到的基础观念之后，才能继续学习。进度类似的学生可以重编在一班，而不是像传统的学校课程那样，为了配合全班的进度，教师只要求学生跨过一定的门槛（例如及格）就继续往下教。这就是"深度学习"创造价值的关键，教学者必须与每一个学习者互动，在教学者的思维与学习者的思维的连接、交流和碰撞中，才能真正创造价值。互联网等新技术的发展使教学者拥有前所未有的技术手段，可以了解学习者的掌握程度、注意力集中程度、兴趣点和心理体验，并做出个性化的调整，就像游戏设计者对游戏玩家所做的那样。

咨询行业也是这样的。在变革方案制订之前，只有通过充分的互动，才能够了解客户真正的问题所在；而在变革方案提交之后，仍然要通过频繁深入的沟通，了解客户对于方案、建议的认知程度，看是不是把握了方案与建议的意义，理解有没有偏差。这样才能保证变革方案完整正确地执行。同样，咨询顾问也需要了解客户（包括管理层、员工）对于方案和建议的心理状态：是欢迎变革，被动接收，还是抗拒变革。只有掌握客户的心理，才能制订正确的实施方案，或者对方案和建议做出适当的调整。

对于会议论坛产业来说，互动包括三个方面。一是与参会的发言嘉宾互动，确保他们能够聚焦会议主题，畅所欲言，同时还要鼓励嘉宾之间的思想碰撞和观点争鸣，这样才能让会议取得最大的成果和软价值。二是与到场听众的互动，应当随时把握听众的动态，考虑当前议题是否能抓住听众的注意力，会议节奏需要加快还是放缓，需要的时候是否插入一个短暂的休息时间，等等。三是会后通过媒体与社会公众的沟通，考虑从哪些角度进行报道，突出哪些重点、亮点，哪些内容是受众最关心、最容易引发共鸣和传播的。只有主动了解和把握发言者、听众和公众的心态、体验，才能在会议论坛中创造出最大的软价值。

## 深度参与的快乐和自我价值感

很多时候，人们参加会议论坛、接受培训、购买课程，除了得到实实在在的能力提升获得感，有时候也是为了一种参与的快乐和自我价值感。

如果一位企业家前往达沃斯小镇亲耳聆听全球政商领袖发言，固然得到了最新的资讯、对全球发展的趋势加深了了解，同时参加达沃斯论坛这件事本身也会成为一个标志，让参会者自身有一种自我价值感。同样，每年的巴菲特年度大会，其内容通过视频直播可以被全世界看到，但还是有上万人每年从世界各地飞到那个叫作奥马哈的小镇，像朝圣一样到现场聆听——除了仪式感、灵魂的洗礼，还可以通过社交媒体告诉朋友："我在现场！"

在知识付费平台上，购买某位著名未来学家课程的用户，也许将自己的参与记录分享在社交媒体上所带来的体验，与他通过听课收获知识所带来的体验一样多；购买同一主题书籍的读者，在阅读的过程中也能找到同样热爱这本书的读者群。

## 第五节
## 创新商业模式，创造新需求

几乎所有的商业模式创新都离不开价值实现的新路径，知识产品的价值实现既有通过产品和服务实现销售收入的传统价值实现方式，也有各种多元的、弯曲的、共享的价值实现新路径和新模式。

### 服务费与专利、品牌收入

在知识产业中，最传统的价值实现方式是收取服务费。例如，教育按课程收费，科研按成果收费，咨询和智库按方案或课题收费，会议论坛收取参会费，知识付费按内容或会员收费，等等。在咨询行业，小到几十万元、几百万元的咨询顾问费，大到十几亿美元的整体咨询方案，都是知识产业价值的传统收费模式。

科研公司通过专利和知识产权收费较多。除了独立的科研公司，很多研发能力远远超过生产能力的软价值制造企业，也大量通过出售专利、技术服务来收取相应的授权费。比如，半导体行业的高通公司，其利润大部分来自专利授权；就连飞利浦这样的传统家电企业，也是一边生产产品一边出售专利，而且专利和知识产权收入超过了家电产品销售收入。

　　一些培训机构在完成第一代培训的模式构建、运营调试，实现盈利之后，可以将自己的经营模式模板化，通过授权连锁经营的方式扩展自己的业务版图。这时通过收取权利金、指导费的方式创造收入和实现价值，是一种将成果"权利化"的创收方式。例如，英国哈罗公学与中国香港某企业合作连续在曼谷、北京、香港、上海等地区开办了哈罗国际学校，通过收取品牌和管理费的模式实现价值。

## 标准化知识产品的收入

　　将科研成果物化到硬件产品中，通过产品的销售实现价值，这还是主流的科研价值实现方式。例如，辉瑞、默克等大型制药公司，虽然其主体是研发，而且生产部分以委托代工为主，但是其研发的价值主要还是以本公司品牌的药品销售来实现的。

　　不仅科研成果的产品转化是价值实现的重要途径，其他知识产业的产品开发也同样重要。例如，专营公务员考试培训等业务的公司中公教育，就有价值数十元的图书、数百元的在线直播课、数千元的非协议班线下面授课、数万元的协议班线下面授课四种产品，能满足不同学习者群体的需求；在得到、喜马拉雅、知乎等知识分享和付费平台上，专家也将他们的知识转化成音频、视频课程等产品来销售，从而实现价值；甚至很多咨询公司也将自己的咨询成果转化为管理软件，以销售软件"产品"的形式交付给客户，并赠送一些软件使用服务，从而实现价值。

## 流量变现与体验变现

如果知识产品能够积累起足够大的流量，那么流量的商业价值自然可以通过各种渠道变现。广告是流量变现的最直接、最基本也是最有效的方法，在知识付费、会议论坛等行业中，通过广告实现收入很常见，例如知识付费平台喜马拉雅约有 40% 的收入来自广告。会议论坛寻求赞助商实际上也是流量变现，例如《财富》全球论坛把赞助商分为白金赞助商、黄金赞助商、白银赞助商、资讯伙伴、供货商和经济发展赞助商六个等级，2005 年一次论坛的赞助收入达到 200 万美元。

知识产业也可以通过将体验变现来创造收入。罗振宇创办的罗辑思维公众号有一项特别的服务，也可以说是一种商业模式，就是在线销售罗辑思维定制的书籍和文创产品，如日历、笔记本等。同样功能的商品，消费者如果仅仅是为了得到这本书的内容，或者得到一个记事用的笔记本，在别的电商平台以很低的价格就可以买到，为什么罗辑思维的读者愿意花大价钱在罗振宇的公众号里买？因为这本罗辑思维定制版的笔记本就像一枚徽章，代表了罗辑思维读者的独特体验。有个朋友创办了一个微信公众号，组织团队创作某一类图书的读书笔记，积累了十几万固定的粉丝群，然后以高于书籍原价 50% 的价格出售相关书籍的作者签名书，每年也能够有几百万元的收入。

一些高端会议、论坛或者俱乐部则通过会员费的方式来变现不同级别的体验。比如，成为达沃斯论坛的会员需要跨过很高的门槛，必须是年销售收入 10 亿美元以上的企业和管理 10 亿美元以上资本的银行，而且每年的会员费高达 3 万瑞士法郎。上述会员费虽然对应着每年参会席位、特定活动区席位、一些报告和出版物的赠阅等，但很大程度上也是成为达沃斯论坛会员的体验费——会员身份本身就能提升企业的社会知名度和信任度，提升企业家和员工的自我价值感。

虽然流量和体验最终都是有价值且可以变现的，但是为了过早地进行流量和体验变现而影响了流量的增长和体验的变现也是得不偿失的。凡是有远大目标的企业都会尽可能地做大流量、改善体验，甚至为了做大流量、改善体验而牺牲当期收益。比如，2009 年谷歌工程师提出开发即时搜索功能 Google Instant，即不等用户敲下回车键，而是在输入搜索词条时就开始显示搜索结果，这能够在不到 1/10 秒的时间内解决多数用户的搜索查询。从改善用户体验和增加流量的角度来看，这无疑是一个巨大的进步。它的直接结果是，用户点击广告的概率或许会有所下降，有可能给收入和利润带来负面影响，但是最终谷歌还是采用了这项技术，因为它相信只要用户体验不断改善，搜索流量不断扩大，流量和体验变现的时间越晚，也许能够变现的价值就越大。

## 通过裂变模式，弯曲地实现价值

在会议论坛产业中，如果已经成功地打造了一个核心的论坛品牌，那么在这个核心的论坛品牌下组建相关的分论坛，就可以用较低的成本产出较大的商业价值。

例如，达沃斯论坛就通过设立相关领域对话社区的方式，成功地打造了自己的"核心 + 卫星"式的论坛组织模式。目前，除了每年1月召开的论坛年会外，还在各地举办多场地区峰会，针对不同的行业和议题。这样将核心论坛已经形成的认知群体扩展到更细分的领域，同时为不能参加核心论坛的潜在群体提供新的参与通道。

达沃斯论坛的战略合作伙伴每年要向论坛交纳50万瑞士法郎，才能够参与论坛的议程、倡议和活动的规划，并在论坛中享有更多发言权，战略合作伙伴均为全球顶级企业，如可口可乐、普华永道、高盛集团等。行业合作伙伴则每年需交纳25万瑞士法郎，它们均为各行业的精英企业，例如麦肯锡、安永等世界顶级咨询机构，这些企业几乎横跨所有行业。

这实际上是将主论坛创造的价值，以裂变的方式通过卫星论坛来实现。其实，这种"裂变式"价值实现也适用于教育培训等行业，例如新东方通过留学英语培训创造了大量的软价值，后来通过裂变方式逐渐扩展到了少儿英语、中小学课外辅导等领域，实现了裂变式的弯曲价值实现。

## 知识产业的资本市场兑现

知识产业的软价值通过资本市场兑现已经成为惯常的做法。国内外知识产业的上市公司越来越多，中国的新东方、好未来在纳斯达克上市，中公教育等则在国内 A 股市场上市，并有较高的估值。未上市的知识企业也可以通过出售给 VC（风险投资）、PE（私募股权投资）来套现一部分价值。很多在教育培训、研发设计、咨询等行业的创业团队，都在占领一定市场份额后将企业出售给大型企业，完成软价值的实现。

咨询行业通过资本化实现价值的手法更多，在这个方面，美国贝恩公司的做法值得借鉴。最初，贝恩公司除了直接收取咨询费的方式之外，还接受顾客提供一部分股权作为咨询服务的报酬；后来专门成立了贝恩资本，通过杠杆收购的方式，收购一些管理欠佳、存在效率提升空间的企业股权，再利用贝恩咨询的战略管理能力对所收购的公司进行资产和业务整合，在提升估值后再将股权以更高的价格出售，由此获得更大的资本增值。

## 第六节
## 深化组织变革，创造新需求

用软价值战略推动知识产业的创新与转型，除了提高研发创意的有效性、扩大认知群体和流量转换效率、提升体验价值、探索知识变现的新商业模式之外，最终还要落实到人才、组织与激励机制保障上。

### 多样性"学习型动物"的团队搭配

对于知识软产业来说，人才的学习能力是非常重要的，谷歌将这种类型的人才称为"学习型动物"。怎样才能找到这样的"学习型动物呢"？常见的方法是考察他的知识背景、逻辑思维能力和理解力，询问他最近接触的新知识、新技术领域是什么，并且听听他对此是否有真正的领会和洞见。而谷歌招聘中的一个做法是，让应聘者对以前犯的一个错误进行分析。能够坦然面对自己错误的人首先就具备开放的心态，如果能对错误的原因进行深入分析，便能展现他的逻辑思维和学习能力。

知识产业的有效创意、流量创造和体验提升都是创造性思维的成果，具有高度的不确定性，我们需要打破常规，实现不同专业、不同领域和不同文化之间的知识、元素以及思维方式的碰撞、交锋和重组。这就需要将来自不同专业、不同领域和不同文化的人组合或者联结起来，能够经常地进行交流和互动，以提升知识软价值的有效创意。

就像在硅谷的研发公司，来自美国本土、欧洲、中国、印度的科学家们在一起工作，虽然每个人的文化背景、思维方式、价值取向都不尽相同，但可以用英语进行无障碍的交流和碰撞。同时，硅谷所在的加州是阳光之州，吸引了诗人、作家、编剧、导演、工程师、风险投资家等汇聚交融，这是硅谷知识产业蓬勃发展的重要原因。又如，全球知名的咨询公司麦肯锡在招聘时非常重视团队成员经验的多元化，也就是着重招聘更多具有不同背景的人才，除了 MBA 毕业生之外，还招聘大量具有特殊行业背景和经历的人员。

在知识型团队的管理中，领导人一定要对不同的意见和思维方式保持开放的心态，而不要将所有的分歧用统一意见来解决。在组建知识产业的研发创意团队时，既要有技术型研发人才，也要有艺术型设计人才；在搭配流量管理团队时，要将营销、心理、品牌、传播等方面的高手有机地组合起来；在配备体验提升队伍时也是一样，不仅要有围绕知识产品使用的传统客服人才，也要有以人的参与、互动、会员活动为中心的体验设计人才。在人才梯队的搭配上，既要有作为团队灵魂人物的首席专家，也要有思维活跃、专门负责激发想象力的"鲶鱼"角色；既要有负责搭建模型、提出方案的"工程师"，也要有专门挑错、找漏洞、提示风险的"蓝军"。

## "弱管理＋强引导" 的组织管理方式

知识产业的从业者往往具有很高的知识水平和鲜明的个性特征，其财富的源泉不是生产线，而是人的创造性思维活动，因此，过于机械的生产线式、螺丝钉式、模板式的工业化管理方式不适合这类知识输出活动。适合知识产业的是宽松的环境、小团队作战、开放和富有活力、弹性流程的文化氛围，让知识产业的讲师、研究人员、咨询顾问、演讲专家面对不同的客户、场景、问题都能够创造性地开展工作，随机应变地提出解决方法。

例如，在教育行业中，教师的专业素质、个人魅力和教学方式往往是吸引和激励学生的重要因素，因此我们不可能对教学内容和方式进行模式化的管理，让教师千人一面。新东方的成功，正是由于早期自由宽松的教学管理模式培养出来的俞敏洪、徐小平、罗永浩、李笑来等有个人魅力的专家。因此像新东方、好未来等成功的教育企业，都强调企业文化的管理，但是允许教师对于具体的教学过程创造性地按照自己的方法来教学。好未来提出的"成就客户、务实、创新、积极、合作、尽责"六个价值观所形成的管理作用与其教学业绩考核同样重要，也是用文化驱动业务发展的知识产业管理模式。

又如，在咨询和智库行业中，咨询顾问不管面对拥有何种经历或个性的客户，最终必须独立提出关键问题的解决方案，并选择客户能够接受的方式与其沟通，最终推动咨询方案落地实施。类似这样性质的知识产业工作，不仅需要宽松、有活力、弹性流程的氛围，还必须给予咨询专家足够的尊重与支持。

总之，为了构筑适合知识产业的宽松文化氛围，总的管理文化可以采用"弱管理＋强引导"的模式。弱管理是指对于技术领域的具体事项不做过多过细的管理，将主动权交给一线团队和一线员工；而强引导则是指公司主要通过价值观、企业文化的贯彻，战略目标、阶段目标的设定和引导，在让各项业务活动与企业大方向一致的前提下，不断地提高每个团队、每个人的创造力。

## 大后台支持小团队作战的组织模式

一位出租车司机面临的客户需求是非常单一的，就是将客户从出发地送达目的地，他需要做出的选择无非是路径的安全和便捷。而知识产业面临的客户需求往往是千变万化的：一名教师面临的学生具有不同的智力禀赋、学习习惯、家庭环境和成绩起点；一个咨询顾问面临的企业处于不同发展阶段，可能会因为各种各样的具体问题而求助于咨询；而一个高峰论坛的主办方则面临着不同诉求、不同背景、不同需求的与会嘉宾和听众……因此，知识产业直接服务于客户的应当是非常敏捷、适应变化的"作战"单位，其最适合的组织架构是"大后台＋小前台"的模式。与客户直接接触的前台是教师个人（或者

"名师＋助教"的教学小组）、咨询顾问组、论坛执行团队等小团队，而为之提供支撑服务的是一个大的后台系统，承担强大的软资源开发和共用体系。例如咨询公司的咨询工具开发、案例整理与共享、经验整理与分享等，教育培训行业的教学研究体系、教案整理分享体系、学生成绩分析系统、技术支持系统等，会议论坛行业的会务运营、硬件资源共享、客户服务、音视频资料等软资源开发等。

## 项目投资化的知识产品开发体系

小规模的知识企业的产品开发过程不仅取决于产品开发部门，而且主要依赖灵活的跨部门协调，企业领导人发挥的作用比较大。而对于成熟的知识企业，无论是教育培训机构科研公司、咨询智库、会议论坛、知识付费平台，还是知识出版单位，类似于IPD一样把产品开发当成项目投资的管理理念都是适用的。

首先，产品开发不再仅仅被作为一项研究工作，也不再仅仅根据领导人的市场敏感性和技术部门的能力来决定，而是要作为一个项目投资进行评估。除了评估要投入的研发费用，还要各相关部门一起评估这个研究项目是否具备市场前景，获得通过后才能立项。

其次，一旦立项，研发就不再是独立的研发部门单独承担的工作，而是要从相关部门抽调人手来参与，确保研发工作的有效性。

最后，模板化与标准化的研发流程管理。为了提高研发的有效性，研发流程应尽量标准化，从概念提出、计划、开发、验证、发布、评审和产品生命周期管理都有标准化的模板、要求，这样即使经验不丰富的员工也可以迅速进入角色，并确保研发效率。

## 以 OKR 激发内在动机，重视关键结果突破

在中国知名教育机构好未来，公司内部不是自下而上写周报，而是自上而下写周报：主管给直接下属写周计划，直接下属又给他们各自的下属写，下属根据上司的周报确定自己的工作成果是什么。这样一来，很多人协同完成主管的目标，很多部门协同完成 CEO 的目标，达到了很好的效果。

这种本质上让下级根据上级的关键结果认领工作目标的管理方法，有点儿类似于以激发内在动机为出发点的 OKR 激励方法。

管理制造业生产线可以采取计件工资、计时工资等量化和过程性监督考核办法。2015 年以前，现代企业流行的主要是 KPI 考核办法，但对于软价值创造者而言，不但过程性监督不适合，有时候与 KPI 挂钩的外在激励和惩罚也未必适用。由于知识产业的价值创造是不确定的，企业必须激发知识创意主体的内在动机，让他们为自己内心的兴趣、热情和追求而工作——自己制定目标、自我激励，只要认真投入，即便不能实现目标也不会有任何负向激励，而一旦目标实现则会收获物质和精神两方面的充分回报。因此，自从英特尔公司发明了 OKR 之后，它就迅速在知识产业流行开来。

为什么知识创造企业更适合用 OKR 呢？打个比方，制造业产品的目标是明确而清晰的，就像用大炮轰击一个目标，只要确定了大炮和目标的位置，就可以计算弹道，确保命中目标；而在不确定的量子

世界，知识产业的创造性思维活动更像是你从手中放出一只小鸟，小鸟飞行的目标可能是"沿着一个确定的方向、到一个大致范围内捕捉一些可能存在的虫子"。要让小鸟实现这样的目标，你不但不能用确定的轨道来约束它，甚至也不能用简单的激励和惩罚来管理。而管理一家知识企业，是要引导一群鸟飞向某一个方向，每只鸟儿的飞行速度、意愿、方向把握能力都不相同，这时OKR的做法如下。

第一，要让所有的鸟儿都明确知道这项任务的宗旨（明确的方向）和团队的总体目标，但并不明确每只鸟的准确目的地和任务数量，而是让每只鸟根据自己对任务的理解和自身能力的判断，认领并确定自己的目标（飞到哪里，捉几只虫子，捉什么样的虫子）。

第二，虽然每只鸟自己确定的目标只是给自己设定的挑战，而非考核的标准，但每只鸟都要公开自己的目标，让其他鸟都知道。这样，每只鸟都追随自己要挑战的公开目标，同时也知道别人的目标，可以根据自己的目标和其他鸟的对比来调整自己的目标。当所有鸟的计划汇总起来并进行调整后，大致就是团队的目标。

第三，无论是最初目标的确定，还是在鸟儿的飞行过程中，都有专门的"教练"（不是监工）负责和鸟儿研究目标的合理性、一段时间的飞行业绩、距离当初设定的目标还有多大差距、可改进之处、目标是否需要调整、实现目标的方法以及飞行的姿势有没有问题、长途飞行有没有受伤，或者有没有及时得到水和食物的补充，等等，确保鸟儿在下一段的飞行中能够飞出更好的成绩。

第四，如果鸟儿并没有实现它自己制定的目标，也不会受到惩罚，因为每只鸟儿给自己定的目标从一开始就具有挑战性。能有60%

的鸟儿实现自己的目标就不错了，而剩下 40% 没有实现目标的鸟儿也许是遇到了意外，也许只是因为自己把目标定高了，实际上也尽了最大的努力，并为团队做出了贡献。

第五，鸟儿都想提高自己的飞行能力，而不是碌碌无为；每只鸟儿给自己制定的目标都可量化，并且有很高的挑战性；有"教练"协助鸟儿检查、改进，向目标接近。最终，集体的目标大概率就被实现了。

上述以激发内在创造性动机为核心思想的 OKR 激励方法，避免了在知识产品创造的总体目标和实现过程高度不确定的前提下生搬硬套传统 KPI 的误导，同时也避免了面对高度不确定性的目标造成普遍不达标而严重影响团队士气，也不会出现为了完成 KPI 而故意设定较低的目标的情况。

在用 OKR 激励方法成功激发员工的内在动机之后，知识企业还要设计丰富的薪资激励工具箱，包括岗位工资、团队绩效奖金、项目利润分成、期权、股权等，分别对应研发创新、流量创造和体验提升等不同环节的努力、失败和成功等不同的绩效。

研发创新的过程非常枯燥，大量的环节是无效的，而且可能遇到一些重大的挫折。当投入很大预算的实验失败时，企业应该保证研发人员得到充分的激励，只要他们态度端正，方法正确，就不应当让他们因为失败而在薪酬上受影响。也就是说，企业要为成功颁奖，为失败买单。

知识产业的绩效要向价值创造和实现的关键成功步骤、关键结果倾斜，让对关键结果做出贡献的核心人物获得超额回报。在软价值创造中，关键环节的突破和成功可能带来飞跃性的价值爆发，这时不应该用资历、工作时间等因素核算关键人物、关键结果的回报，除了涨薪、奖金、晋级，还可以采用利润分成、股权奖励、吸纳为合伙人等多种方式。

例如，华为公司曾经有位年轻的研究人员带领瑞典的团队在半导体技术上做出了重大突破，公司一次性给其涨了五级工资。而亚马逊就采取了基本工资加股票的薪资结构，而没有奖金，或者说奖金实际上是通过股票的方式发放的；华为和阿里巴巴等企业也用不同的方式引入了股权激励，用工资体现当前的确定性付出，用股权的长期价值来引导员工为"不确定的"未来努力。

## 注　释

1.　任思远、邱晨辉：《知识更新换代过快医生如何吸收》，中国青年报，2016年8月30日。

2.　杨筱卿、默克：《创新是企业的生命力》，中外管理，2015年第12期。

# 06
## 高端服务业升级引领消费升级

有关调研数据显示，中国的餐厅平均寿命仅有 508 天，而利用互联网平台提供大规模外卖服务的餐饮企业却发展迅速。大量百货、家电、数码企业选择关闭店面，互联网电商、社交电商、娱乐电商等新模式却蓬勃发展；传统的出租车行业已经被网约车等新模式改造，快递成为人们生活中不可或缺的物流助手；支付宝、微信支付大大改变了银行业，绝大多数业务能在网上和手机上完成；旅行、健身、体检、养老、医疗等健康服务中的科技含量也在不断提高，逐步运用各种新的服务手段、检测手段、治疗手段……

高端服务业如何找到创新方向，传统服务业如何找到转型方法？围绕新业态研究开发、新流量导入和转换、新的生活方式体验、新的商业模式创新和组织模式变革，只有用软价值重塑服务业，才能创造出新需求。

## 第一节
## 消费升级与高端服务业的新业态

围绕着更好地满足人们对审美、社交、尊重、共鸣、自我实现等需求，高端服务业借力各种新技术，不断发展出各种新商业模式和新业态。

### 新零售：超越电商，直击体验

近年来，从实体店到传统电商的商业零售业发展迅猛。就在人们一度认为零售业的创新已经接近极限时，体验式零售、社交式零售、情感式零售快速崛起，拼多多、电商直播、流量带货等新零售模式喷涌而出。2020年上半年，中国的电商直播超过1 000万场，活跃主播人数超过40万，观看人次超过500亿。2020年"双十一"前后，每天同时在线观看李佳琦、薇娅直播的人数都以千万计。

## 餐饮业：亘古不变与脱胎换骨

民以食为天。在《清明上河图》《东京梦华录》中，宋朝都城东京汴梁的饮食业之发达让人称羡。自改革开放以来，个体、私营工商业蓬勃发展，餐饮业成为民营经济的重要战场。2019 年，我国餐饮业收入达 4.7 万亿元，同比增长 9.4%。麦当劳、肯德基、必胜客给中国带来了连锁经营等餐饮业现代经营模式，西贝、呷哺呷哺等企业成为新中餐的标杆，喜茶因为满足了新一代消费者对社交、新颖、灵感、有趣的需求而风靡中国大中城市。中国老百姓对餐饮业的需求除了吃饱、吃好，还追求有利于健康、环境优美、社交氛围浓厚、文化体验良好等新的感受和体验。

中国饭店协会发布的数据显示，到 2018 年年底，以杭州饮食服务集团有限公司为首的中国正餐企业前 50 营业额合计超过 1 100 亿元；以海底捞为代表的火锅餐饮企业前 20 营业额合计超过 500 亿元；以老乡鸡为代表的快餐小吃企业前 10 营业额合计超过 150 亿元。但与此同时，餐饮业的行业集中度相当低，各业态位居前列的百家领军企业营业额合计不足 2 000 亿元，占行业总量不足 5%，可以看到其有很大的整合、发展空间。

低热量、低脂肪、高纤维的"轻食"业态在大城市的白领中非常流行。有业内人士预测，中国轻食产业规模有望在三年内突破 1 000亿元，五年内逐步占到餐饮总收入的 10% 左右；新式茶饮料在短时间内火遍全国，市场规模在 2019 年达到了 1 405 亿元。

## 酒店旅游：从"宾至如归"到"别样体验"

当经济型酒店越来越难做的时候，那些主题酒店、亲子酒店和风格各异的网红民宿却一宿难求。前瞻产业研究院发布的数据显示，主题酒店的市场规模不断扩大，2017 年约 220 亿元；观研天下的报告显示，2017 年我国在线民宿预订市场交易规模约 126 亿元，比 2016 年增长 62%，2018 年达到 191 亿元。未来随着我国旅游业和民宿产业的快速发展，产业链逐渐成熟，在线民宿市场将会持续增长。

两个同样的人造景点，珠海长隆 2018 年的入园人数突破了 1 000 万，而广州长隆的入园人数也达到了 500 万左右。若按照门票的价格 300 元 / 张来算，长隆一年仅门票的收入就能达到 45 亿元。再加上长隆每年举办的各种活动、食宿以及售卖周边产品等一年也有 30 亿元的收入，因此其一年的收入保守估计也能达到 70 亿元。[1] 而国内为数众多的三国演义、西游记等主题公园却门可罗雀。前者是集游乐、剧场、巡游、休闲、餐饮等为一体的旅游休闲服务综合体，而后者只是水泥森林和一些老套人物毫无生气的塑像而已。因此，作为世界第一大出境旅游消费国的中国，目前只是世界第四大旅游目的地国家。2019 年 11 月，世界旅游业理事会（WTTC）预计，未来 10 年内中国将成为世界上最大的入境游市场。

作为拥有上下五千年历史、纵横几万里的大国，中国的自然风光和人文历史资源之丰富自不待言，旅游消费升级有非常大的发展空间，国外许多知名景点的复游率在 30%~40%，而国内大多数景点的复游率竟接近于零。[2] 人们的旅游需求正从"到此一游"向"休闲游"

"体验游""深度游"转变，提高复游率、过夜率，能给景点及周边产业带来百分之几十甚至翻倍的收入增长。

## 医疗保健：对生活质量的不懈追求

大健康产业是一个 10 万亿元级的大市场。前瞻研究院的报告显示，2018 年中国大健康产业的市场规模为 7.27 万亿元，较 2017 年同比增长 10.7%；2019 年达到 8.78 万亿元，较 2018 年增加 1.51 万亿元，未来大健康产业仍将保持较高速的可持续增长。

目前，健康管理产业呈现出高速增长的态势，头豹研究院测算，其市场规模由 2014 年的 1 054.3 亿元上升至 2018 年的 2 481.1 亿元，年复合增长率达到 23.9%。定期体检已经成为很多人的习惯和单位的常规福利，但是距离日常对身体状况的监控和真正把健康管起来，还有很大的差距。随着技术的发展，可穿戴设备、物联网、医用传感器将有条件对人们的血压、血糖和各种生化指标进行高频监测，心脏病、脑卒中的风险将能够得到更加有效的预警；基因检测技术将更早地发现肿瘤等病症，为早期治疗和生活质量的改善赢得更多的时间。健康管理市场仍有巨大的发展空间。

养老市场同样是一个潜力巨大的待开发市场，主要形式是专业养老机构的发展，同时还包括社区养老、居家养老，以及养老保险、养老地产、养老资管等相关产业。作为世界第一人口大国，中国老龄人口增速（高于 5%）高于人口平均增速（不足 0.5%）。截至 2019 年年末，我国 60 岁及以上的老年人口数达 2.54 亿，占总人口的 18%。中金公司预测，从 2020 年开始中国将进入老龄化的"斜率"快速上升的阶段，预计在 2030—2040 年，中国老龄化程度将超越美国，接近欧洲。中信建投证券的数据显示，欧美等发达国家养老产业占 GDP 的比重都在 20% 以上，目前我国这一占比仅为 7%。对比国际，我国的养老产业发展空间巨大，2018 年我国养老产业市场规模达 6.57 万亿元，预计 2022 年将达 10.29 万亿元。

　　健康养生产业的需求很大，现今不仅中老年人注重养生，就连"90 后"也开始进入养生消费者的行列。健身、食补、营养规划、药食同源等概念越来越被人们接受，但整体来看，健康养生产业仍处于起步阶段，中国的健身渗透率仅为 0.8%，而全球平均渗透率为 3.7%，欧美发达国家竟达 20% 以上。全球健康研究所（GWI）统计，2018 年体育产业私营部门创造的经济价值达 8 282 亿美元，其中消费者参与活动创造约 3 677 亿美元，占比 44%，主要包括健身和体育运动；体育相关的服务业、体育用品和服装业占比为 56%，达 4 659 亿美元。

## 客运行业的经历、体验和享受

　　出行是人们的重要需求，在"一票难求"的年代，只求到达、不求体验是传统客运服务业的真实写照。但是随着高铁的快速发展、私家车的逐渐普及，以及收入增长后航空旅行的相对门槛逐渐降低，人们选择客运服务开始追求不一样的经历、体验和享受。

　　当前客运行业发展的趋势是，航空运输业技术进步的空间有限，主要体现在运营模式（如廉价航空、通用航空等）和服务水平的竞争；以高铁为代表的铁路客运技术近年来发展非常快，未来将有进一步提升的空间，速度的不断提高和路网的建设，使得高铁出行对航空运输的替代率越来越高；而以长途客车为主的集中式公路客运虽然占据了客流量的 75%，却呈现出逐年萎缩的态势，2019 年上半年公路客运量下降了 4.8%，铁路运输和自驾出行的替代效应非常明显；而从市内交通的发展来看，中国已经有 40 个城市开通地铁，一、二线城市普遍出现了地铁、公交、自驾车、网约车和传统出租车共同满足人们出行需求的局面。

可以预见，在未来的客运市场上，传统航空业在高铁的强势竞争中，将向着进一步提升体验的方向发展。通用航空的发展空间巨大，恒大研究院的数据显示，2014—2018 年在中国尚未完全开放行业政策的情况下，通用航空年复合增长率达 17.0%。通用航空未来在高铁覆盖不到的区域将有广泛的发展空间，从美国的数据来看，2015 年通用航空相关产业就为美国经济贡献了 2 190 亿美元的总体经济产出。如果中国放开相关政策，通用航空的行业规模将不止于此。

在公路客运市场上，传统的公路运输正面临着蝶变前的危急时刻，网约车正在逐步进入这个市场。网约车不仅提供了"车在楼下等"的便捷服务，更为我们提供了掌控行程、参与点评的主动参与感，而不是只能被动接受与货运相差无几的运输服务。就像支付宝改变了银行，"如果运输公司不改变，网约车也将改变运输公司"。

在城市交通市场上，头豹研究院测算，网约车还将维持 12% 以上的年复合增长率，到 2023 年市场规模将增长至 5 101.7 亿元；共享汽车等新模式也在逐渐成熟；而私家车服务市场也有很大的发展空间，专业机构测算，包括汽车配件、汽车用品、汽车维修保养、汽车改装美容，以及二手车、汽车金融、汽车保险等在内的汽车服务市场总体年均复合增长率将达到28%。

就像经济学家马歇尔所说的，"人类的欲望和期望在数量上是无穷的，在种类上是多样的……他向前进展的每一步都增加了其需求的多样性，以及满足需求的方法的多样化"。服务也是与我们生活最贴近的产业，随着经济发展、收入增长和技术进步，传统服务业正在向高端服务业演进，其价值创造和价值实现的规律也在发生新变化。

# 第二节
## 让有效研发创意创造新需求

　　随着技术的进步和自动化程度的提高，普通的无差异服务价值与创造性思维活动的高端服务价值差距越来越大。那么如何通过提升高端服务业的产品开发效率来创造新需求呢？

### 市场化产品创意与项目化、系统化开发

　　在传统的服务业企业中，产品开发战略都是老板考虑的问题。老板看对了，就可能推出一个"爆款"；老板看错了，就会让研发资金打水漂；老板没思路，就只能重复老产品、老业务。

　　事实上，在高端服务业中，产品开发灵感要么来自专门研发人员，要么来自与顾客直接接触的一线员工，因而这些专门的研发人员或一线员工都可以成为"创客"，不断推出服务创新。老板其实应该

优化机制，鼓励一线员工和研发人员多提市场化的产品创意，设立"创意评审委员会"或"项目评审委员会"，在筛选、评估出好项目后，再支持创意的主要提出者组建开发团队，提供中后台相应资源支持，系统化推进产品项目的开展和实施。

高端服务业的研发创意项目化管理，同样可以借鉴IPD，一旦有好的产品创意，就迅速组建包括财务、采购、供应等各条线的人员，甚至邀请一线的服务人员加入研发项目团队，通过系统化开发提高产品研发创意的有效性。

## 寻找行业大师、情商高手和技术天才

虽然普通菜馆竞争激烈，生命周期短，但是特色菜馆、环境优雅、服务周全的餐饮店却长盛不衰；普通理发店收费很低，但高级美容师、造型师、化妆师则费用不菲，也不乏顾客。提升高端服务业的有效研创，首先要找到业内的高技能精英人才。就像餐饮业的大厨、美容美发业的"Tony老师"、医疗领域的名医或资深护士，以及技艺高超的按摩师……都是提升服务业有效研创所需要的精英人才。

以健康产业为例，体检、健身、养生等行业直接涉及人的身体健康和生命安全，因此无论是医生、护士还是健康顾问和健身教练，都必须是具备专业资格和良好职业道德的专业人士。例如，亚洲最大的私人医疗集团新加坡百汇医疗集团就非常注重高端医疗人才。全新加坡一共有3 000多名医生，而百汇医疗集团就拥有1 500多名著名医学专家，基本上所有的医生都有公立医院10年以上的从业经验，并且几乎都到美国和英国进修过，许多医生在加入百汇之前已经是亚洲地区该行业的精英。[3]符合条件的专业人才是稀缺的，从人才的角度来说，健康产业在相当长时间内是存在发展瓶颈的，不可能像便利店和快餐店那样很快地复制。一些企业为了实现快速扩张，聘用不具备执业资质的人员上岗服务，一旦出现差错将会危及客户身体健康甚至生命安全，是非常危险和短视的行为。

新服务、新流程的有效研发创意，需要"高情商"的经营型人才，也就是一方面能够从顾客的角度思考问题、发现痛点，另一方面又能够发现组织流程上的堵点，并提出创造性的解决方案。例如盒马鲜生将生鲜产品的销售与加工结合起来，实际上是把传统的菜场与传统餐饮的后厨进行重新组合，为顾客提供了既新鲜洁净又快捷方便的新体验。

高端服务业的产品创新还需要新型技术人才。据说某中国大型O2O平台一年的研发开支超过70亿元，庞大的开发团队不断尝试将新的生活服务领域纳入服务平台的覆盖范围，程序员也在不断优化算法、改善界面、提升效率、改进体验。因此必须找到移动互联、物联网、人工智能、机器人等新技术领域的人才。

## 在创造中找到开发好的软资源

高端服务业中有大量的软资源可以开发。例如，在餐饮行业，有大量的经典菜谱、民间小吃、名厨经验；在零售行业，有海量的进销存数据、顾客反馈意见；在酒店行业，有无数的名店管理规范、服务模式；在旅游行业，有历史人物、历史事件、人文传说、文艺IP；在医疗健康行业，有名医和教练的经验、经典验方、历史病例、锻炼数据等。

对这些软资源进行创造性的开发，对于提升高端服务业有效研创、吸引流量以及改善顾客体验都有非常大的帮助：在传统经典、IP、验方的基础上开发新产品，就不是搭建空中楼阁；以可靠的数据创造和引入流量，流量就不再是无源之水；根据顾客反馈提升体验，也不会是无的放矢。

软资源不仅是创作者心思、经验的凝结，也投射了消费者、受众和顾客的认知，因此软资源往往是越用越值钱，越重复越有效。例如同仁堂在将近300年的历史中，不论外界怎么变，"炮制虽繁必不敢省人工，品味虽贵必不敢减物力"的核心理念从未改变过，这是同仁堂能够历经百年而不衰的根本原因。

此外，也要注意创新开发。如果一些百年老字号只是守着传统的服务、产品和流程不思改进、不敢改进或者不愿改进，即使像全聚德烤鸭这样的"传统名吃"也会面临消费者的口味疲劳和审美疲劳带来的体验感下降，最终将面临流量和金字招牌价值的流失。而迪士尼公司长期坚持"三三制"，每年淘汰1/3的硬件设备，新建1/3的新概念项目，就是出于这样的目的。迪士尼有一个口号——"永远建不完的迪士尼乐园"，这让公司保持了生命力，让顾客永远有新期待。

## 为高端服务业创新提供宽松的环境

在以软价值为主的制造业、知识产业、文化娱乐产业等行业中，创新主要是研发和创作团队的工作。而高端服务业有点特殊，顾客的需求往往是个性化的、多变的、不可预测的和不可量化的。这就要求每一个与顾客打交道的工作人员都要成为创新者，创造性地为顾客提供优质服务，提升顾客的体验。因此，不同于传统服务业实行的严格管理、按照规范操作的工作环境，高端服务业创新更需要宽松的环境。海底捞并不严格按照刻板的标准要求服务员，而是给他们一定范围的权限。例如，有顾客在用餐时觉得海底捞赠送的西瓜特别甜，想把一些没有吃完的西瓜带回去，但是服务员前来阻止，就在顾客以为不能带走而打算离开的时候，服务员却抱来一个完整的大西瓜让其带回家吃。这样做的前提就是海底捞给一线服务员提供的宽松环境。

## 从消费者体验出发，老老实实当一回顾客

服务业的新产品是怎样研发出来的？有人研究过一些小吃的诞生历程：在20世纪30年代的武汉，有个卖面条的老板为了保存准备好的面条半成品，就想办法在面条上拌了一些油和芝麻酱，结果味道非常好。口口相传以后，这种面被称为"热干面"，备受欢迎，现如今成了可以代表武汉的特色食品。

像过去那样为了满足生理需要、无心插柳的服务业新产品研发已经不能满足竞争的需要了，从消费者的体验出发进行研创才是有效的提升方法。

例如，喜茶在研发新产品的时候，并不是为了满足消费者解渴的需求，而是首先研究消费者需要什么样的体验，再根据这种体验来设

计配方，寻找并定做物料。喜茶的研发人员在开发招牌产品"金凤"时，首先判断年轻消费者的口味体验需求，一是口味要清新，二是要有味觉记忆点。为了实现这种市场上前所未有的体验，喜茶专门向上游供应链"反向"定制了一款茶叶。

怎样才能让高端服务在不断迭代中有所提升呢？"老老实实当一回顾客"是最有效的法则。

"老老实实当一回顾客"也是迪士尼乐园的"米奇定律"之一，意思是幻想设计师要把自己放在游客的位置上，亲身体验游客的经历，发现他们的需求，发现自己设计中的短板和痛点，这样才能设计出好的乐园环境、游乐项目和服务流程。

"老老实实当一回顾客"涵盖了三个层次的意思：一是从顾客的角度出发，消灭那些仅仅是因为考虑不周而造成的不方便、不确定以及时间和金钱的不必要花费；二是从顾客的角度出发，消灭那些为了提高工作效率、降低成本而给顾客带来的麻烦和不良感受；三是从顾客的角度出发，设计出能够提升顾客体验的产品、环节和流程。

服务业研发创新存在的一种情况是，已经通过某种业务形成了流量，但是在将流量引导到新业务上形成新增长点时却失败了，问题就出在创新没有以客户的体验为出发点。

例如顺丰通过优质的快递业务积累了很高的小区流量，因此想通过设立便利店的方式，将这些流量转化到新零售业务上，形成新的利润中心。但是在花费十几亿元资金开设了超过 3 000 家门店之后，顺丰的"嘿客"项目却以失败告终。问题就在于顺丰在设立"嘿客"小店时，一方面为了让顾客看到小店展示的商品，要求顾客走进小店下单快递，这与人们平时在家寄快递的便利体验相悖；另一方面顾客到了小店看到商品时，只能在线上下单，回去等待快递员送货上门。

顺丰"嘿客"失败了，但是盒马鲜生等后起的新零售企业将顾客的体验放在首位，实现了网上与线下的成功结合，既有"生鲜卖场 + 便利厨房"的线下体验区，也有便利的线上订购系统，有时间的顾客可以到线下卖场自己动手挑选，想节省时间的顾客也可以选择线上下单，下班回家后即可收到货品。

## 针对不同人群和赛道，精准调整服务"参数"

对服务业来说，不同服务对象的文化传统、风俗习惯、口味特色差异很大，要想提供满意的服务必须考虑这些"参数"。不同服务业的参数调整对应着不同层次的需求。2 元一瓶的凉茶卖的是方便和解渴，而 40 元一杯的喜茶卖的是时尚、新奇和品位；定位于服务居民大众的大卖场比拼的是货品种类的齐全，而定位于服务中产阶级的美国开市客看重的是品质、信任和便捷；快捷酒店需要提供的是方便、干净和廉价，而位于山水之间的安缦度假酒店打造的是"亲切、温和、好客的私人居所"；麦当劳提供的是统一品质的快餐，而米其林餐厅提供的则是独一无二的高品质菜品和就餐经历。

如果要以某项服务进入一个新的人群或赛道，就要事先精准调整到适合这一人群的"参数"，否则这项服务的价值创造就可能失败。比如，米其林餐厅是起源于法国、风靡全球的餐饮业最高评价标准，但中国的米其林餐厅却没有得到很高的认可，北京一家米其林一星餐厅在 2020 年甚至因为被批名不副实而遭遇了严重的公关危机。有人点评指出，米其林的标准用来评价西餐可能比较靠谱，但是对于中餐还没有摸到脉搏，就像用评价西方歌剧的标准来给梅兰芳和马连良打分排名一样。而美国一家著名的中餐厅熊猫餐厅做的菜虽然并不是正宗的中国口味，但它根据美国人的餐饮和口味习惯进行了"参数"调整，并且运用大量的中国元素，使之成为美国人最爱的中国快餐。而星巴克、哈根达斯等餐饮企业在进入中国市场后非常注重根据中国文化的参照系调整产品开发，在中秋、端午等中国传统节日都会推出配套的月饼和冰粽等产品，自然也取得了成功。

有时候，主动调整参数可以进入更高级别的"赛道"。就像在制造业中，机械表原本是计时工具，但是在电子表、石英表、手机等更精准方便的计时工具出现之后，机械表调整了自己的赛道，进入了奢侈品行列，与珠宝比肩而立，一下子就打开了原本被"计时工具"局限的市场空间和价格天花板。在服务业中也是如此，一些餐厅提升了自己的装修风格，升级了菜单的品质，就从以满足工薪族就餐的快餐厅赛道，转换到以满足尊重、身份等精神需求为主的"社交性"餐厅；一些网约车企业将服务区分为拼车、快车、尊享等不同的种类，实际上也是通过调整参数主动划分出新的赛道，满足了那些更加注重体验而对价格相对不敏感的消费者的需求。

如果在同一个社会群体中，人们的消费需求不断升级，那么相应的服务业也必须不断调整参数，才能适应并满足升级后的消费需求。比如很多人对酒店的需求已经从传统出门人的落脚之处，升级为追求休闲与不同生活氛围的体验；对旅游景点的需求已经不再是到此一游的打卡经历，而是深度的文化浸润或彻底的身心放松；对铁路、公共汽车等客运业的需求也不再是将人像货物一样从甲地送到乙地，而是为人们提供一段舒适如家、体验胜家的旅行生活……

## 在碎片化的人群中找到共振，创新消费场景

随着经济的发展，高端服务业的顾客群体已经呈现出多元化甚至"碎片化"的特点，仅仅是青少年群体就可能有二次元爱好者、电子游戏迷、军事迷、球迷等，他们对高端服务业都有不同的需求，一把钥匙不可能打开所有的锁。于是我们看到了定位于哈利·波特、爱丽丝漫游仙境、金庸武侠的主题餐厅，定位于中药养生、情侣服务的主题酒店，定位于军事迷、球迷的主题酒吧，甚至出现了地铁的主题车厢和将飞机用凯蒂猫装饰的主题涂装。

提升高端服务业的有效研发创意投入，必须把握这种客户需求多元化甚至碎片化的趋势，真正进入这个群体的亚文化内部，精准找到自己的"共振群体"——能够在背景知识、心理感受等各个方面与之真正"共振"起来的"自己人"。

找准共振群体之后，除了在开张前进行设计、装修以符合自己的定位之外，后续的持续研发也非常重要。结合共振群体的心理需求，除了不断推出精准触发共振的产品、服务，还应持续改善消费环境，创新消费场景。

比如，以往人们对餐厅等消费场所的要求是洁净整齐，但现在越来越多的人将餐厅、咖啡馆等场所作为家和办公室之外的"第三空

间"，在这里进行聚会、聊天、庆祝等社交活动，甚至希望能够完成简单的工作和会议等任务，因此消费环境就必须随之不断升级。

新消费环境的研发像在迪士尼游乐场开发新项目，也应从引起消费者的共振出发。比如，迪士尼的幻想工程创意总监马蒂·斯克拉提出的设计理念是，要"尽量把游客'关'在每一个故事里"，也就是一次只讲一个故事，高山、河流或树林都可以用作隔离物，将迪士尼乐园中每个部分同外界分隔开，制造一个个"密室"；注重乐园内细节的建设，"用一吨的细节来招待一盎司的快乐"，确保游客获得真实的"沉浸式体验"；制造"维也纳香肠"，用不同类型的道路引导游客的节奏；"在这里我永远不会打瞌睡"，避免超负荷，创造刺激物。对于一个新的项目，不能沉迷于堆砌信息，而要寻找合适的刺激点，这就是通过营造环境引发消费者"共振"的好办法。

不同的高端服务业，有时候在营造消费环境、引发消费者共振的方法上是相通的，可以互相借鉴。例如餐厅、酒店可以借鉴主题公园的环境特点，美发厅、咖啡馆可以借鉴图书馆的环境特点，等等。新加坡百汇医疗集团借鉴酒店、商场的优雅环境来设计医院，取得了非常好的效果。百汇医疗旗下的医院病房基本上都是以五星级酒店的标准来设计、装修的，院内还借鉴了商场的环境特点，设置了专家私人诊所、药店、保健康复中心、体检中心、餐饮中心、礼品店、便利店。这种便利、舒服的环境让患者感觉自己住在酒店而非医院，减轻了就医产生的压力。

## 善用新技术升级高端服务业产品

近年来，高端服务业积极引入的新技术有移动互联网、大数据、人工智能、全球定位、物联网等，以及新材料、新运输工具（如无人机）、新设备（如机器人）等。这些新技术、新成果的引进，使高端服务业拥有更多的手段满足顾客的各种需求。

比如，对全球定位、移动支付技术的使用，使餐饮业外卖业务飞速发展，满足了人们在家享用餐馆美食的需求。如今，很多餐厅可以运用智能算法提高后厨的排餐和送菜程序，减少顾客等待的时间，并且可以设置闲时打折为顾客提供更多的实惠，而收银、点餐、排队和会员管理等系统的新技术应用更是实现了商家效率提升和顾客体验改善的双赢。

又如，在医学影像判断方面，人工智能在很大程度上能够辅助甚至代替医生阅片，据说阿里健康已经成功孵化脑健康筛查 AI 引擎和新冠肺炎 AI 技术，后者可以辅助医生通过 CT（计算机断层扫描）影像快速进行新冠肺炎筛查。华住酒店利用"云平台 + 智能设备 + 员工现场服务"模式打造的智能酒店，既可以提高订房效率，提升服务品质，降低人工成本，又能保证酒店提供温暖如家的心理体验。

## 第三节
## 引入流量思维，创造新需求

所有的销售都是流量转换，那么如何把各方面的流量转换成对高端服务业的消费呢？这就既要追随高端服务业认知群体的变化，又要有不断创造和扩大认知群体的能力。

### 高端服务业的认知群体和流量变现

以往服务业都是跟随人流的，随着互联网的发展，人们的工作、生活和娱乐越来越多地被搬到了"线上"。很多人去逛商场、逛超市的需求被刷淘宝、玩拼多多代替，很多人到餐厅吃饭的需求被美团、饿了么等 App 订餐代替，以往从小区门口寻找修理工和保洁阿姨的需求被大众点评满足，以往去售票处排队买票的麻烦被订票软件解决，网约车也在相当大程度上替代了传统出租车。

从线下人流到互联网线上流量的变迁，极大地拓展了服务业的认知群体，人们对服务业的认知跨出了居住区、街道、社区、城区等线下界线，从而可以从更远的地方获得服务。人们不仅可以通过网络购物，享受远程教学，还可以逐步享受远程医疗等服务。通过互联网平台，人们可以看到全国乃至全球的顾客对某项服务的评价，并且拥有范围更宽、更精准的服务选择。

高端服务业企业不仅要追随互联网流量，把自己的业务搬到网上，还要看透这种流量与传统人流的不同——流量的规模更大，网上流量往往能够达到以亿为单位的数量；流量分配更不均衡，往往是那些"头部"企业获得大部分流量；流量变动剧烈，可能会因为流行口味、大 V 推荐、突发事件等因素而发生剧烈的流量迁徙；等等。

在移动互联网上寻找流量，还要精准地聚焦自己的共振群体。比如，在微博、微信这样的大平台上，可以根据话题、微信群等找到符合自己定位的人群；在抖音、快手这样的智能化推送的社交媒体上，可以利用智能化算法发现自己的有效流量；在大众点评、小红书这样的消费点评和社交网站上，可以按照品类找到自己的潜在顾客。

## 打通线上与线下，创造有黏性的认知群体

当年网约车出现时，滴滴和快的公司各自用巨额补贴来吸引客户，分别为自己创造了巨大的流量；几乎同时出现的共享单车——摩拜和小黄车，也都用从风险投资募集到的资金发补贴、发红包，以此吸引免费使用者。依靠线下的完美体验和线上 App 的流量增长，能够

创造出一个巨大的有黏性的认知群体客户。

海底捞用自己的服务创造流量，在扩张初期它总是能够提供超出人们预期的各种服务，而通过人们在互联网自媒体对这些超预期服务的自发宣传，海底捞用服务和口碑为自己创造了巨大的流量。用餐高峰时间，海底捞火锅店的门口似乎永远排着长队。

喜茶用时尚、新奇、品味打动了一代消费者，每到一个城市开店都会有大量的年轻人排队抢购。与此同时，这些排队抢购的火爆画面都会在互联网上广泛传播，线下体验和线上流量的结合，也为其创造了有黏性的认知群体。

不论是消费补贴、特殊的服务体验，还是时尚新奇的消费创新，在移动互联时代，只要打通线下体验与线上流量，就能创造出巨大的认知群体。

## 从平台导入流量

随着淘宝、美团、饿了么、大众点评等平台的兴起，大量的服务业流量汇聚到这些平台上，从这些平台导入流量，成为高端服务业的重要选择。

当然，在平台上运营丝毫不比开一家实体店简单，需要配备专门的人员甚至部门，安排一定的预算从平台导入流量，例如淘宝的直通车、钻石展位等方式，本质上都是从平台购买流量。

负责平台运营的部门一定要"玩透"平台的规则，熟悉各种引流的方法、技巧和活动，尤其要高度重视与顾客的互动。有些传统商家对网上的评论不太重视，即使自家的店在平台上有评价，往往店家也没有回应，时间一长在网上就显得"门庭冷落"。实际上，服务商获得的评论越多，平台给予的流量权重也越高，这是一个基本通行的规则，因此顾客的评论是导入平台流量的重要"导火索"。

## 人物导流：人货匹配和情感投射

热点人物也可以帮助高端服务业导入流量，但很多服务商在花了高价邀请明星代言后，效果并不理想，原因何在？其实，若要提升明星代言或热点人物引流的效果，关键是要做到以下几点。

第一，人货匹配，明星本人的气质、特征、特长要能与带货服务产生共振。例如，李佳琦作为美妆柜台出身的主播，对相关产品非常熟悉，其长相和气质条件也符合美妆产品的需要，因此带动口红等化妆品的销售就非常轻松。但如果换成罗永浩就显得非常不搭。"人货匹配"的说法来自直播带货，但它对所有高端服务业的导流都适用。

第二，明星本人的情感投入和制作呈现的效果也很重要。明星之所以能够导入流量，不仅仅是因为喜爱他们的粉丝会关注其代言的商品。在广告、代言铺天盖地的今天，明星如果在代言时没有真正的情感投入，只是拿着商品拍一张照片，录一段视频，这样的代言效果与货架没有区别，当然不能导入有效流量。

第三，人物导流的目的是给商品带来关注和流量，而不是给明星增加曝光机会。因此无论是文字、图片还是音视频作品，制作呈现的效果也要从用户的感受和体验出发，将原本投射在明星身上的情感，移情到他所代言的商品、服务或者企业上，从而使用户产生"爱屋及乌"的效果，产生情感的"共鸣"。

## 热点事件的流量导入

京东、苏宁的微博口水大战曾经成功地掀起舆论热潮，吸引无数吃瓜群众围观，两家品牌都在微博上赚足了热度，品牌影响力和网络流量都获得了大幅提升。事情源于刘强东在 2012 年 8 月 13 日发了一条微博"今晚，莫名其妙地兴奋"，引起了网友们的好奇。在这条微博的预热下，次日刘强东正式宣布京东大家电保证比国美、苏宁便宜至少 10% 以上，而且如果在三年内任何采销人员在大家电上加哪怕一毛的毛利，都会遭到辞退。一语激起千层浪，京东公然发起价格战，且言语中颇有挑衅的意味，使得京东热度不断。

面对京东咄咄逼人的挑战，苏宁易购时任执行副总裁立马在微博上应战，表示苏宁易购包含家电在内的商品的售价全部低于京东，如果网友发现有商品售价高于京东的，就会立刻进行调价，并毫不客气地声称要实行史上最低价的促销，让京东提前、超额完成减员指标。双方的言论充斥着浓浓的火药味，相关话题毫不意外地登上了热搜，成功获得大量用户的关注访问。[4]

2003 年，杭州市政府宣布西湖景区免费向市民和游客开放。在免费开放前，西湖景区每年的门票收入有十几亿元，当时很多人批评杭州市政府不算经济账，白白放弃了一笔现成的收入。事实证明，承载了白娘子与许仙、苏东坡和白居易、岳飞和苏小小等无数故事传说的西湖，成了为杭州市吸引流量的巨大 IP，每年来杭州西湖游览的游客为杭州带来的收入高达数千亿元。

用低价甚至免费的商品和服务吸引流量，已经是电商、网店的常规操作，2003 年杭州市政府就有这样的思路，这笔账无论如何都是他们算赢了。然而这种思路有时却不成功，我们都见过超市中大爷大妈们为了购买便宜鸡蛋而排长队的情景，实践中这种技巧的效果越来越差，主要是因为这种做法没有考虑客户体验和引流效果。

真正能够引来流量的一定是有价值的"宝藏"，这实际上体现了对顾客的尊重。在开市客超市，有一项服务是"有温度的试吃"，美味的烤鸡仅售 4.99 美元，这种引流烤鸡的销售量一年能达到近 16 万只，每年损失超过 3 000 万美元。不仅如此，引流商品最好能够带有高大上的色彩，更加提升顾客的体验，能够带来更多的流量。开市客还提供古驰、蔻驰等奢侈品，尽管数量不多，而且是一些老款，但不定时出现的大折扣让这些产品成为"宝藏"，增加了消费者"今天遇到意外之喜"的感觉，自然会引来越来越多的流量。

## 会员制聚集流量，提高认知群体黏性

如果运用得当，会员制也是创造流量的一个好工具。然而，真正能够提升用户黏性、增加流量的会员制，应当聚焦于改善用户体验，而非促销手段或集资。

一方面，会员制最好不要让顾客付出额外的成本，而是要让顾客有获得感。星巴克的会员卡——星享卡价值 98 元，里面包含数张买一赠一券、早餐邀请券和升杯券，内涵价值远超售价，而且店员一般是在顾客点两杯以上咖啡时才会给顾客推荐星享卡，这样不但不会让顾客付出额外成本，还会给顾客留下替自己考虑的良好印象。

另一方面，赋予会员特权，营造势能差，增强归属感。会员体系的一大功能是制造与非会员顾客的区别，或者说享有一定程度的特权，这些区别或者特权应当实实在在地让会员有获得感。例如，亚马逊的 Prime 会员可获得零元包邮、提前参加闪购、免费试听音乐等服务，更能拿到会员专属折扣等多重会员增值服务。在快递费不菲的美国，仅仅零元包邮一项就能让 Prime 会员有很强的获得感，此外其还享有其他的"特权"。在秒杀抢购开始前，Prime 会员可以比普通会员提前半小时进入抢购，无限量收看亚马逊提供的电视和电影节目，免费下载超过 35 万本 Kindle 电子书，等等。这种明显的"势能差"大大增强了 Prime 会员的归属感。

除了给予会员优惠价格来推动购买之外，会员体系还可以通过巧妙的设计，增加会员与服务的接触机会。例如，设计会员升级规则，升级后的会员可以享受有足够吸引力的权益，等等。星享卡从初级会员升级到金卡会员，需要购买一定杯量的咖啡，但是对经常在星巴克消费的人来说，这个台阶不难跨越。

# 第四节
## 引领生活方式，创造新需求

其实所有的消费都是生活方式的选择，人们对高端服务业的消费更是对生活方式的选择和各种体验的加总。高端服务业应该为顾客提供无可替代的体验，而且体验对高端服务业软价值创造的影响比其他行业都要明显。

### 体验和生活方式可以重新定义一个行业的价值

体验价值可以改变服务业。以零售业为例，传统零售业给人们带来的最大效用就是商品的获得。越是在商品匮乏的年代，"买得到"的价值就越高，然而随着经济的发展和物质产品的丰富，"买得到"商品本身能够带来的效用不断下降。现在新零售给消费者带来的体验远远超越了传统零售业的获得商品本身，更多地体现在快捷、便利、点评、互动等新的体验价值——不能提供这些新体验、只能提供"买得到"的传统实体店正在不断被挤压，越来越少。

比如，互联网新零售商利用大数据和人工智能技术，可以精准地向用户推荐商品，用户也可以按照条件搜索自己需要的商品，从而降低了选择成本，提高了选择精准度；用户在决定购买之前，通常可以浏览其他用户的评价，从而增加了购买的放心感；用户一旦完成购买，很短的时间内就可以享受送货上门服务，甚至还可以将自己的购物体验传播出去；如果与其他客户拼单，甚至还满足了社交和交互的心理需要。以上这些体验自然增加了新零售的价值创造能力。

价廉物美的商品可获得性仍然是商业的价值之一，但用户的情感体验被放在更高的位置。人们为了社交而购物，为了情感打动而购物，为了证明自己而购物……李佳琦直播除了运用自己巨大的流量优势为粉丝争取到实实在在的价格优惠之外，还传播了他对时尚的了解、把握，提高了粉丝的参与感，当李佳琦说"买它！"的时候，"秒杀"便成为常态。

## 承载归属感或异质生活方式的体验

每一种高端服务都代表一种文化和生活方式的体验。比如，世界各地的人都喜欢麦当劳、必胜客，实际上也是对美式快餐文化的认可和追随，或是对"异质生活"的体验。

以星巴克所承载的咖啡文化为例，其市场潜力就是咖啡文化的市场空间，以及咖啡文化带给人们的体验。星巴克将咖啡的知识、品味和技巧贯穿在产品和服务中，将咖啡根据产地、品种、烘焙程度、冲泡方式等进行研究和细致的区分，把自己打造成美式咖啡文化的代表。针对人们对工作空间的厌倦和对家庭空间的审美疲劳，星巴克还提出了第三空间的概念。在这里，你既不需要考虑工作的压力，也不需要为柴米油盐烦恼，这里可以成为一个只为自己的心情放松的空间。这深度契合了都市人亟须释放生活和工作压力的诉求，人们在下班后和节假日总是愿意在这里多坐一会儿，放松身心。

相比之下，日本茶道的市场空间就小得多，因为能真正领悟和享受"和、敬、清、寂"禅道文化的内涵、享受这种生活方式的人还是个小众群体。

中国有着丰富深厚的文化软资源，例如茶文化、饮食文化、各地的民俗文化等，但是中国的服务企业在营造文化氛围、体现和打造生活方式上还有上升的空间。

比如，很多服务业虽然意识到服务所承载的生活方式体验，但是却缺少深度开发，而是停留在堆砌文化软资源的相关元素的阶段，在东北就是大红大绿，在内蒙古就是搞一个蒙古包，还有陕西的酒店在客人的床对面或卫生间里摆放真人大小的"兵马俑"。实际上，利用文化软资源体现或打造经典生活方式的服务，是一项高度专业性的开发工作，需要对文化、艺术、心理学、商业等各方面的智力资源进行综合开发，才能收到相应的效果。

此外，一般性的生活方式体验吸引寻求归属感的消费者，而对于想要体验"异质生活"的消费者就需要营造适当脱离日常生活、脱离当下环境的文化势能差，让顾客能够进入一种全新的氛围。例如，汉服体验馆就要形成完整的古代生活方式体验，英国文化主题咖啡馆就要形成沉浸式的英国氛围，而不是从一种日常生活进入另一种日常生活，这样的新氛围是缺乏吸引力的。

## 生活方式选择：感受如何被更好地对待

以餐饮业为例，如果单纯比较口味，相信重庆、成都的很多小火锅店也很不错，但是为什么海底捞会成为全国餐饮界连锁经营的标杆，一年可以做到265亿元的销售收入呢？很重要的一点就是，海底捞在发展初期就树立了"服务高于产品"的认识。海底捞的创始人张勇说过："如果客人觉得吃得开心，就会夸你的味道好；如果觉得你冷淡，就会说难吃。服务会影响顾客的味觉！"

美国医生特鲁多的墓碑上镌刻着这样的墓志铭："有时是治愈，常常是安慰，总是去帮助。"这实际上说出了医疗界能够给患者提供的实质性疗愈是有限度的，但是能够给予的安慰和帮助往往更多，甚至更重要，这可以作为医疗产业提升用户体验的座右铭。

在很多传统医疗机构，医生往往没有充足的时间给患者足够的讲解和沟通，使得患者的获得感、安慰感以及得到细心照顾的愉悦感不足，感受很差，甚至产生医患矛盾，严重降低了这些医疗机构服务的价值。而高端医疗机构保证每个医生都有充分的时间与患者沟通，患者除了获得专业的医疗诊断，在规范机构就医、问诊、体检、咨询的安全感，还可以享受到与专业人士沟通的放心感和被尊重感，被关心、被安慰、被细心照顾的愉悦感。

总之，虽然大部分服务都是通过产品实现的，但是服务业的工作对象并不完全是餐饮、医疗、旅行产品，而是享受这些产品的人；不能因为过于专注产品，而忽视了对人的服务，因为服务业的体验价值来自客户如何被更好地对待的感受。

## 让消费者参与创造的体验价值

一位技术精湛的直播播主，将自己在黄山景区游玩时观赏到的风景拍摄成精美的照片或视频在抖音、快手上传播时，他既是在消费，也是在生产。消费者也是生产者，消费者也是价值创造者，消费者对体验的记录、传播、评价都是在创造价值。事实上，消费者在参与创造中享受到的体验是无比愉悦的，这也是服务业的软价值源泉。

越来越多的餐饮商家开始为顾客提供参与菜品、饮品、吃法、环境的设计，为顾客带来了个性化体验的满足。例如，海底捞曾经在抖音上发起一个分享创新火锅吃法的话题，在这个话题下，"鸡蛋灌面筋"的创意吃法和"海椒 + 花生碎 + 调和油 + 蚝油 + 葱花"的创新小料配方都获得了百万级的点赞量。又如，有的蛋糕店为顾客提供了自己动手烘焙蛋糕的课程和环节，有的商家设立了"美食实验室"，提供厨具和食材，顾客不仅仅是美食家，而是成了"美食创享家"，可以在一起迸发灵感、共创共享等。

无论是餐饮、酒店，还是景点和新零售，都要开动脑筋，提供更多的机会，创造更多的条件，借助移动互联网的传播力量，推动消费者主动分享他们的照片、视频、直播、点评、攻略、游记，这种"自来水"的效果可能是非常惊人的。

## 从值得信赖的体验到消费者获得点评的权利

很多人在三、四线城市旅行而一时不知道哪家餐馆可以放心就餐时，就干脆去找一家麦当劳，因为这里的餐饮服务是标准化、可以放心食用的。普通的餐饮服务尚且如此，更不用说健康、养老、体检等涉及人身安全的行业，人们更需要信赖专业，放心托付。

那么，如何在客户心中打造餐饮业的食品安全、酒店业的隐私安全、客运行业的旅行安全等心理体验呢？除了打造值得信赖的服务产品之外，权威机构、权威专家、消费者的点评至关重要。

在餐饮业，出版于 1900 年的《米其林指南》是全球最知名的餐饮业服务评比结果，能获得最高的三星评价是很多厨师或餐厅经营者的理想。一旦成为米其林星级餐厅，就会被全世界的食客追捧，甚至有旅行社提供专门组团赴法国品尝米其林餐厅美食的服务。

相比米其林餐厅的权威推荐名单，大量消费者的体验、点评更为重要。在选择餐厅之前，消费者可以通过查看之前消费者的体验指导其做出消费决策，在消费之后，他可以在软件和网站上对菜品、饮品和服务进行点评。这不但成为后来消费者的参考依据、督促商家提升服务的动力，也满足了客户被尊重的体验——就像参与选举本国和本地区领导人的民主权利一样，点评也是一项权利。

## 时尚、精致、尊贵、社交等新生活方式体验

在基本的物质需要得到满足之后，人们越来越看重产品和服务带来的精神满足，例如时尚、精致、荣耀、新奇，甚至服务过程中的社交体验等。

时尚意味着与时俱进甚至略有超前感。麦当劳成立于 1955 年，但是至今仍然保持着与时代密切相关的时尚感、年轻感，而一些经营不到十年的餐厅却暮气沉沉。

精致对应着对顾客的尊重与体验。在星巴克，对咖啡豆的烘焙时间控制到秒；一袋咖啡豆打开以后，如果七天内没有用完就报废；冲调好的浓缩咖啡必须在 10 秒内和牛奶混合好递到顾客手中，否则这杯咖啡就是不合格产品。这种精确、精致本身就带给顾客与众不同的感觉，使其与别的咖啡区别开来，并且顾客愿意为这种精致付出溢价。

尊贵是一种身份的象征。酒店要准备高级包房甚至总统套房，而中国的很多餐厅喜欢标榜宫廷菜。但是真正的荣耀来自消费者对高端服务的内心认同，而不是商家的自我标榜。有的商家简单模仿日本的跪式服务，但是脱离了日本的文化环境和生活习惯，想简单地通过下跪给顾客带来尊贵和荣耀的体验，很有可能是南辕北辙。

很多服务业本身就承载着一定的社交功能，餐饮业如何提升亲朋好友在美食美酒间谈天说地的社交体验感，旅游业怎样促进同行者的交流，高尔夫球等俱乐部如何为会员提供更自然的交流场合，都是服务业软价值的重要源泉。

## 第五节
## 创新商业模式，创造新需求

商业模式的创新离不开价值创造实现的新路径，高端服务业正在超越传统的单一价值实现方式，按照软价值的弯曲、立体、多元的方式实现价值，为通过创新商业模式创造新需求打开了广阔的空间。

### 从服务费到会员费

普通服务业基本上是通过一手交钱、一手交货的服务收费方式达成交易的，而高端服务业大部分都是以会员费、年费等方式实现交易的。

会员资格一般分为几种，有的会员并非收费模式，而只是起到区分顾客群体、鼓励消费的作用，例如酒店业的入住天数、航空业的飞行里程等。收费的会员有的需要直接付费购买会员资格，后续的服务要另外收费，后续消费要按照会员等级区分收费，例如亚马逊、京东、开市客等；有的通过储值获得会员资格，后续消费就从储值中扣除，这种方式在美容美发、个人护理、健身锻炼、高尔夫和餐饮等行业极其常见。

美国开市客连锁超市的会员费分为 60 美元和 120 美元两档，2018 年会员费收入达到 31.42 亿美元，而净利润为 31.34 亿美元，净利润几乎都是会员收入贡献的。亚马逊的 Prime 会员计划已成为其稳定的获利来源及三大业务支柱之一。2020 年 10 月，京东 PLUS 付费会员人数超过 2 000 万，按照每位会员收费 149 元计算，它给京东带来的收入就达 30 亿元。

高尔夫俱乐部、马术俱乐部、高端个人护理会所等服务企业往往实行定价很高的储值会员制度，例如马术俱乐部的入门级会员年费就达到数万元，而高端会员年费为数十万甚至上百万元。这在一定程度上带有准金融业务的性质，尚未消费的会员储值沉淀下来，可以为企业带来利息、投资收益等金融收入。

## 授权经营和委托管理的收入

在知识产业中，可以将知识研发的结果转化成专利权、著作权等法定权利，通过授权使用或者出售这些权利实现价值。在服务业中，酒店、餐饮等行业通过将自己成功的经营模式授权使用来实现价值的方式，形成连锁经营中的授权加盟模式。

拥有成熟的经营模式和品牌的企业，还可以凭借委托管理的方式实现价值。酒店本身的硬件如大厦等的产权属于原来的业主，而酒店管理集团带着自身的品牌、管理模式和团队负责运营，并向被管理的酒店收取"基本管理费"（营业额的 2%~5%）和"奖励管理费"（毛利润的 3%~6%）。美国著名的酒店管理企业万豪集团，就是主要采取授权经营（约 50%）和委托管理（约 40%）的方式，在全球 130 个国家和地区管理着 30 个品牌，超过 6 500 家酒店。

不仅酒店可以通过输出管理模式、委托管理的方式实现价值，餐厅、景点、医院，甚至医院的药房、检测部门等都可以采取这种方式运营，将管理方创造的管理、服务、品牌等软价值以加盟费、托管费的方式转换为现金收入。

## 更弯曲的价值实现路径

越来越多的服务业不再需要消费者直接付费。例如，通过手机 App 订机票和酒店无须再付手续费，这部分费用由航空公司和酒店来付；小区物业管理公司的收入并非全部来自业主缴纳的物业费，还包括小区电梯等公共场所的广告收入。此外，机场、公交车、地铁和酒店的广告收入，实际上是把流量变成了现金。

海底捞的主体收入来自火锅连锁店，同时它也向上游调味品、食材的供应链业务延伸，旁系伸向餐饮业的管理咨询和培训延伸，将海底捞成功的管理经验作为产品输出，由此继续延伸出餐饮空间的设计和装修业务。

高体验带来的高流量，可以让星巴克、海底捞等商家在场地租金上赢得更大折扣甚至实现"零租金"入驻，这实际上是把流量变现成为利润；万达广场建立起来以后，带来的流量和商业价值能够提升万达在周边开发的写字楼、商铺的租金，从而间接地转化成收入。

服务和零售企业还可定制开发自有品牌的商品。例如海底捞推出了自有品牌的奶茶、果茶等茶饮，名为"火锅伴饮"的乳酸菌饮品和"海底捞"啤酒，这将生产环节在一定程度上整合起来，提高了自身的利润率。而开市客的自有品牌价值实现之路则更加"弯曲"。经过十几年的发展，目前开市客的商品中有 20% 左右是 Kirkland 品牌的自有商品。值得注意的是，开市客并未将自有品牌作为提升销售毛利率和净利润的工具，而是通过控制力更强的自有品牌商品保持低毛利率，以更低的终端售价让利给消费者，提升客户在开市客采购"优质超值"商品的体验，由此发展新会员和吸引老会员续费，实现收入的增长。

对于美团等平台企业来说，其运营的本质是通过流量聚合、流量导出、评价变现等方式实现价值。通过餐饮外卖等业务，美团平台聚合了大量的流量，然后将这些流量导向不同的服务商，可以实现分佣收入；通过在 App 显著位置展示广告和商家推荐，可以实现广告收入；通过优质点评的推荐，实际上实现了体验变现。各种弯曲的价值实现路径，分别对应着一种新的商业模式。

## 服务业的资本市场价值实现

随着我国多层次资本市场体系的日益完善，高端服务企业拥有更多、更快捷的价值实现通道。相对成熟的企业可以在 A 股主板市场、中小板、创业板、科创板上市，完成股份制改造；条件相对不成熟的企业可以在新三板或者地方股份转让系统挂牌；创业成长阶段的服务业企业可以通过私募股权投资、风险投资得到资金或出售股权套现；不愿意单独上市的企业也可以通过现金并购、定向增发并购等方式由上市公司收购。例如，餐饮连锁企业海底捞 2020 年 9 月市值超过 3 000 亿港元；华住酒店集团 2017 年以 36.5 亿元全资收购桔子水晶全部股权，2020 年 1 月以 7 亿欧元将德意志酒店集团全部股份收入囊中，到 2020 年 10 月华住酒店集团的市值突破 1 000 亿港元；截至 2020 年 7 月，以居民体检服务为主业的美年健康市值超过 680 亿元。

## 第六节
## 深化组织变革，创造新需求

有人说，现在服务业的管理模式就是没有固定的模式，已经存在的模式必须不断地自我否定、自我迭代。其实这是被纷繁复杂的表象迷惑了双眼。千变万化的服务业新业态背后是不变的软价值创造方法：产品创新、流量转换、体验改善、用价值实现的弯曲路径创新商业模式。围绕提高产品研发创新的有效性，提高流量转换率，改善用户体验，以及创造出适应自身特点的商业模式和变现方法，服务业正在加快组织变革。

### 打造并拥有自己的专家和大师队伍

与知识产业的老师与专家必须在社会上有一定的权威，顾客才会有较好的学习感受一样，在医疗行业、健康养老保健行业、餐饮、住宿、旅游等服务行业，企业必须拥有自己的权威医生、健康养老专家、大厨、酒店管理专家、旅游专家等。一方面，企业要继续把客户当作上帝，一如既往地重视和关注客户的感受；另一方面，大师队伍也建立起了专业势能差，成了提升高端服务业体验的有效手段。

在高端服务业中，品牌专家、大师、产品设计者、流量创造者和体验管理者，都是价值创造当中活跃和有效的因素。如何聚集这些专家和大师呢？一个重要方法就是，在专业上给予他们足够的尊重，例如法国所有的米其林餐厅都特别强调主厨的核心位置。这一"核心"地位体现在两方面：一是以主厨的个性体现餐厅的料理风格；二是将主厨打造成大众明星和餐厅招牌。

## 培训高技能和创意型人才

与普通服务业的以简单服务人员为主体不同，高端服务业中除了经过较长时间培训而获得从业资格的医师、保健师、发型师、专业导游等高技能人才之外，相关的服务产品开发人员、认知群体与流量管理人员、体验专家也很重要。

例如，星巴克设立了"星巴克大学"，为员工提供全面深入的咖啡课程、领导力培训以及人文方面的相关课程。星巴克针对每名员工量身定制个性化的培养内容和培养路径，包括咖啡师、主管、店铺经理、区域经理等。

服务行业的普遍现象是，基层员工和中层管理人员是通过"干中学"的方式培养出来的，一些规模较小、管理比较粗放的小企业则忽视这个环节，或者说采取了放任自流的态度，认为新员工跟着看看就学会了，缺乏有意识、有目的、有组织的店内培训，导致新员工的业务水平提升很慢。老员工即使有经验也没有机会进行复制、推广，最终结果就是服务水平很低，人员流失也很严重。

鉴于此，一个有效的做法就是给店长等中层管理人员赋予培养人才的任务，给老员工赋予为新员工传授经验技能的任务。他们不但要做好日常的管理工作和业务工作，还要带出合格的新店长和新员工，使新员工很快就能够得到老员工的关注和培养。有才能、表现好的人才可以得到中层管理者的关注和培养，企业不但是提供服务的机构，同时也成为培养人才的摇篮。

那么如何才能让店长有动力培养新店长，老员工愿意带动新员工呢？海底捞采取的办法是，店长可以分享新店长管理的店 3.1% 的利润，甚至当新店长培育了"孙辈"店长时，最早的店长也可以分享其管理的店面 1.5% 的利润，这样就极大地激励了店长"带新"的动力。同样，在新员工加薪升职的同时，给那些培养新员工有成效的老员工相应的挂钩奖励，也可以鼓励他们更大限度地把自己的经验技能分享传播开来。据说，通过分享"徒子徒孙"的店中的利润，很多海底捞的店长得到的浮动工资远远高于自己的基本工资，有几十名店长实现了数百万元年薪，堪比上市公司高管的薪酬水平。

## 资源平台+专家团队

将资源平台、流量平台与专家团队结合起来，是软产业的一种比较普遍的组织形式，例如影视行业中的制作公司与导演工作室的关系就是如此，医疗等行业其实也可以采取类似的办法。

百汇医疗集团的运作模式是名医与医院平台的深度绑定与合作。实际上医生个人也可以采取更加灵活的方式与医院合作，国内目前已经允许医师多点执业，名医在不同的医院、诊所开设诊席，医术高超的医生利用业余时间赴外地做手术的"飞刀医生"模式等，都是高端人才软性就业的灵活组织模式。其他行业也可以采取类似的模式，像健身行业的高端私人教练，可以在不同的健身房"多点执业"，资深的导游可以与不同的旅游公司合作，等等。随着58同城、大众点评、美团等服务平台型企业的出现，小团队的服务提供商可以在更大范围内找到业务。可以预见的是，这种"平台+小团队"的组织模式将成为一些低频需求服务业的主要形态，如导游、搬家等。

而对于高频需求的服务业来说，公司型或者员工型的组织模式可能更加合适，例如护理、母婴、养老等。这是因为高频需求的服务业也需要更高的信任感和安全保证，而公司化模式能够更深入地了解员工的状况，员工对企业也能够产生归属感。例如美年健康等企业，都是采取公司制运作，以分公司或子公司的方式实现扩张的。

## 激励产品创新和高端服务人员

在高端服务业，我们首先要重视那些对价值创造发挥决定性作用的关键人物，让专家、大师、创新小组、师徒团队等以高薪、利润分成、股权激励等方式成为企业或者平台的"准合伙人"。例如，新加坡百汇医疗集团的很多医生和医院是合作伙伴关系，医生受邀在医院内开设私人诊所，所有的专业门诊、手术收入归医生所有，诊所需要向医院缴纳房租和设备使用费，同时可以共享医院提供的先进检测及化验设备、护理以及病房服务等，这些环节的收入则归医院所有。在这种商业模式下，诊所还可以独立上市，医生由劳动者变成创业者，收入大幅提高，成为新加坡薪酬最高的群体之一。这种模式的激励力度足够大。

## 以客户体验为重点考核一线服务人员

对于传统的服务企业来说，给一线员工分配销售额指标是常见的做法，这常常会造成服务人员的"动作变形"，破坏客户的体验价值。实践证明，服务行业从客户体验角度入手进行考核，才是更加有效的做法。

以海底捞对一线服务人员的考核为例：有一个阶段，公司曾注重考核成本，导致给客人的赠品西瓜不甜，保洁的拖布用到破都不肯换，客户体验并不好；换成考核翻台率，导致预订的客户晚几分钟到，台子就给别人了，客户体验也不好。最终，海底捞采取了"神秘顾客"到现场消费，评测其客户体验和工作行为的方式，实际效果最好。一旦客户体验得到改善，新需求就会被创造出来，销售自然实现快速增长。

此外，在电商、网约车等新服务形态的绩效考核中，一线服务人员考核客户满意度的做法十分普遍，有的网约车公司将驾驶员的服务好评率与优先派车的权重挂钩，这对改善客户体验的效果非常明显。一旦良好的体验价值创造了新需求，就实现了比直接考核销售额更好的增长。

当然，与考核结果对应的激励机制，除了工资、奖金以外，职级的晋升通道也很重要。很多服务企业不重视一线服务人员的晋升通道，导致员工的积极性和主动性都受到很大限制。而在星巴克，员工不仅可以在门店内部晋升，还能靠绩效赢得"破格"晋升和跨部门晋升的机会。海底捞为基层员工提供了三条晋升途径：管理线可以从新员工开始，一直上升到店经理、区域经理，最高可以上升到公司副总经理；技术线可以从新员工开始晋升到标兵员工、劳模员工和功勋员工；后勤线可以从新员工晋升到先进员工、各业务部门的业务经理。

## 注 释

1. 新浪看点：《广东最大的隐形富豪：年入 70 亿从不炫富，资产达千亿也不上市》，新浪网，2020 年 6 月 28 日。
2. 今晚报：《复游率》，今晚副刊，2019 年 11 月 9 日。
3. 李霞：《百汇医疗：这 30 年如何从小房地产商到亚洲第一医疗集团？》，搜狐网，2017 年 8 月 3 日。
4. 李珊：《成功的微博营销案例四则》，公关之家网，2019 年 9 月 10 日。

# 07
# 软价值提升新金融大发展

金融有别于实体经济，但金融也能够创造价值，比如信用的价值、流动性价值、分散风险价值、贴现时间的价值等。

金融和实体经济的关系就像物理学中"波"和"粒子"的关系。金融不是实体经济的影像，而是实体经济的"波"；影像是虚幻的，"波"却是实实在在的价值存在。

传统金融不能满足新经济的需求，而新金融在互联网、区块链、人工智能、大数据、云计算等新技术的支持下，正在不断地创造出各种新业态和新需求。

传统金融产品包括银行、保险、证券、信托等机构经营的存贷款、保险投资、股票、债券、信托产品等业务，其创造的价值包括信用价值、风险价值、流动性价值、时间价值、交易价值等。下面以信用价值为例，说明传统金融的价值创造和财富分配的本质及演化趋势。

## 传统金融的价值创造

如果没有钱庄、票号和早期商业银行，中国明清的商业和手工业就不会那么发达，欧洲南部的意大利和德意志北部的汉萨同盟就不可能有那么繁荣的商业；如果没有资本市场和股票、债券等虚拟金融工具，早期欧洲的探险活动、航海活动以及各国东印度公司的综合贸易活动就可能因为不具备足够的资本和风险承受能力而胎死腹中；如果没有来自威尼斯银行、荷兰银行、英格兰银行等的金融支持，意大利、荷兰、英国也不会有那么强大的资本聚集能力和财富创造能力；如果没有杰伊推销的铁路债券等金融工具，美国南北战争的统一就很难实现，美国的铁路也不会在 19 世纪得到飞速的发展；如果不能及时从"金本位"的货币体系中解放出来，整个世界的商业和贸易活动都会受到货币总量不足的限制；如果没有布雷顿森林以美元本位为主导的国际结算体系，也就没有第二次世界大战以后国际贸易和全球经济的持续繁荣；如果没有 20 世纪 70 年代以后的风险投资、私募股权投资、共同基金，以及以纳斯达克为主导的风险资本市场，最近 20年的互联网经济和相关的新经济业态就不可能有如此迅速的发展……

以上金融产品和金融活动的价值创造，有的是通过创造信用促成交易；有的是通过分散风险聚集资本；有的是通过创造流动性、创造风险和收益的不同组合应对不确定性；有的是通过贴现未来的价值促成现在的投资；有的是通过交易和并购加速老产业的淘汰，促进新产业的崛起。比如金融产品发展出了管理风险的功能，运用期货、期权等工具可以测量、分散、对冲风险；发展出了资产保值增值的功能，运用组合投资工具可以实现客户资金的保值增值；发展出了创造流动性的功能，运用资产证券化等工具可以将长期贷款、房地产等流动性差的资产转换为证券等流动性强的资产；发展出了交易成全者（market maker）的功能，可以让金融资产的交易双方以更加高效和低廉的成本达成交易……但是，无论哪种功能的实现，都不仅仅是一种"服务"，而是首先创造出自身的软价值，如信用价值、风险价值、流动性价值、时间价值、交易价值等。

## 信用价值：货币是支付承诺，大家都能创造

最早的货币是这样产生的：在固定路线上做买卖的商人，为了减少携带金银的成本和风险，开具了不同地区分店提取货物和金银的商业票据。当这些在固定路线和区域内做买卖的商人足够富裕的时候，承载着他们信用的一张张承诺书，就成了那个区域的支付和交易媒介，于是这些发行大量商业票据的商人就成了中国早期的钱庄经营者或欧洲早期的私人银行家。

可见，最早的纸币本质上就是富人的一个支付承诺。拿着这个写有富人"承诺"的纸张就可以在一定范围内兑换金银或购买东西。这个富人的信用所能达到的范围就是这个"承诺纸币"的流通范围。

这些鸿商富贾发行的银票或钞票，一开始不超过他们所拥有的物质财富总额。可是慢慢地他们发现，前来兑换金银和实物财富的总是存款人的一部分资本而已。当有人为了利息前来存钱，有人前来借款的时候，他们自己的实物资本已经变得相对不重要了，重要的是维持他们的信用。可见，就货币发行权而言，从它诞生的那一天起，支撑其价值的并不是政府权力，而是信用。

当政府逐步把货币发行权收归国有，货币承载的就是国家的支付承诺；在国际范围内，国际货币就是富国的一个支付承诺。商业银行也能够以资本金或吸收的存款为基础扩张信贷，那么商业银行发放信贷的过程也是信用创造货币的过程。很多财力雄厚的商业机构也能够

创造信用财富，增加流通中的"准货币"量。比如，中国有很多大型商业公司发行了大量的礼品券和购物券，持有人可以拿这些购物券到旗下的连锁超市购买商品。这种购物券本身就是一种"准货币"，可以在一定范围内代替货币流通。近几年兴起的很多以区块链技术为基础的数字货币，本质上是以一种"去中心化"的方式创造信用。如果能够找到应用场景，那么在其应用场景范围内，这也是一种信用货币的创造。

因此，哈耶克说："货币并不是必须由政府创造的法定货币。像法律、语言和道德一样，它可以自发地出现。"

## 信用扩张促进价值创造，信用收缩毁灭价值

想象一下两家同行业的 A 公司和公司 B 的案例：

A 公司有 100 万元的总资产，100 万元的总负债，股东权益是 0；

B 公司有 1 亿元的总资产，1 亿元的总负债，股东权益也是 0。

从股东权益来看，A=B。

然而，A、B 两家公司的价值真的一样吗？

从资产端来看，B 公司所拥有的资产是 A 公司的 100 倍，其雇用的工人数、占地面积、厂房设备规模、产品销售额、社会影响力都是 A 公司的 100 倍。如果由于某种原因，该行业的毛利率上升一点，B 公司的利润额增长将是 A 公司的 100 倍，B 公司的股东权益也会迅速上升到 A 公司的 100 倍。总资产价值相差 100 倍的公司，价值怎么可能相等呢？

那么，在股东权益为 0 的情况下，是什么支撑起 B 公司相当于 A 公司 100 倍的价值呢？是负债端——B 公司的信用财富是 A 公司的 100 倍。

也就是说，如果一家公司能够创造信用发行股票或债券而融到资金，那么这些资金自然就会变成各种类型的实物资产；反之，如果没有股票、债券等金融资产的创造并扩张了信用财富，就不可能有另一端的庞大实体资产财富。

在案例中，如果 A 公司由于某种特殊禀赋（个人品牌、技术专利、管理能力、社会资源等）瞬间可以创造 100 倍的信用财富，那么 A 公司的资产端也可以相应地扩张到原来的 100 倍。

如同某种物质从只有粒子的特性到突然有了某种波的特性一样，那些非金融财富的拥有者的财富强大到可以创造信用、发行股票或债券等金融资产的阶段，他们的财富总量就会自然延伸。古代的山西商人、威尼斯商人都可以用这样的手段创造更多价值，聚集更多财富；大企业发行承兑票据、债券或其他金融产品也可以创造更多价值，聚集更多财富；国家发行货币、债券也一样，与其经济规模和财力相当的货币发行，本身就是信用软财富的创造。

当然，信用扩张也不是没有边界的，金融软价值的创造不能超出信用所能承载的范围，超出这个范围的信用扩张或货币发行，带来的不是财富的增加，而是信用的减少。滥用信用、恣意扩张货币发行的国家，其货币会随着国家信用的减少而贬值。

货币和信贷的伸缩对经济的影响如此重要，以至著名的宏观策略投资者乔治·索罗斯说："信贷工具的收缩与扩张是全球经济不稳定的源泉。"其实，不仅是信贷的收缩与扩张，整个金融市场的扩张与收缩都是经济扩张与收缩的直接原因。

## 金融不是实体经济的映像，而是实体经济的"波"

货币和金融资产是实体财富发展到一定阶段的必然产物，也是信用延伸所衍生出来的"软价值"。任何金融软价值一旦产生，就不再完全依附于它的本体，而是有其自身的运动规律。

光波、电波、声波都不是抽象的，也不是虚拟的，而是实实在在的物质。摸得到、看得见的"粒子"是物质，摸不到、看不见的"波"也是物质。经济也一样：看得见、摸得到的实体经济是财富，看不见、摸不到的金融信用财富也是财富。在物质世界，有的物质的"粒子"特性很强，"波"的特性很弱。在经济体中，有的企业实体经济部分很大，金融财富部分很小；有的企业实体经济部分很小，金融财富部分却很大。

货币和金融财富不是实体经济的"映像"，而是实体经济的"波"——"映像"是虚幻的，"波"则是实实在在的物理存在；映像与本体是一一对应的，而货币和金融资产等软财富同实体经济绝不是简单的一一对应关系，而是有自身的运动规律。

经济的"波粒二象性"在这里绝不是一个比喻，而是现代经济必须接受的哲学和认识论。"波"是物质世界必不可少的部分，货币和金融资产是实体经济不可缺少的真实财富。

## 如果传统金融的价值创造能力减少，"揩油"能力就会增加

除了信用价值，金融的软价值还包括风险价值、流动性价值、交易价值、时间价值等。每种软价值的收缩与扩展过程，都会产生财富再分配效应。

比如，美国在国际范围内发行美元，就是增加本国的信用软财富，而稀释国外美元持有者的利益。又如，就商业信贷市场而言，较高的利率有利于存款的居民，而较低的利率有利于贷款的企业；如果保持存款利率和贷款利率之间较大的差额，则有利于商业银行等垄断金融机构；如果金融供给结构和供给效率有问题，商业银行、信托公司、小额贷款公司、担保公司、典当公司等各种贷款机构就会趁机"揩油"……

为了阻止金融部门价值创造功能减少、财富再分配功能增加的趋势，最重要的是打破金融垄断，降低金融准入标准，放松利率、汇率等金融产品的价格管制，通过让更多金融机构更自由地竞争来减少其"揩油"功能。除此之外，大力发展新金融，引进新的竞争力量、新的金融价值创造模式，才是真正的解决之道。

# 第二节
# 新金融业态和新需求

随着互联网、区块链、人工智能、大数据、云计算等新技术在金融领域的应用，以及金融企业在信用创造、风险管理、保值增值、流动性创造和交易达成等领域的产品和商业模式创新，各种金融新业态纷纷涌现，不仅解决了很多传统金融无法解决的难题，而且创造出巨大的新需求。

## 第三方支付的信用创造

早在 1997 年，招商银行就诞生了网上银行，通过 U 盾实现网上汇款，这种最早的互联网金融模式为用户提供了便捷性和高效性。然而，网上银行并不能像欧美那样推动中国电子商务的发展——彼时中国信用体系不完善，先发货的怕收不到货款，先付款的怕收不到货物，因而在 2000 年前后，全球普遍对中国的电子商务前景感到悲观。这时，以"担保 + 交易"为核心的第三方支付平台"支付宝"应运而生，买方先将货款付到支付宝平台，收货满意后再用支付宝确定付款，这便解决了交易双方互相不信任的问题，由此催生了中国电子商务的大发展。

截至 2019 年年底，支付宝平台持续为超过 10 亿用户和 8 000 万商家提供服务，应用场景也拓展到外卖、出行、在线旅行社、生活缴费等多元化的生活服务场景。仅 2019 年，中国第三方支付的交易规模就达 226 万亿元，其中，支付宝的市场份额为 54.5%，微信支付的市场份额为 39.50%。与此同时，以壹钱包、京东支付、苏宁支付为代表的第三方支付也快速发展。

## 互联网现金管理开启理财新需求

2013 年，余额宝上线，在推出短短六个月后，用户数量就突破 8 000 万；上线一年后，余额宝用户数量突破 1 亿，资金规模达到了 5 742 亿元。其后，余额宝甚至一跃成为全球最大的货币基金，在巅峰时期，其规模接近 2 万亿元。余额宝的诞生颠覆了传统理财模式，创新性地将最低投资门槛从 100 元降至 1 元，并且突破传统基金的申购赎回规则，做到"T+0"的赎回模式，用户可以通过余额宝进行实时购物支付，引领了行业发展。此后，微信理财通、京东小金库、苏宁零钱宝等同类型产品陆续上线，"宝宝类"互联网理财产品全面爆发。

　　人工智能技术的不断成熟，还创造出智能投顾这种新的应用场景。目前，中国在智能投顾方面的落地程度相对落后于美国。大数据、算法模型、人工智能等技术手段不但可以服务于更多投资者，而且可以提高客观公正度，一旦有所突破，必然能够创造越来越多的理财新需求。

## 线上信贷扩大金融普惠性

　　与以往高度重视资产抵押不同，现今一些互联网银行已经能够对那些没有大量资产抵押的小微企业、创新企业或个人，通过建立在企业日常经营数据和个人生活数据基础上的信用评级，作为发放贷款的依据。

　　芝麻信用是蚂蚁金服旗下独立的第三方征信机构，主要是通过阿里巴巴的电商交易数据和支付宝的互联网金融数据对用户进行信用评级的，目前已经在信用卡、消费金融、融资租赁、酒店、租房、公共事业服务等上百个场景为用户、商户提供信用服务。飞猪联合芝麻信用发布的《2019 信用住旅行报告》显示，信用住已累计帮助 2 000 万用户节省了 1 400 万小时的排队等待时间，免除了 360 亿元的住宿押金。同时，截至 2019 年年底，芝麻信用共为用户减免了超过 1 000 亿元的押金。

　　基于互联网用户信用的完善，蚂蚁集团推出了花呗和借呗两款产品。花呗属于消费信贷产品，支持用户在天猫、淘宝购物消费时付款，它在产品设计和体验上类似于网络信用卡的功能；而借呗是一款无抵押的小额贷款产品，用户可以直接从借呗获取资金。经过五年的发展，花呗和借呗成为中国最大的线上消费信贷和小微经营者信贷平台。截至 2020 年 6 月 30 日，公司平台促成的消费信贷余额为 17 320 亿元，小微经营者信贷余额为 4 217 亿元。

微众银行的微粒贷业务，则基于腾讯在用户生活、支付、社交等方面数据分析客户的信用状况，通过信用评价的客户可以在微信钱包、QQ 钱包、微众银行 App 上申请微粒贷。截至 2019 年年末，"微粒贷"业务已经发放了超过 4.6 亿笔贷款，平均每笔贷款额度约 8 000元。这种既没有资产抵押规模又小的贷款业务在以往是没有哪家银行愿意做、能够做的。

京东白条则基于京东商城的消费者，提供消费者筛选、赊销额度设计、风险监控等服务，针对用户使用京东白条产生的应收账款，帮助京东商城对这部分优质底层资产证券化。京东的票据平台通过链接商业银行和商户企业，提供贴现、质押融资、票据支付担保服务，向1.4 万家客户累计提供了 3 300 亿元融资额。

随着线上流量的积累和以大数据为基础的信用评估越来越成熟，花呗、微粒贷、京东白条等互联网消费信贷业务迅速打破之前传统银行的各种资信材料审核程序，将消费信贷的门槛大幅降低，且迅速让数不清的普通消费者轻而易举地获得信贷服务。头豹研究院统计，中国互联网消费金融市场贷款规模从 2014 年的 187.2 亿元增长至 2018年的 91 530.6 亿元，年复合增长率达 370.2%。伴随着中国居民消费需求逐步增长以及互联网消费金融服务质量的不断提高，预计至 2023年，中国互联网消费金融市场贷款规模将达 502 884.7 亿元，2018—

2023 年年复合增长率将达 40.6%。

## 互联网银行、互联网券商与互联网保险

在中国，由互联网企业或部分传统零售巨头发起的互联网银行由于拥有线上用户数据积累、获客能力以及金融科技创新等优势而发展迅速；互联网券商已经将开户和交易的便利性提升到前所未有的程度，开户、交易、转账都可以在手机上瞬间完成，同时还可以享有以往超级客户才能享受的超低费率；互联网保险则将传统保险模式中的销售、核保、承保、理赔等运营环节迁移至线上，并使用大数据、物联网、人工智能、区块链等前沿科技进行业务赋能，实现简化运营流程和增强产品创新等效用。

以互联网保险为例，其正在超越网上投保、网上理赔的初级阶段，向着应用大数据、人工智能等技术发展，与各种场景和生态深度融合，创造出更加完善、便利和低成本的风险保障产品。比如，2018 年蚂蚁集团与人保寿险合作推出的"全民保"产品，这是一款普惠、灵活且简单易懂的养老保险产品，投保门槛低至 1 元。投保周期灵活，投保人退休后每月可以十分便捷地在支付宝中领款。又如，蚂蚁金服推出的"相互宝"能够向用户提供 100 多种重大疾病的健康保障。会员加入相互宝时不需要付费。当一个会员提出申请互助金后，该会员需要通过支付宝 App 提交相关材料，随后接受调查和审阅。如果互助申请获批，该会员将获得一次性互助金，费用由其他所有成员分摊。相互宝自推出以来，迅速吸引了大量用户，截至 2020 年 6 月 30 日，

其已积累了超过 1 亿会员。除了为会员提供健康保障外，相互宝同时还提高了消费者的保险意识和购买健康保险产品的意愿，许多相互宝的会员也购买了"好医保"健康险产品。截至 2020 年 6 月 30 日，12 个月内，超过 5.7 亿支付宝用户通过公司平台投保或受保，或参与了互助项目相互宝。[1]

　　除了上述新金融业态，股权众筹等方式正在为越来越多的普通人提供参与新经济的机会，人工智能正在提供更加高效的债券和股票投资策略和交易执行，基于区块链技术的智能合约，也开始大大提升金融交易效率和安全性。虽然以区块链为基础的数字货币等新金融科技目前尚缺少现实的应用场景，但未来发展前景十分广阔，必将创造出更多的新需求。

## 第三节
## 新金融的研发、流量和体验价值

新金融、新业态的大发展，一是由于新技术在金融领域的广泛应用，二是越来越多的传统金融产品已经不能满足新经济发展的需要。那么，新金融如何从提高产品开发的有效性、经营流量、改善体验、创新商业模式、围绕软价值创造新需求的组织变革等方面来创造新需求呢？

### 新金融产品开发：科技基因与金融基因密切结合

科技的发展是新金融诞生的重要基础，因此，实现科技基因与金融基因的密切结合，是提高新金融产品开发成功率的关键。

面对同样的金融问题，那些具有互联网基因的公司提出的解决方案可能与传统金融机构不一样。比如，就信贷而言，传统金融机构强调资产抵押，而互联网公司则倾向于通过信用数据来解决问题。在这样的情况下，如果传统金融机构一直沿着资产抵押的方向发展，可能永远也无法解决很多中小消费信贷、新经济的贷款需求；反之，如果互联网企业一味以互联网思维无限制地放大信用，而忽视金融杠杆可能带来的潜在风险，也必然会出问题。因此，只有把金融基因和科技基因结合起来，才是确保新金融产品开发成功的关键因素。

近几年来，金融企业主动拥抱互联网技术、大数据、人工智能、区块链等科技手段。这些技术在业务和管理中的应用加快，传统金融业的业务形态已经发生了巨大的变化，无论是银行、保险公司还是证券公司，都变成了手机里的 App 甚至是微信里的一个小程序，极大地提高了金融服务的体验，也提高了金融监管和风险控制的质量和效率。

"如果银行不改变，我们就改变银行。"随着越来越多的科技公司向金融领域进军，传统金融机构相对封闭、自成一体的格局正在逐渐被打破，传统金融模式也正在科技公司的推动下发生潜移默化的改变。以微众银行对区块链的应用为例，其开发的"微粒贷"备付金管理与对账平台，将联合贷款模式下传统的合作方银行各自记账、事后对账的模式转换为将所有信息都记录在区块链网络上，并且无法进行篡改，交易过程可以并行清算。这就做到了实时清算，合作银行原来"T+1"才能拿到的数据，现在可以进行实时调阅和核对。[2]

当然，科技公司进军金融业，必须切实了解金融的本质，找到现实的应用场景，并能创造实实在在的信用价值、流动性价值、风险管理价值、时间贴现价值等软价值。前几年，很多基于区块链技术的"数字币"，由于只强调自己在区块链技术上的创新应用，而不能理解货币创造的支付承诺和信用本质，并且缺少现实的应用场景，甚至一开始就是以炒作和套现为目的，这样的"创新"只能以失败告终。相对而言，比特币的创立者从一开始就隐匿了发行人，交由志愿者管理，放弃了绝大部分"货币发行收益"，并且严格控制发行量，用去中心化保持了信用，在一定程度上避免了被少数玩家控盘炒作的风险，因此除了技术贡献，一旦有了现实的应用场景，还可能创造出实实在在的金融软价值。

## 新金融的产品开发：面向新经济

若要提高新金融产品开发的有效性，必须面向新经济领域，这样才能找到创新的蓝海。未来的经济增长将以软价值制造业、文化娱乐产业、知识产业、信息产业、高端服务业为主要方向，旧金融无法满足这些产业未来发展的巨大金融需求。以贷款业务为例，传统的信贷主要通过资产的抵押来创造信用，而很多知识产业、信息产业、文化娱乐产业的核心资产就是研发团队、专利技术、互联网流量、品牌等软资产，而不可能提供大量硬资产抵押品。那么，新金融业的产品开发如何才能支持这些软产业的发展呢？

例如，在文化娱乐产业中，产品创作失败的概率很大，新金融如何创造更多分散风险的产品满足文化娱乐产品的投资需求？如何更多地应用互联网众筹手段支持一部电影、一个剧集、一个综艺节目的风险投资？面对文化娱乐作品的创作失败或票房不及预期的可能性，能否开发相应的保险产品？

在科研产业，除了近几年发展迅速的风险资本，还有没有可能演化出能够更加支持科研经济的融资和保险产品？

在知识产业，可否用金融手段解决 IP 融资或与 IP 定价和风险有关的问题？

## 新金融的产品开发：充分利用数据软资源

对于蚂蚁金服、腾讯金融科技、京东数科等金融科技企业来说，充分利用数据软资源已成为一种优势。而很多传统金融机构虽然拥有庞大的历史数据资源，却往往守着宝山而无力开发。业内媒体披露，2018 年中国工商银行的数据规模就已经从 TB（太字节）级进入了 PB（1024TB）级的建设阶段，接下来在可预见的几年内会进入 EB（1024PB）级的庞大体量，但是与蚂蚁金服等金融科技企业相比，前者对数据的利用还存在很大的差距。值得探讨的是，数据是否具有公众资源的性质？如何推动传统金融机构和新金融机构适当开放数据或加强数据合作，对于提高新金融产品开发的有效性具有非凡的意义。

## 流量与新金融价值创造

中国有一家名为"东方财富"的公司，从财经资讯网站和财经社区"股吧"发展起来，聚集了巨大的证券投资者流量，然后其收购了券商变身金融公司。如今，东方财富已经发展成拥有券商、公募基金、基金代销、第三方支付等金融牌照的互联网金融机构，市值超过

2 000亿元。先有流量，后有产品和业务，竟然在金融业也行得通。

随着人们的工作、生活、娱乐、消费越来越多地在网上进行，时间和注意力都在向线上转移，无论是在互联网信息平台、互联网社交平台、电商平台如淘宝、京东，还是在出行平台如滴滴，甚至是输入法软件中，人们都能找到提供贷款服务、证券服务等金融产品的入口——金融业争夺线上流量的竞争已经白热化。新金融获得流量的方式主要有平台导流和场景导流两种。

无论是从财经资讯、基金资讯等平台，还是从"股吧""雪球"这样的投资社区导入流量，都属于平台导流。目前，这样的平台导流方式已经发展得较为成熟，在微博、微信公众号、抖音、游戏中都能够看到金融机构和金融产品导流的入口。此外，几乎所有的金融机构都有自己的社交媒体账号，通过内容吸引自己的私域流量。

金融机构从消费场景获取流量也越来越普遍。随着越来越多的消费场景转到线上，小到日用品，大到汽车，都可以实现线上看货、比较、下单，这使得金融机构可以非常方便地进入人们的线上消费场景，提供与该场景相匹配的金融产品和金融服务。例如天猫这样的快消品、日用品、服装等消费平台，二手车消费平台，以及链家 App 这样的房产信息平台，等等。

值得注意的是，金融产品的流量创造，与客户的信用、风险承受能力匹配性要求较高。因此，在创造流量、导入流量的同时，企业必须对客户的信用和风险水平做精准识别，向客户推荐预期信用和风险水平相匹配的金融服务。

## 新金融的体验价值

### 稳定收益和安全便利的新体验

余额宝等互联网现金余额管理，使得支付机构消费备付金也能够获得稳定的收益——技术的发展使新金融机构可以把很小的金额通过网络的渠道集中起来，实现稳定收益。有人说，移动支付发展起来以后，小偷都失业了。是的，微信支付、支付宝通过密码、指纹、刷脸等方式，为账户提供了可靠的安全保障，使人们可以放心地享受新金融带来的便利。未来，随着区块链、生物识别、智能投资等技术的发展和运用，账户安全的保障会进一步得到加强，投资业绩的波动将进一步被熨平，为客户提供稳定收益和安全便利的新体验是新金融的持续追求。

### 风险度量与对冲的体验

传统金融业只能对投资者的风险承受能力、风险偏好进行相对粗略的划分，而新金融通过大数据、人工智能等技术，可以进行全面的分析，从而为客户提供更加符合其风险偏好的金融服务。在传统金融业中，风险的对冲和分散往往需要付出较高的成本，或者需要达到一定的规模以后才能为之设计相应的风险对冲和分散方法。新金融技术的发展也使得人们享受风险对冲、风险分散的门槛大大降低，而且新金融产品也随着各种消费场景来到了人们的身边。例如，运费险这种创新产品解决了网购中人们退回不满意货品时的运费负担问题。中国保险行业协会的数据显示，2019 年，退货运费险累计保单数量达到 150

亿件，超过总体互联网非车险保单数量的 50%。随着大数据、人工智能的应用，新金融对风险的揭示程度不断提升，应对的手段也会越来越丰富，而对客户的风险承受能力识别会越来越精准，因此在为客户提供风险度量与对冲的体验方面将展开持续的竞争，谁能做得更好，谁就将创造出更高的金融软价值。

### 与风险相匹配的融资体验

初创企业通过风险投资、天使投资或互联网股权众筹等方式获得资金，即使创业失败，出资人也能坦然接受风险；而所投资的项目一旦成功，将为投资人带来丰厚的回报。其回报率将是几倍甚至几十倍，足以弥补失败项目的亏损。很多创业公司失败了，对创业者来说无疑是一个打击，但是其主要的资金来自风险投资，风险投资机构在投资之初就已经将风险计算在内，最后项目虽然失败了，但并没有风险投资机构因此而倒闭。

在新经济的发展中，有些新业务需要多种金融新产品的组合服务，例如一部电影在投放市场前很难预测它的票房究竟会怎样，因此如果需要通过金融市场融资来支持，可能就需要知识产权融资、IP 融资、风险投资、收益证券化、创作进度保险甚至众筹等手段的综合运用，才能提供与制片方的风险程度相匹配的融资体验。

与上述金融产品开发、流量管理和体验价值相适应，新金融的人才、组织架构和激励机制介于科技公司和金融企业之间，其商业模式、业务流程和风险管理自然也会与传统金融机构有很大的差异。因而在金融监管上是把新金融机构、金融科技公司等同于传统金融进行监管，还是根据新金融机构的商业模式特点出台新的监管办法，这对全球的金融科技公司来说都是一个必须面对的巨大挑战。

# 第四节
# 金融资产的软价值定律

自从薛定谔方程把物质的粒子性和波动性统一在一个微分方程中之后，波粒二象性就被证明是微观粒子的基本属性。如同"波"是物质世界必不可少的一部分，金融资产也是价值不可忽略的一部分。然而"波"的物质运动规律与"粒子"的运动规律截然不同，金融资产的定价与普通物质产品的定价自然也不一样。

## 金融资产的测不准原理

传统价值论认为，金融资产都有一个所谓的"内在价值"，这个价值主要由"基本面"决定，只要找到这个基本面决定的内在价值，就可以稳操胜券，因为价格无论被高估还是低估，早晚要回到内在价值。

软价值理论认为，金融资产软价值的构建是基于人类思维支撑的一系列假设和数学设计，它的定价取决于人的群体性认识，因此它本身就不存在什么内在价值。

以股票为例，尽管的确有必要从宏观经济、行业和公司业绩等方面去分析一只股票的基本面，但就像我们无法准确测定微观粒子的位置和速度一样，公司未来的发展状况、收入、现金流的预测也是不确定的，风险溢价是相对的；同时，通胀率、货币流动性状况、利率水平、汇率水平、其他金融资产的风险收益变化、人们的价值观念、资本市场供求关系等参数共同构成了金融软价值参照系，即使是相同的企业，在不同的金融软价值参照系中，它的软价值也是不同的。因此，金融资产的价值只能是相对的，大部分情况下它不是一个点，而是一个"域"。

在硬财富世界里，人们经常不加任何假设条件就谈论重量、距离，这是因为这些物理量的参照系基本上是一致且相对稳定的。即使没有定义绝对空间、绝对时间和绝对运动，人们的判断也隐含了牛顿物理学的一系列假设。然而在金融领域却不是这样，人们心中的认知是不一致的，市场参与者的认知变化对金融资产价格的影响要远远大于其"内在价值"的波动。

迄今为止，绝大部分的金融资产定价模型都沿袭了牛顿时期的认识论和物理学模型构建方法，企图通过各种基本面因素寻找金融资产的绝对内在价值。这些模型如果没有把投资者的心理变化、群体性认知作为参数考虑进去，就不可能找到正确答案。就像美国知名对冲基金管理人巴顿·比格斯在其著作中转引的一段话："人们若是只想把股票变动与商业统计挂钩，而忽略股票运行中的强大想象因素，或是看不到股票涨跌的技术基础，一定会遭遇灾难，因为他们的判断仍是基于事实和数据这两个基本维度，而他们参与的这场游戏却是在情绪的第三维和梦想的第四维上展开的。"[3]

我们都知道"薛定谔的猫"，它的生死是由观察者决定的，在金融软价值的世界里，投资者的理念和行为变化，不但会影响金融资产价格波动，有实力的投资者还会对金融资产价格施加影响。如果不能把参与者考虑到资产估值模型中，那么所有的估值模型最终都是测不准的。

## 金融价值的系统参数与运动方向

一种金融资产价格的波动，常常不是因为它自身有什么变化，而是因为参照系中其他部分的变化或参照系整体价值运动方向发生了变化。量子理论的"洛伦兹变换"是指，在任何惯性参照系中，光速都是恒定不变的，而长度的收缩、时间的快慢、速度的变化都需要通过洛伦兹变换得出。把握住整个参照系的运动方向，比考量单个金融资产价值更重要。因此要成功地从金融市场获利，首要的不是研究金融资产本身，而是确定你所投资的金融资产属于哪个参照系，并把握整个参照系的运动规律。

比如，投资于中国资本市场，就应该以中国经济增长率为背景，结合可替代的房地产预期收益率、无风险利率、风险溢价率、中国投资者的资产选择和风险偏好、人民币汇率变化、经济政策变化等，判断资本市场在整个中国金融市场中的位置。如果经济增长率、汇率、利率、物价指数、经济政策、不同资产市场的估值和风险水平、人们的信心和认识，都有利于资金进入资本市场，那么资本市场作为一个整体的运动方向就可能是向上的。

静态比较，同样一家上市公司在香港联合交易所和上海交易所同时上市，股票价格并不相同。每当中国蓝筹公司的香港 H 股的价格与 A 股的价格之间出现较大的偏差时，就有人想到这可能是其中某个市场的定价不合理。其实，处于不同参照系的股价本来就不可能一样。抛开其他因素不谈，当香港资本市场的无风险利率很低，而境内无风险利率上升时，仅仅一个利率差异就可能决定了香港的 H 股股价可以不同于 A 股股价。

动态来看，整个参照系的运动规律更加重要。在资本市场牛市中，投资者很容易赢利，而在全球金融危机中，投资者就算选择优质的公司股票，也不能排除风险。把握住整个参照系的运动趋势，比选择具体的股票品种更重要。

## 群体性认知与供求关系的趋势逆转

整个参照系的运动方向带给投资者的是趋势性机会或趋势性风险。抓住系统性投资机遇，避免遭遇系统性风险，关键是把握趋势变化的临界点。而这种趋势变化的临界点，到底是取决于供求关系，还是取决于人们心理对于风险收益的认知变化呢？

中国投资者习惯于计算金融市场的供求关系。比如在判断股市行情的趋势时，经常看到证券研究机构计算未来一段时期可能上市的新股供给量和可能进来的增量资金，并以此为依据判断未来行情。然而，无论是潜在的购买者，还是计划发行新股的融资者，其投融资计划都是根据金融市场的收益和风险预期变化而确定的。比如一旦行情看涨，大量社会资本就会蜂拥而入；一旦行情低迷、交易量萎缩，原本的新股发行计划也不得不做出调整。这种变化往往是非连续的、跳跃性的，如同"量子跃迁"中存在的空白区域，电子不仅会瞬间从一个能量级跃迁到另一个能量级，而且两个能量级之间不存在电子轨道。

当然，就金融软价值的运动规律而言，也不可以完全否定供求关系，但往往资金和股价的因果关系是难以判断、因果可逆的。一旦金融市场对于风险收益的心理认知发生变化，供求关系就会发生相应的调整，并出现认知的自我强化效应。比如，2014 年，由于中国股市的"赚钱效应"，加上融资的杠杆效应，大量新资金涌进 A 股市场，不断推高股指；而 2015 年 6 月以后，由于风险加大、预期收益减少，连续几个月都有大量资金从资本市场净流出。与此同时，管理层采取加强监管的去杠杆措施，大量"杠杆资金"也撤出股市，造成资本市场连续暴跌。这到底是投资者的信心引起了资金量的变化，还是资金量的变化改变了人们的信心？

由此可见，金融市场的趋势性变化受到供求关系的影响，也受到心理认知的影响，而这两个要素之间往往是相互强化的。一般而言，首先是对风险收益心理认知的变化，然后才是供求关系的变化。一旦供求关系逆转，又会强化已经初步形成的心理预期，二者一旦形成一致的推动力，就会形成一个趋势性的机会或者风险——一个趋势性机会的临界点往往就诞生于从风险／收益关系的心理认知逆转到供求关系的扭转那个特定阶段。

## 金融能量耗散定律：超涨超跌与回归均衡

一旦金融市场的运动形成既定的趋势，就会有两种力量冲突影响未来的走势：一个是沿着既定的趋势不断发散，形成超涨或者超跌；一个是沿着固定的轨道回归系统均衡。

传统价值论按照基本面决定金融资产价格的逻辑，假定市场参与者的决策是基于对事实的完全认知，认为金融资产的价格会不断回归均衡点或内在价值。然而，金融市场的参与者不可能对基本面的变化有完全的认知和独立的决策。恰恰相反，市场参与者常常在不完全认知的基础上采取行动，并且在各种错误理念的引导下进行自我强化和自我瓦解，进而造成金融市场的超涨或超跌。

因此，投资者要在金融市场获得最大的利益，就必须理解全球金融市场暴涨暴跌的本质逻辑。在牛市预期形成的时候，不要因为股票的价格超过所谓"内在价值"就急于卖出，因为它可能会"超涨"；在熊市趋势形成之后，千万不要因为股票价格跌到了所谓合理价值区间，就盲目买进，因为它可能会"超跌"。金融软价值一旦形成超涨或超跌，任何国家的金融市场不经历疯狂都不会自我瓦解；不经历信心彻底崩溃，也很难自我恢复。

从超涨、超跌到回归均衡的运动过程中，其时间分布往往是不均衡的，具体取决于能量自我强化和耗散的情况。有时候，能量是大体守恒的，比如一个超涨的金融市场往往因为投资者的过分狂热而不断放大交易量；而一个超跌的金融市场却常常因为人们缺乏热情而导致交易量过度萎缩。就像一根木头燃烧得越旺，燃烧的时间就越短，越是交易量不断放大的市场，越容易迅速消耗完能量，持续时间越短；越是交易量萎缩的市场，能量消耗越慢，而该市场的行情反而能够持久。

有时候，金融市场是能量不守恒的，比如当市场出现超涨超跌拐点时。当超涨到达最高点时，投资者心理认知会发生突变，原来市场的买方可能瞬间变成卖方，交易量可能急剧萎缩，股票价格从前一天的高位直接跳空低开。在不考虑做空机制的情况下，这个过程谁获得了价值下降的收益？显然没有，每一个投资人都是亏钱的，正向能量凭空消失了。同样，当超跌到达低点时，投资者心理认知也会在这个临界点发生跳跃性变化，原来市场的卖方可能瞬间变成买方，交易量可能迅速放大，能量瞬间膨胀。

## 注 释

1. 参见东兴证券，王健辉等：《蚂蚁集团：穿越互联网金融与金融科技时代的独角兽》，慧博投研资讯网，2020 年 9 月 9 日。

2. 参见天风证券，廖志明等：《详解微众银行，见证金融科技的力量》，2018 年 9 月 8 日。

3. ［美］巴顿·比格斯，《对冲基金风云录》，中信出版社，2007 年。

# 致　谢

对价值和价值创造理论的思考和探索源自 1990 年年初，我初读经济学专业就发现教科书里的一元要素价值论不太好理解，认为土地、资本、技术、管理要么不创造价值，要么是转移"活劳动"的价值，这与实践不符。虽然考试必须按照教科书上规定的答案来回答，但是我内心的困惑却与日俱增。读研究生时期，直到博士论文答辩，我在与知名教授们的多次深入讨论中才发现，其实被这个问题困扰的不止一代人。

有时候为了搞清楚一个基本问题，就必须搞清楚所有的相关问题。对价值源泉这个经济学基本问题的困惑，引发了我追根溯源地阅读经济学原著——从斯密的《国富论》、门格尔的《经济学原理》，一直到 1955—1995 年的诺贝尔经济学奖获得者的相关著作。在花了很多年把价值与财富源泉、财富创造、财富流向等问题都研究得比较明白、有点心得后，实际上已经形成了对经济运行的相对独立和自成体系的分析框架。2006 年我出版了第一本学术专著《新财富论》，这其实都源自读大学、读博士期间关于价值创造、财富源泉问题的困惑和研究心得。之后，又经过十多年的研究探索，新财富理论花开两朵——在供给侧形成我的"新供给经济学"，在需求侧形成了"软价值理论"。

多年以后我常常想，如果年轻时候没有人要求我们必须理解一元要素价值论并且按照这个来考试，是不是我就不会变成一位经济学者？当然，面对这些困惑，能够坚持独立思考、深入研究，除了感谢那些启发我思考的理论，我还要重点感谢老一辈学者的支持和鼓励！

我的博士生导师伍贻康老师是研究欧盟问题的专家，但是对于我执着于价值理论的研究却一直给予热情的鼓励和支持。还要特别感谢中欧国际工商学院前院长刘吉先生多年来给予的大力鼓励。刘老师在2008年中欧商学院的一次校友会上听到我的演讲之后，嘱咐我一定要把《新财富论》和《财富的觉醒》寄给他，不久我就收到他读后用毛笔写来的鼓励信。另外，要感谢北京大学经济学院前院长晏智杰老师，晏老师是我国经济学说史和价值理论方面的学术权威。几年前的一次餐叙中，晏老师提及他2001年曾经因出版《劳动价值论新探》提倡多元要素价值理论而受到保守学者的批评，后来政治局常委在学习中用了这本书，才平息了这场争议。如今"让一切劳动、知识、技术、管理、资本的活力竞相迸发，让一切创造社会财富的源泉充分涌流"写进中共十六大报告、十八届三中全会报告，不久前召开的十九届四中全会也提出探索按要素报酬分配的合理方式，但20年前晏智杰老师坚持真理的学术探索精神和学术风骨依然值得我辈学习。

然而，影响中国财富创造的思想绝不仅是一元要素价值论，还有建立在牛顿物质世界的物质财富论。比如，一首歌曲、一个创意、一幅名画、一件艺术品、一场演讲，到底怎么测算其劳动成本、要素成本，怎么衡量它的效用价值，如何刻画出它的供给曲线和需求曲线呢？

事实上，以知识产品、信息产品、文化产品、服务业产品为代表的"软财富"本来就不属于牛顿物质世界，而是属于人类思维的世界。而人的思维是电磁波运动，遵循微观高速的量子世界运动规律。传统经济学教科书所传授的劳动价值论、要素成本定价理论、内在价值理论、效用价值理论、供求关系曲线理论，都是诞生于牛顿时期的世界观和哲学观。如今，物理学已经走过了狭义相对论、广义相对论、量子理论等阶段，而经济学的价值理论却仍然停留在 100 多年前的认知世界。这样的理论虽然在物质世界依然有效，但是在非物质财富的世界却是造成企业家认知混乱和投资者困惑的根源。有多少企业家和投资者至今还认为商业是投机倒把，金融和互联网都是虚拟经济，甚至认为文化娱乐、信息、知识等服务业都不创造价值，只有农产品和制造业产品等物质财富才是真实财富呢？

让企业家摆脱牛顿时期的物质财富论，真正把握当前新经济的运行规律，是我近些年从价值理论研究逐步转向企业创新与转型战略研究的出发点。2013 年，有两位朋友几乎同时向我推荐了时任中航工业集团董事长林左鸣先生的一本书《广义虚拟价值论》，说其与我的理论有相通之处。我读了以后欣喜地发现，自己不但找到了理论探索的知音，而且找到把软价值理论应用到实践中的杰出实业家，之后我们果然成为忘年交。

2014 年在我出版《软财富》之际，林左鸣先生撰写了热情洋溢的序言；2017 年我出版《软价值》时，林左鸣先生、海尔集团首席战略官张瑞敏先生、中国人民大学副校长吴晓求教授、长江商学院副院长滕斌圣教授都写了饱含热情的推荐语，在此再次表示衷心的感谢！越来越多的企业家和管理专家、金融专家的认可和鼓励，让我不再纠结于理论问题，而是把研究的重点转向软价值的实践应用。如何帮助企业家跳出原有的物质思维模式，用软价值理念推动企业创新转型？经过多年的实践案例研究，我完成了这本《创造新需求》，希望在新时期可以帮助企业找到新的创新方向和转型方法。

本书成书之际，我又邀请了一些企业家和管理专家对本书提意见，大家一致认为这本书最大的价值是从"第一性原理"出发，让企业家和管理者回到问题的本质来思考新时期创造新需求的办法。比如，回到财富方式的本质讨论价值的源泉和价值创造规律；回到研发创意的软价值本质，真正揭示提高研发创意有效性的规律，让企业重新思考产品创新；提出"所有的销售问题都是流量转换"，促使企业家换一个角度思考销售问题，重新配置销售资源；提出"每一次购买都是生活方式的选择"的第一性原理，从根本上推动企业从传统客户服务向新时期客户体验管理转化；提出"每一种商业模式都离不开价值实现的新路径"，打开创新商业模式的新维度；等等。

在本书写作过程中，张海冰先生按照软价值原理协助我寻找了大量案例并执笔撰写了本书的部分内容，李明昊先生参与了很多章节写作问题的讨论与"信息产业"一章的多次修改。考虑到张海冰先生对本书的贡献，我邀请他作为本书的联合署名作者，并感谢李明昊先生的参与和支持。同时也要感谢冯春安教授、刘哲女士、王娇女士、朱长征先生、徐治翔先生、陈伟恩先生、李亚婷女士、陈三坡先生、李治华先生等对本书和相关理论提出的宝贵意见！

如果本书相关理论有任何错漏，欢迎各界朋友批评指正！

滕 泰

2021 年 1 月

1. ［奥］弗里德里希·冯·哈耶克.哈耶克文集［M］.冯克利，译.南京：凤凰出版传媒集团，江苏人民出版社，2000.

2. ［奥］卡尔·门格尔.国民经济学原理［M］.刘敌，译.上海：上海世纪出版集团，2013.

3. ［澳］理查德·麦特白.好莱坞电影：美国电影工业发展史［M］.吴菁，何建平，刘辉，译.北京：华夏出版社，2011.

4. ［德］卡尔·亨利希·马克思.资本论［M］.中共中央马克思恩格斯列宁斯大林著作编译局，译.北京：人民出版社，2004.

5. ［法］亨利·伯格森.创造进化论［M］.姜志辉，译.北京：商务印书馆，2012.

6. ［法］萨伊.政治经济学概论［M］.陈福生，陈振骅，译.北京：商务印书馆，1963.

7. ［美］D.J.奥康诺.批评的西方哲学史［M］.洪汉鼎，等，译.上海：东方出版社，2005.

8. ［美］R.科斯，A.阿尔钦，D.诺斯.财产权利与制度变迁［M］.上海：上海三联出版社，上海人民出版社，1994.

9. ［美］阿米尔·艾克赛尔.纠缠态［M］.庄星来，译.上海：上海科学技术文献出版社，2016.

10. ［美］安妮塔·埃尔伯斯.爆款：如何打造超级IP［M］.杨雨，译.北京：中信出版社，2016.

11. ［美］保罗·梅森.新经济的逻辑：个人、企业和国家如何应对未来［M］.熊海虹，译.北京：中信出版社，2017.

12. ［美］彼得·德鲁克.德鲁克管理思想精要［M］.李维安，王世权，刘金岩，译.北京：机械工业出版社，2019.

13. ［美］彼得·德鲁克.技术与管理［M］.慈玉鹏，译.北京：机械工业出版社，2020.

14. ［美］彼得·德鲁克.人与商业［M］.慈玉鹏，译.北京：机械工业出版社，2019.

15. ［美］布莱恩·阿瑟.技术的本质［M］.曹东溟，王健，译.杭州：浙江人民出版社，2014.

16. ［美］丹尼斯·奥弗比.恋爱中的爱因斯坦［M］.冯承天，涂泓，译.上海：上海科技教育出版社，2016.

17. ［美］道格拉斯·诺斯.经济史中的结构与变迁［M］.陈郁，罗华平，等，译.上海：上海三联出版社，上海人民出版社，1994.

18. ［美］迪恩·雷丁.缠绕的意念：当心理学遇见量子力学［M］.任颂华，译.北京：人民邮电出版社，2015.

19. ［美］迪恩·雷丁.缠绕的意念：当心理学遇见量子力学［M］.任颂华，译.北京：中国工信出版集团，人民邮电出版社，2015.

20. ［美］蒂姆·哈福德.适应性创新：伟大企业持续创新的竞争法则［M］.

冷迪，译．杭州：浙江人民出版社，2014.

21. ［美］杜·舒尔兹，西德尼·埃伦·舒尔兹．现代心理学史［M］．叶浩生，译．南京：江苏教育出版社，2012.

22. ［美］弗雷德·艾伦·沃尔夫．精神的宇宙［M］．吕捷，译．北京：商务印书馆，2007.

23. ［美］葛詹尼加，等．认知神经科学——关于心智的生物学［M］．周晓林，高定国，等，译．北京：中国轻工业出版社，2011.

24. ［美］加来道雄．平行宇宙［M］．伍义生，包新周，译．重庆：重庆出版社，2014.

25. ［美］克里斯蒂娜·沃特克．OKR 工作法：谷歌、领英等公司的高绩效秘籍［M］．明道团队，译．北京：中信出版社，2017.

26. ［美］克里斯托夫·科赫．意识探秘：意识的神经生物学研究［M］．顾凡及，译．上海：上海科学技术出版社，2012.

27. ［美］拉里·唐斯，保罗·纽恩斯．大爆炸式创新［M］．粟之敦，译．杭州：浙江人民出版社，2014.

28. ［美］龙多·卡梅伦，拉里·尼尔．世界经济简史［M］．潘宁，等，译．上海：上海译文出版社，2012.

29. ［美］迈克尔·加扎尼加．双脑记［M］．罗路，译．北京：北京联合出版公司，2016.

30. ［美］迈克尔·舍默．当经济学遇上生物学和心理学［M］．闾佳，译．北京：中国人民出版社，2009.

31. ［美］乔纳·莱勒．普鲁斯特是个神经学家：艺术与科学的交融［M］．庄云路，译．杭州：浙江人民出版社，2014.

32. ［美］乔纳·莱勒.想象：创造力的科学与艺术［M］.简学，邓雷群，译.杭州：浙江人民出版社，2014.

33. ［美］乔治·H. 米德.十九世纪的思想运动［M］.陈虎平，刘芳念，译.北京：中国城市出版社，2003.

34. ［美］乔治·索罗斯.开放社会——改革全球资本主义［M］.王宁，译.北京：商务印书馆，2003.

35. ［美］托马斯·麦克劳.创新的先知［M］.陈叶盛，周端明，蔡静，译.北京：中信出版社，2010.

36. ［美］维韦克·瓦德瓦，［美］亚历克斯·萨尔克弗.未来之路：科技、商业和人类的选择［M］.王晋，译.北京：中信出版集团，2018.

37. ［美］亚德里安·斯莱沃斯基，卡尔·韦伯.需求：缔造伟大商业传奇的根本力量［M］.龙志勇，魏薇，译.杭州：浙江人民出版社，2013.

38. ［美］约翰·贝茨·克拉克.财富的分配［M］.王翼龙，译.北京：华夏出版社，2013.

39. ［美］约翰·华生.人类行为心理学［M］.文竹，译.长春：吉林出版集团股份有限公司，2019.

40. ［美］约瑟夫·阿洛伊斯·熊彼特.经济发展理论［M］.何畏，易家祥，等，译.北京：商务印书馆，1990.

41. ［美］约瑟夫·阿洛伊斯·熊彼特.资本主义、社会主义与民主［M］.吴良健，译.北京：商务印书馆，1998.

42. ［美］约瑟夫·斯蒂格利茨.不平等的代价［M］.张子源，译.北京：机械工业出版社，2020.

43. ［美］詹姆斯·C.斯科特.国家的视角：那些试图改善人类状况的项目是

如何失败的［M］.王晓毅，译.北京：社会科学文献出版社，2019.

44.［日］池田信夫.失去的二十年：日本经济长期停滞的真正原因［M］.胡文静，译.北京：机械工业出版社，2012.

45.［日］稻盛和夫.活法［M］.曹岫云，译.北京：东方出版社，2019.

46.［英］阿尔弗雷德·马歇尔.经济学原理［M］.廉运杰，译.北京：华夏出版社，2005.

47.［英］达尔文.物种起源［M］.苏德干，译.西安：陕西人民出版社，2001.

48.［英］大卫·哈维.地理学中的解释［M］.北京：商务印书馆，1997.

49.［英］大卫·兰德斯.解除束缚的普罗米修斯［M］.谢怀筑，译.北京：华夏出版社，2007.

50.［英］丹娜·左哈尔.量子领导者：商业思维和实践的革命［M］.杨壮，施诺，译.北京：机械工业出版社，2016.

51.［英］吉姆·艾尔-哈利利，约翰乔·麦克法登.神秘的量子生命［M］.侯新智，祝锦杰，译.杭州：浙江人民出版社，2016.

52.［英］曼吉特·库马尔.量子理论：爱因斯坦与玻尔关于世界本质的伟大论战［M］.包新周，伍义生，余瑾，译.重庆：重庆出版社，2012.

53.［英］史蒂芬·霍金.时间简史［M］.许明贤，吴中超，译.长沙：湖南科学技术出版社，2005.

54.［英］史蒂芬·霍金.时空本性［M］.吴中超，译.长沙：湖南科学技术出版社，2005.

55.［英］威廉·汤普逊.最能促进人类幸福财富分配原理的研究［M］.北京：商务印书馆，1986.

56.［英］维克托·迈尔-舍恩伯格，肯尼思·库克耶，等.大数据时代：生活、工作与思维的大变革［M］.盛杨燕，周涛，等，译.杭州：浙江人民出版社，2013.

57. ［英］亚当·斯密.国民财富性质和原因的研究［M］.北京：商务印书馆，2008.

58. ［英］约翰·M.凯恩斯.货币论：货币的纯理论［M］.何瑞英，译.北京：商务印书馆，1986.

59. ［英］约翰·M.凯恩斯.就业、利息和货币通论［M］.徐毓枬，译.南京：译林出版社，2011.

60. ［英］约翰·格利宾.寻找多重宇宙［M］.常宁，何玉静，译.海口：海南出版社，2012.

61. ［英］约翰·格利宾.寻找薛定谔的猫［M］.张广才，许爱国，谢平，张平，程太旺，译.海口：海南出版社，2001.

62. ［英］约翰·齐曼.技术创新进化论［M］.孙喜杰，曾国屏，译.上海：上海科技教育出版社，2002.

63. 曹天元.上帝掷骰子吗［M］.北京：北京联合出版社，2013.

64. 曹仰锋.海尔转型人人都是CEO（修订版）［M］.北京：中信出版社，2017.

65. 曾鸣.略胜一筹：中国企业持续发展的出路［M］.2版.北京：机械工业出版社，2018.

66. 陈平.文明分岔、经济混沌和演化经济动力学［M］.北京：北京大学出版社，2004.

67. 陈焱.好莱坞模式：美国电影产业研究［M］.北京：北京联合出版社，2016.

68. 何勉.精益产品开发原则、方法与实施［M］.北京：清华大学出版社，2017.

69. 胡代光，厉以宁，袁东明.凯恩斯主义的发展和演变［M］.北京：清华大学出版社，2003.

70. 华杉，华楠.华与华方法：企业经营少走弯路、少犯错误的九大原理［M］.上海：文汇出版社，2020.

71. 江小涓.网络时代的服务型经济：中国迈进发展新阶段［M］.北京：中国社会科学出版社，2018.

72. 江小涓.制度变革与产业发展［M］.北京：北京师范大学出版社，2010.

73. 李杰."重磅炸弹"药物：医药工业兴衰录［M］.张庆文，译.上海：华东理工出版社，2016.

74. 李晓西.转轨经济笔记［M］.广州：广东经济出版社，2001.

75. 林左鸣.广义虚拟经济二元价值容介态的经济［M］.北京：人民出版社，2010 年.

76. 刘鹤.两次全球大危机的比较研究［M］.北京：中国经济出版社，2013.

77. 刘继军.爱因斯坦想象颠覆世界［M］.北京：北京联合出版公司，2016.

78. 刘劲松，胡必刚.华为能，你也能：IPD 重构产品研发［M］.北京：北京大学出版社，2015.

79. 马国川.国家的启蒙：日本帝国崛起之源［M］.北京：中信出版社，2018.

80. 孙郡.流量变现：你的流量，能变现吗?［M］.北京：中国经济出版社，2020.

81. 滕泰.财富的觉醒［M］.北京：机械工业出版社，2009.

82. 滕泰.大周期［M］.合肥：安徽人民出版社，2013.

83. 滕泰.流金岁月［M］.上海：上海财经大学出版社，2007.

84. 滕泰.民富论——新供给主义百年强国路［M］.上海：东方出版社，2013.

85. 滕泰.软价值：量子时代的财富创造新范式［M］.北京：中信出版社，2017.

86. 滕泰.投资银行［M］.上海：上海财经大学出版社，2007.

87. 滕泰.透视通胀［M］.北京：中国人民大学出版社，2011.

88. 滕泰.新财富论，［M］.北京：化学工业出版社，2016.

89. 王钦.人单合一管理学：新工业革命背景下的海尔转型［M］.北京：经济管理出版社，2016.

90. 吴军.硅谷之谜［M］.北京：人民邮电出版社，2016.

91. 吴军.浪潮之巅［M］.北京：人民邮电出版社，2016.

92. 吴晓波.腾讯传：1998—2016 中国互联网公司进化论［M］.杭州：浙江大学出版社，2017.

93. 伍贻康.伍贻康文集：欧洲一体化发展轨迹研究［M］.上海：上海社会科学出版社，2015.

94. 晓林，秀生.看不见的心［M］.北京：人民出版社，2007.

95. 晏智杰.劳动价值学说新探［M］.北京：北京大学出版社，2001.

96. 晏智杰.晏智杰讲亚当·斯密［M］.北京：北京大学出版社，2011.

97. 杨祖陶.康德黑格尔哲学研究［M］.武汉：武汉大学出版社，2001.

98. 张军.中国经济再廿年［M］.北京：北京大学出版社，2013.

99. 张轩中，黄宇傲天.日出：量子力学与相对论［M］.北京：清华大学出版社，2013.